Albert Josef Weltner

Das Kaiserlichkönigliche Hofoperntheater in Wien

Statistischer Rückblick auf die Personalverhältnisse und die künstlerische Tätigkeit

während des Zeitraumes vom 25. Mai 1869 bis 30. April 1894

Albert Josef Weltner

Das Kaiserlichkönigliche Hofoperntheater in Wien
Statistischer Rückblick auf die Personalverhältnisse und die künstlerische Tätigkeit während des Zeitraumes vom 25. Mai 1869 bis 30. April 1894

ISBN/EAN: 9783743492851

Hergestellt in Europa, USA, Kanada, Australien, Japan

Cover: Foto ©Andreas Hilbeck / pixelio.de

Weitere Bücher finden Sie auf **www.hansebooks.com**

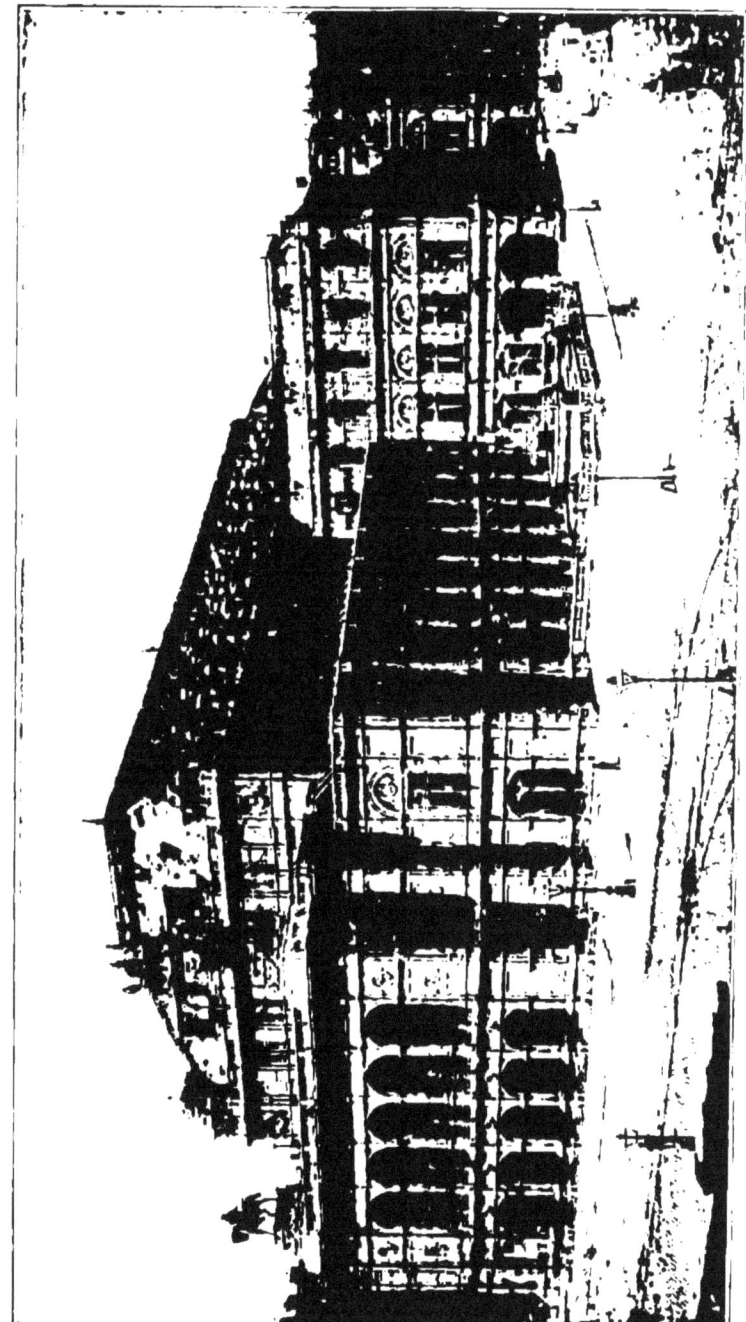

Kaiserlich-königliches Hof-Operntheater in Wien.

Das kaiserlich-königliche
Hof-Operntheater in Wien.

Statistischer Rückblick

auf die

Personal-Verhältnisse und die künstlerische Thätigkeit

während des Zeitraumes vom

25. Mai 1869 bis 30. April 1894.

— — —

Herausgegeben von

Albert Josef Weltner

Archivar der k. u. k. General-Intendanz der k. k Hoftheater

Alois Przistaupinsky   **Ferdinand Graf**

Secretär   Adjunct

der k. u. k. Direction des k. k Hof-Operntheaters.

WIEN 1894.

Verlag von Adolph W. Künast

(Wallishausser'sche k. u. k. Hofbuchhandlung)

I. Hoher Markt 1.

Inhalt:

Vorwort.

———

Der fünfundzwanzigjährige Bestand einer Bühne von dem Range des k. k. Hof-Operntheaters in Wien berechtigt gewiss zu dem Versuche, eine Darstellung der Entwicklung bezw. der Leistungen des Institutes innerhalb dieses Zeitraumes zu geben. Ueber die Form dieser Darstellung war die Frage offen. Der Bühne und Allem, was auf ihr lebt und schafft und wirkt, bringt man in unseren Tagen in den weitesten Kreisen ein reges Interesse entgegen, aber dieses Interesse, soll es nicht erlahmen, verlangt eine kritische Würdigung der Geschehnisse, kurz gesagt: eine Geschichte des Theaters. Nun könnte aber, gerade weil die zu besprechende Zeit eine relativ kurze ist und ihre Hervorbringungen sowohl wie die wirkenden Kräfte noch im Brennpunkte der allgemeinen Erinnerung stehen, kaum die nöthige Objectivität gefunden werden, welche eine geschichtliche Arbeit, wenn sie überhaupt auf historischen Werth aspirirt, niemals entbehren darf. Von dieser Anschauung geleitet, wurde die Form der Statistik gewählt, welche die Möglichkeit bot, ein erschöpfendes Bild der gesammten künstlerischen Thätigkeit zu entwerfen. Wenn nun auch der Stoff, wie er hier verarbeitet erscheint, weniger anregend auf den Leser wirkt, — ein willkommenes Nachschlagebuch für die Freunde der Wiener Hofoper dürfte dennoch entstanden sein. — Mag denn unser Buch, das in erster Linie vom Hause zum Hause sprechen will und blos erwartet, in künftigen Tagen dem berufenen Historiker des Wiener Hof-Operntheaters als eine Quelle geschichtlicher Daten zu dienen, seinen Weg finden.

Sollte bei der kurz bemessenen Zeit, die zur Ausarbeitung des Werkes zur Verfügung stand, bei aller beobachteten Sorgfalt ein oder der andere Irrthum unterlaufen sein, so glauben wir denselben der gütigen Nachsicht der Sachverständigen empfehlen zu dürfen.

Wien, im Mai 1894.

Die Herausgeber.

Baugeschichtliche Daten

Beschreibung des Hauses und seiner Innenräume

Angabe der in demselben vorhandenen Kunstwerke.

Schon zu Beginn der Fünfziger-Jahre kam in den Kreisen der Musikfreunde Wiens der lebhafte Wunsch nach einem neuen Opernhause zum Ausdrucke. Bei aller Pietät, die man dem k. k. Hoftheater nächst dem Kärntnerthore,[*]) auch Kärntnerthor-Theater gerne genannt, entgegenbrachte, da man in dieser Bühne mit vollem Rechte die geheiligte Stätte der Tonkunst, die Wiege glänzender Siegesthaten auf musikalischem Gebiete sah, wollte und konnte man sich doch nicht länger über die räumliche Unzulänglichkeit sowie über die vielfachen anderen Mängel des Hauses hinwegtäuschen, umsoweniger als die Entwicklung, welche das Musikdrama inzwischen genommen hatte, an und für sich einen erweiterten Schauplatz peremptorisch verlangte.

Das Kaiserwort vom Jahre 1857, das die Wälle und Basteien Wiens fallen machte, führte zur Erfüllung dieses Wunsches. Der Bau des neuen Opernhauses fand die Allerhöchste Genehmigung und für die Kosten desselben hatte ursprünglicher kaiserlicher Bestimmung gemäss der Fond aufzukommen, welcher aus dem Erlös der als Baustellen verkauften ehemaligen Festungsglacis-Gründe unter

---

[*]) Das k. k Hoftheater nächst dem Kärntnerthore wurde an Stelle des am 3. November 1761 abgebrannten städtischen Theaters von dem Ober-Hof-architekten Freiherrn von Parcassi erbaut und am 9. Juli 1763 eröffnet. Zunächst diente es abwechselnd französischen und deutschen Schauspielern, doch wurde es auch wiederholt von Balletgesellschaften benützt. Von 1785 an liess die Hoftheater-Direction im Kärntnerthor-Theater deutsche und italienische Sing-spiele aufführen; ausschliesslich wurde die Bühne erst im Jahre 1810 der Oper und dem Ballet eingeräumt. Seit dem Jahre 1819 führte das Kärntnerthor-Theater den officiellen Titel: k. k Hofoperntheater.

dem Namen „Stadterweiterungs-Fond" gebildet wurde. Nach fest-
gestelltem Programme wurde am 10. Juli 1860 eine Concurrenz zur
Erlangung der Pläne mit dem Termine des 10. Jänner 1861 aus-
geschrieben.

Am 21. April 1861 gab die Jury ihr Gutachten über die ein-
gelangten Ausführungspläne ab und wählte das mit dem Motto:
„Fais ce que dois, advienne que pourra" versehene Project, dessen
Autoren die Wiener Architekten Eduard van der Nüll und August
Siccard von Siccardsburg, beide Professoren an der k. k. Akademie
der bildenden Künste in Wien, waren. Die Genannten wurden, nach-
dem die Baupläne am 28. October 1861 Allerhöchsten Ortes ge-
nehmigt worden waren, auch mit der Ausführung des Baues, den
das Ministerium am 10. November 1861 angeordnet hatte, betraut.
Am 7. December des mehrgenannten Jahres wurde von einem Mi-
nisterial-Ingenieur die Aussteckung des Bauplatzes und die Bestimmung der Niveau-Verhältnisse vorgenommen und neun Tage später,
am 16. December 1861, erfolgte der erste Spatenstich.

Die feierliche Grundsteinlegung fand aber erst am 20. Mai
1863 statt. Die diesbezügliche Urkunde hat folgenden Wortlaut:

„Seitdem das Streben überall ein lebendiges geworden, der
darstellenden Kunst in ihrer vollen Bedeutung für Bildung, Sitte
und Geschmack nach allen Seiten hin gerecht zu werden, trat auch
in Wien das Bedürfnis immer dringender hervor, an Stelle der
beiden Hoftheater, welche den Anforderungen der Gegenwart in
keiner Beziehung mehr genügten, der Kunst neue, ihrer würdige
Stätten erstehen zu lassen.

Als daher durch das bedeutungsvolle Wort Seiner kaiserlichen
königlichen Apostolischen Majestät Kaiser Franz Josef I. im Jahre
1857 die Wälle fielen, welche bisher in engem Kreise — ein stei-
nerner Gürtel — die innere Stadt umgeben hatten, neue Bauten
entstanden, die eine organische Verbindung zwischen Stadt und
Vorstadt vermittelten und damit den Uebelständen abhalfen, welche
die Nothwendigkeit der Erweiterung wachgerufen hatten, war es
auch der Bau eines Opernhauses, auf welchen Seine Majestät Aller-

höchst Ihr Augenmerk gerichtet haben und welcher sofort in Angriff genommen werden sollte.

Die unmittelbare Leitung der Angelegenheit wurde mit Vorbehalt weiterer Schlussfassungen von Seite Ihrer Excellenzen des Herrn Staatsministers Anton Ritter von Schmerling und des Herrn Ministers Josef Ritter von Lasser in die Hände des k. k. wirklichen geheimen Rathes Mathias Constantin Grafen von Wickenburg, damals Präsident der k. k. Elisabeth-Westbahn, gelegt und unter seinem Vorsitze das noch bestehende Comité gebildet, welchem als Vertreter des k. k. Obersthofmeisteramtes der Hofrath Philipp Ritter von Dräxler, als Vertreter des k. k. Oberstkämmereramtes der Hofrath Josef Ritter von Raymond, als Vertreter des Staatsministeriums die Sectionsräthe Moriz Löhr und Dr. Gustav Heider und als Referent des Comités der Sectionsrath Dr. Franz von Matzinger angehören.

Bei Ermittlung des Bauplatzes für das Hofopernhaus fiel die Allerhöchste Wahl auf den weiten Raum, der sich zwischen der verlängerten Kärnthnerstrasse und der neu anzulegenden Ringstrasse in einer Ausdehnung von nahezu 3000 Quadratklaftern erstreckt und jene Flächen umschliesst, welche durch die Demolirung der beiden Kärnthnerthore und die Benützung der sie begrenzenden Basteigräben gewonnen wurden.

Die Betheiligung der Künstlerwelt wurde durch die Ausschreibung eines Concurses vom 10. Juli 1860 zur Erlangung eines entsprechenden Bauplanes in Anspruch genommen und von den eingelaufenen Entwürfen jene des Herrn Architekten, Professors und Oberbaurathes Eduard Van der Nüll und Professors August Siccard von Siccardsburg gekrönt.

Den genannten Künstlern ist auch die Ausführung ihrer noch weiter vervollständigten und von Seiner Majestät gutgeheissenen Pläne unter Leitung des Comités, zu dessen Verstärkung sie als Mitglieder beigezogen wurden, anvertraut.

Die Maurerarbeiten bei dem Baue hat Herr Architekt und Baumeister Josef Hlavka im Offertwege erstanden und den Bau nach Ueberwindung der grossen in der Bewältigung und Beseitigung der alten Basteien gelegenen Schwierigkeiten dermalen bis zum Strassenniveau fortgeführt, dergestalt, dass am heutigen Tage in feierlicher Weise der Grundstein gelegt wurde.

Und so erstehe dieser Bau, edel in seinen Formen, als eines jener monumentalen Werke, welche noch in den Nachkommen einer späteren Zeit das dankbare Andenken an den erlauchten Gründer wachrufen und erhalten wird, — selbst ein Denkmal der Kunst und eine Stätte ihrer Uebung.'

Die Grundsteinlegung wurde, wie schon erwähnt, am 20. Mai 1863 um 10 Uhr Vormittags durch den damaligen Handelsminister und Präsidenten der Stadterweiterungs-Commission Grafen Wickenburg im Beisein der Minister Schmerling, Lasser und Hein, des ungarischen Hofkanzlers Grafen Forgach, des Feldmarschalls Hess, des Statthalters Grafen Chorinsky, des Bürgermeisters Dr. Zelinka, zahlreicher sonstiger Notabilitäten und des gesammten bei dem Bau beschäftigten Personales auf dem reich mit Gewinden von Tannenreisig, Wappen und Fahnen geschmückten Bauplatze in der üblichen Weise vorgenommen. Nach der Feierlichkeit, auf welche der an diesem Tage herrschende Sturmwind, der mächtige Staubwolken aufwirbelte, störend einwirkte, wurde durch den Minister Lasser den beiden beim Baue zugetheilten Ingenieur-Assistenten Will und Matzek das Beförderungsdekret als Ingenieure im Staatsministerium überreicht und an die Bauarbeiter eine Remuneration von 4000 Gulden zur Vertheilung gebracht.

Am 9. Juli 1864 wurde nach abgeschlossener Concurrenz-Verhandlung die Ausführung der eisernen Dachstühle an das Graf Henckel-Donnersmarck'sche Eisenwerk Zeltweg, jene der Eisenconstructionen der Galerien im Zuschauerraume an die H. D. Schmidt'sche Fabrik in Simmering übertragen.

Am 7. October 1865 wurde die Hauptgesimsgleiche erreicht und Anfangs des Jahres 1866 mit dem inneren Ausbau begonnen, der die Zeit bis Mai 1869 in Anspruch nahm und nach dem Ableben Van der Nüll's und Siccardsburg's von dem Architekten Gustav

Gugitz*) und dem Professor an der Kunstgewerbeschule Josef Storck
geleitet wurde. Als Bauführer fungirte vom Beginne des Baues bis
zu dessen Beendigung C. Fliegauf.

Am 25. Mai 1869 wurde das neue k. k. Hof-Operntheater mit
einer Aufführung der Oper Don Juan von Mozart, der ein von Franz
Dingelstedt verfasster und von der Hofschauspielerin Charlotte Wolter
gesprochener Prolog vorausging, eröffnet.

Man wird sich vielleicht heute noch der absprechenden, ja
geradezu feindlichen Kritik erinnern, welche den Bau des Wiener
Hof-Operntheaters in seinen einzelnen Entwicklungsphasen begleitete,
um schliesslich über das fertiggestellte Haus ein Verdammungsurtheil
zu fällen; allein man dürfte in unseren Tagen kaum auch nur eine
Stimme finden, die jenen Anschauungen vollständig beipflichten
würde. Gegenwärtig und wohl bis in die fernsten Tage bildet das
Hof-Operntheater den Stolz Wien's, und ganz Wien unterschreibt
die Worte, welche ein gewiss competenter Fachmann: Karl von
Lützow, den Professoren Van der Nüll und Siccardsburg und deren
Schöpfung widmete:**)

„Die Musikstadt forderte vor Allem neue Tempel für ihren
Musendienst. Als eines der ersten grossen Gebäude auf den Stadt-
erweiterungs-Gründen entstand das von Van der Nüll und Siccardsburg errichtete k. k. Operntheater. Die beiden Meister hatten bereits
fünfzehn Jahre früher durch den Bau des Carl-Theaters ihren Beruf
zur Lösung der äusserst complicirten Aufgabe bewährt, welche das
Bühnenwesen unserer Zeit dem Architekten stellt, und sie recht-
fertigten ihn hier auf's Neue. Wir lassen die Vorzüge technischer
Art ganz bei Seite, durch die sich das Wiener Opernhaus den vor-
züglichsten Einrichtungen seiner Art an die Seite stellt. Als Kunst-
werk zählt es ohne Frage zu den originellsten Schöpfungen der
modernen Zeit. Fern von dem Bestreben, seine Schönheit uns durch
Massenwirkung aufzudrängen, muthet es uns an wie das Gespräch

---

*) Geboren in Klagenfurt am 10. Mai 1836, gestorben als Director der
k. k. Staatsgewerbeschule im I. Bezirke in Wien am 17. Juli 1882.
**) Die österreichisch-ungarische Monarchie in Wort und Bild: Wien und
Niederösterreich, I. Abth. Wien, pag. 78.

eines edlen Mannes von französischer Bildung und romantischem
Wesen, der bei dem nöthigen Respect vor Allem, was der Tag
bringt, sich doch immer sein inneres Heiligthum der Poesie gerettet
hat. Van der Nüll war innig befreundet mit W. von Schwind und
wir finden diesen daher an der Spitze derjenigen Künstler, welchen
der Architekt die Ausschmückung seines Baues anvertraute. In der
architektonischen, wie in der plastischen und malerischen Decoration
besteht das Hauptwerk des Ganzen. Seine Wirkung auf das Bau-
und Kunstgewerbe Wiens war eine unermessliche. Schon in den
Vierziger-Jahren hatten Van der Nüll und Siccardsburg im Vereine
mit dem Technologen Reuter, mit Spörlin u. A. die Hebung der
decorativen Künste Wiens auf ihr Programm gesetzt, und der Auf-
schwung unseres Kunstgewerbes ist mit in erster Linie diesen ihren
Bemühungen zu danken. Solidität in der Arbeit und Selbständig-
keit in der Erfindung waren dabei die ersten Forderungen, die sie
stellten. Der Bau und die innere Ausstattung des Opernhauses,
durch J. Storck, Gugitz und ein ganzes Heer ausgezeichneter De-
corateure und Kunsthandwerker ausgeführt, sind leuchtende Beweise
der Vortrefflichkeit ihrer Schule.' —

Ueber das Haus selbst und die Einrichtung desselben verdanken
wir der Güte des Gebäude-Inspectors des k. k. Hof-Operntheaters,
Herrn Ingenieur **Johann Kautz**, die nachstehende Schilderung:

‚Das Gebäude der k. k. Hofoper ist nach Aussen in zwei Haupt-
gruppen getheilt. Die vordere, schmälere, nach der Ringstrasse liegende
Gruppe enthält das Auditorium mit allen seinen, dem Publikum zur
Bequemlichkeit dienenden Nebenräumen. Sie liegt zwischen zwei
Gartenanlagen, welche durch Fontainen belebt werden, und öffnet
sich nach Vorne in eine von fünf Arkaden gebildete Halle, der
Hauptanfahrt, welche den zu Wagen kommenden Besuchern zur
Unterfahrt dient. Die hintere Gruppe ist bedeutend breiter als die
Erstere, denn sie enthält die Bühne mit ihren ausgedehnten Bedürf-
nissen. Hier befinden sich, sowohl in der Operngasse, als in der
verlängerten Kärntnerstrasse, je zwei Unterfahrtshallen, zwischen
welchen sich in jeder Gasse offene Arkaden hinziehen, um die zu

Fusse kommenden Besucher gegen Wetter und anfahrende Wagen zu schützen. Die beiden rückwärtigen Anfahrten in den Ecken der Operngasse und Kärntnerstrasse sind für die Damen und Herren des Kunstpersonales bestimmt. In der Mitte der Operngasse ist die Anfahrt für Se. Majestät den Kaiser, in der Mitte der Kärntnerstrasse eine ebensolche für Ihre kaiserlichen Hoheiten, die Herren Erzherzoge. An diesen beiden Anfahrten liegen besondere Treppen, welche nach den betreffenden Appartements und Logen emporführen.

Der Höhe nach überrragt das Auditorium und die Bühne, als der Kern des ganzen Baues, alle umliegenden Nebenräume, und ein leicht gewölbtes, an seinen Rändern mit ornamentalem Schmucke gesäumtes Dach krönt diesen die Umgebung dominirenden Mittelkörper.

Die Façaden sind im Renais-ance-Bogenstyle gehalten. Im ebenerdigen Geschosse reihen sich die Oeffnungen nach elliptischer Form, mehr gedrückt überwölbt, aneinander, um dieses Geschoss als den Unterbau für die mächtige, im vollen Halbkreise überwölbte Arkadenstellung des ersten Stockwerkes zu charakterisiren.

Um auch dieses Stockwerk nach Aussen zu öffnen, ist über der Hauptanfahrt an der Ringstrasse eine Loggia mit fünf weiten, luftigen Oeffnungen angelegt, welche, mit Statuen und Malerei geschmückt, die Dichtungen zur Anschauung bringt, welche im Innern dem Besucher vorgeführt werden. Durch Medaillons in den Bogenfeldern und reiche Friese ist die Bestimmung des Baues näher bezeichnet und dem architektonischen Gerippe ein heiterer, künstlerischer Ausdruck gegeben.

Von der Hauptanfahrt an der Ringstrasse gelangt das anfahrende Publicum auf einen vor den Eingängen hinziehenden Perron und durch fünf nebeneinander liegende Eingänge in das mittlere, elegante Bogenvestibule, zu dessen beiden Seiten die kleinen Cassenvestibule liegen. Aus diesem grossen Vestibule steigt in der Breite der drei mittleren Eingangsthüren und ihnen gegenüber die Logentreppe empor. Beim Hinaufsteigen über die breite Logentreppe sieht man drei grosse Wandgemälde, die Musik, die Dicht- und Tanzkunst vorstellend, vor sich, und ist an den drei anderen Seiten, umgeben von Arkaden, in welchen Statuen, die freien Künste darstellend, aufgestellt sind.

Eingetreten in den Bogengang, bemerkt man auf jeder Seite kleine Marmortreppen, kleine Logenstiegen genannt, welche die Logen des Parterre, des I., II. und III. Ranges unter sich verbinden und den Besuch von einem zum anderen vermitteln, ohne in das grosse Stiegenhaus oder Vestibule hinaustreten zu müssen. Vor jeder dieser kleinen Verbindungstreppen ist zu ihrem Schmucke eine kleine Marmor-Fontaine angebracht.

Auf dem Wege vom Hauptvestibule durch den Arkadengang des grossen Stiegenhauses durchschreitet man rechts und links einen Vorraum, in dem die Toiletten gelegen sind. Zwischen den beiden Vorräumen, also ausserhalb der Circulation in den Corridors, liegt die Garderobe für Parquet und Parterre. Weiter schreitend an den kleinen Logenstiegen und diesen gegenüberliegenden Aufgangs-stiegen in das Stehparterre vorüber gewahrt man kleine Garderoben, die für das Publikum des Stehparterres bestimmt sind, und zwar rechts für das Militär, links für das Civil, und gelangt dann zu den Eingängen in das Parquet und Parterre.

Für das Publikum, welches das Theater zu Fusse besucht, sind je nach der Richtung, von welcher es kommt, an jeder der zwei Ecken gegen die Ringstrasse zwei Eingänge, getrennt von der Wagenanfahrt, angelegt, und die von der inneren Stadt Kommenden benützen die Arkadengänge in der Operngasse und der Kärnthner-strasse, welche wieder zu den zwei Seiteneingängen neben den Treppen für den Allerhöchsten Hof führen.

Für jenes Publikum, welches erst an der Abendcassa Eintritts-karten in das Theater lösen muss, ist dadurch Vorsorge getroffen, dass es in einer geräumigen, im Winter erwärmten Wartehalle, in welcher sich der Queue befindet, die Eröffnung der Abendcassa ab-warten kann. Nach der Eröffnung der Abendcassa tritt das Publikum geordnet aus dem Queue in die eine der beiderseits an den Ecken angebrachten Eintrittshallen, gelangt von hier in das Cassenvestibule und von da den Cassen gegenüber über zwei breite, äusserst bequeme Treppen, den Galeriestiegen, auf die Galerien, oder neben der Hauptreppe und der Parterre-Garderobe vorbei über zwei kleine Treppen in das Stehparterre.

Die Galerietreppen liegen zu beiden Seiten des grossen Stiegenhauses, und die Mauern, welche sie scheiden, sind, wo thunlich, mit Bogenöffnungen durchbrochen, wodurch auch von hier aus ein Ausblick auf das elegante Treppenhaus geboten ist. Vor dem Eintritte in die Galerien gelangt man in geräumige Garderoben, an deren Seiten die Toiletten für Damen und Herren liegen.

Das grosse Bogenfenster, bestimmt für die Besucher der Logen, des Parquet und Parterre, befindet sich in der Höhe des I. Ranges über dem grossen Logenvestibule. Unmittelbar an das Foyer anstossend und mit diesem in directer Verbindung sind die Credenzen, wo das Publikum während der Zwischenacte Erfrischungen nehmen kann. Aus dem Foyer führen fünf Glasthüren auf die Loggia.

Auch für das Galerie-Publikum ist mit einem Foyer und einer darin befindlichen Credenz in der Höhe der IV. Galerie ober dem Hauptstiegenhause vorgesorgt, und kann sich das Publikum während der Zwischenacte sowohl hier, als auch in dem um das Foyer angebrachten Gang frei ergehen. Das Publikum der III. Galerie kann entweder das Foyer und den Gang um dasselbe im IV. Stock benützen, oder es hat während der Zwischenacte zur Promenade den in der Höhe der III. Galerie um das Hauptstiegenhaus führenden Arkadengang, welcher gegen das Hauptstiegenhaus zu mit Balkons geziert ist, von welchen aus man die Haupttreppe übersieht.

Der Zuschauerraum selbst hat eine Grösse, welche die Mitte hält zwischen der Fenice in Venedig und der Scala in Mailand. Er stimmt auch in seiner Anordnung mit diesen Theatern überein, da er weder vorspringende Balkons noch ein unter die erste Galerie zurücktretendes Parterre hat, sondern den Charakter eines Logenhauses trägt, welches aber diese italienischen Theater in akustischer Beziehung übertrifft und zugleich die Annehmlichkeit bietet, dass jede in das Parterre eintretende Person das ganze Auditorium übersieht.

Durch acht Thüren, vier auf jeder Seite, gelangt man in das Parquet. Dasselbe hat längs der Logenbrüstung zwei Seitengänge, einen rückwärtigen, von der einen zur anderen Seite durchgehenden Gang und einen breiten Mittelgang, welch' letzterer sich durch das Parterre fortsetzt. Das Parterre ist vom Parquet durch eine Brüstung getrennt und enthält auch einen Stehraum, das Stehparterre, welches durch eine in der Mitte durchlaufende Stange in zwei Hälften getheilt ist, die rechte Hälfte für das Militär, die linke für das Civil, dem entsprechend auch die früher erwähnten kleinen Garderoben angeordnet sind.

Das Parquet hat 356 Sperrsitze, das Parterre 86 Sperrsitze und der Fassungsraum des Stehparterres kann mit 300 Personen angenommen werden.

In den drei ersten Logenrängen, nämlich dem Parterrelogenrang, dem I. und II. Rang, sind auf jeder Seite 13, im III. Rang auf jeder Seite 7 Logen für das Publikum, im Ganzen also 92 Logen. Jede Loge hat einen Vorraum, das Logencabinet, welcher von der eigentlichen Loge durch einen Vorhang getrennt werden kann, und man tritt daher aus dem Logengang nicht direct in die Loge.

In der Höhe des I. Ranges befindet sich in der Mitte die Mittelloge in der Breite von vier, und in der Höhe von zwei Logen, welche bei festlichen Gelegenheiten vom allerhöchsten Hofe benützt wird.

Nächst dem Proscenium sind in der Höhe des Parterrelogenranges und des I. Ranges die Hoflogen in einer Breite von drei Logen, im III. Range die Künstlerlogen in derselben Breite, wie die Hoflogen. Die Hoflogen des I. Ranges sind der Höhe nach ebenfalls zwei Logenränge durchreichend.

Vor den Hoflogen des I. Ranges und auch vor der Incognito-Loge Sr. Majestät in der Parterrelogenhöhe links befinden sich reich decorirte, mit Marmorkaminen und mit Decken- und Wandgemälden geschmückte Salons, deren Wände mit Tapeten aus Seidenstoff überspannt sind. Die Thüren der Salons sind reich geschnitzt und mit Bronzebeschlägen und Bronzeornamentik versehen. Zu den Salons führen besondere Treppen, die Hofstiegen, welche mit Statuen und Freskogemälden geschmückt sind. An den Hoflogensalon im I. Stocke links schliesst sich unmittelbar ein grosser Saal an, der seinen Hauptschmuck in Gemälden al fresco hat. Dieser Saal vermittelt die Verbindung mit dem hinter der Mittelloge gelegenen Festsalon, der in ähnlicher Weise, wie die übrigen Salons, ausgestattet ist. Der grosse Saal und der Festsalon werden nur bei festlichen Gelegenheiten benützt.

Die nach rückwärts amphitheatralisch aufsteigenden Galerien haben vorne an der Brüstung und im Fond des Theaters Sperrsitze und numerirte Sitze, ausserdem aber auch Sitz- und Stehplätze für das Entrée zahlende Publikum. Die III. Galerie hat 4 Sperrsitzreihen mit 158 Sperrsitzen, ferner 132 Sitz- und 300 Stehplätze. Die IV. Galerie hat vorne an der Brüstung eine Sperrsitzreihe mit 82 Sperrsitzen, im Fond des Theaters weitere 5 Reihen mit 108 numerirten Sitzen, 322 Sitzplätze und Raum für 600 Stehplätze.

Nimmt man an, dass in jeder einfachen Loge 5 Personen Platz finden können und dass in der Mittelloge, den Hof- und Künstlerlogen zusammen bequem 46 Personen Platz haben, so ergibt sich ein Fassungsvermögen von 2950 Personen. Bei stark besuchtem Hause waren aber schon 3100 Personen anwesend.

Beleuchtet ist der Zuschauerraum mittelst 16 Sonnenbrennern mit je 12 Glühlampen und einem sehr zart gehaltenen Luster mit 90 Glühlampen. Für festliche Gelegenheiten besteht ausserdem eine Brüstungsbeleuchtung, das sind Lampen, welche in einer Hohlkehle der herumlaufenden Brüstung in jedem Stockwerke, vom I. Stocke angefangen, angebracht sind, 112 an der Zahl, und eine Proscceniumsbeleuchtung, welche, unbemerkbar dem Auge des Zuschauers, in einem in der Decke angebrachten Schlitz ober dem Orchester sich befindet.

Das Orchester ist in einer solchen Grösse angelegt, dass darin circa 100 Musiker Platz finden. Die Orchestermitglieder haben den Zugang zum Orchester entweder durch die neben den Hofanfahrten befindlichen Seiteneingänge oder durch die beiderseitigen Bühneneingänge und die ebenerdigen Bühnengänge. Auf jeder Seite führen zwei separate Treppen zu den Orchesterräumlichkeiten, eine zu den Garderoben für die Orchestermitglieder, die andere direct zum Orchester und zu den unmittelbar an das Parquet anschliessenden Stimmzimmern, in denen sich die Instrumentenkästen befinden.

An der Ringstrasse und der Operngasse befindet sich bei Tage der Zugang zur Tagescasse, an welche sich die übrigen Cassalocalitäten anreihen. Der Zugang zu den letzteren, zur Kanzlei der k u. k. Hoftheatergebäude-Inspection und zum Sanitätszimmer ist bei dem Seiteneingange neben der Hofanfahrt in der Operngasse durch den sogenannten Cassagang, wie auch bei diesem Seiteneingange bei Tage der Zugang in das Haus überhaupt stattfindet.

Im Hause haben ihre ständige Wohnung der Director und der Gebäude-Inspector, dann der Hausbesorger und die ledigen Feuerwehrmänner.

Der überaus einfache und klare Grundriss des k. k. Hof-Operntheaters macht dasselbe zu einem der sichersten Theater der Welt, weil dadurch die Orientirung so leicht ist, dass jeder Besucher, auch wenn er das erste Mal im Theater ist, sofort sich zurecht findet. Die Absicht der Architekten ist im Vestibule deutlich zu erkennen. Es soll das aus den verschiedenen Rängen des Zuschauerraumes kommende Publicum das Haus in paralleler Richtung verlassen können, und es soll nicht der Menschenstrom irgend eines Stockwerkes den Menschenstrom eines anderen Stockwerkes kreuzen müssen, daher auch die Haupttreppen parallel in der Richtung der Hauptaxe des Gebäudes angelegt sind und direct zu den Ausgängen führen.

Von den beiden rückwärtigen, für die Künstler bestimmten Anfahrten gelangt man durch die beiderseitigen Bühneneingänge zur Bühne und deren Nebenräume.

Die Bühne ist 29·08 m breit, 24·65 m lang, vom Podium nach abwärts 11·96 m tief und nach aufwärts bis an die horizontale, feuersichere Decke 27·86 m hoch. Sie gestattet daher, dass man die Decorationen von unten oder von oben kommen lasse. Sie ist in acht Theile, sogenannte Gassen, eingetheilt, denen entsprechend auch acht Versenkungen vorhanden sind. In den zwei ersten, vorderen Gassen befinden sich je drei Versenkungen, bestimmt für einzelne Personen und kleinere Gegenstände, in jeder der fünf rückwärtigen Gassen können die Versenkungen in einer Breite von 11·38 m aufgehen. Die Versenkungen sind mit Hand- und mit Maschinenbetrieb eingerichtet. Die Unterbühne hat vier Etagen, der Schnürboden, inclusive dem Rollboden, fünf Etagen.

Die Prosceniumsöffnung, vermittelst welcher die Bühne mit dem Zuschauerraum communicirt, hat eine Breite von 14 m und eine Höhe von 11·8 m. Sie ist zu schliessen mit einer eisernen Courtine, bestehend aus einem Drahtnetz, das gegen die Bühne mit Asbest, gegen den Zuschauerraum mit einer decorativ bemalten Leinwand überzogen ist, und kann entweder mit einem hydraulischen Aufzug oder mit einem Handkrahn von dem neben der Bühne befindlichen Gang aus bewegt werden.

An die Bühne schliesst sich rückwärts die Hinterbühne von 13·12 m Breite, 11·38 m Höhe und 23·34 m Länge an, so dass die ganze Länge der Bühne auf 48 m ausgedehnt werden kann. Die Hinterbühne dient hauptsächlich als Manipulationsraum, ist von aussen für grössere Gegenstände, Pferde etc. durch ein grosses Thor über eine schiefe Ebene, die Rampe, zugänglich, und ihr zur Seite liegen rechts und links grosse Decorationsmagazine, unter denselben im Souterrain zwei gleich grosse, von welch letzteren die Decorationen vermittelst grosser, mit Dampfkraft betriebenen Aufzügen auf das Bühnenniveau befördert werden. Ueber den Decorationsmagazinen liegt in der Höhe des dritten Stockwerkes auf der einen Seite der grosse Balletprobesaal, auf der anderen Seite der kleine Malersaal, aus welchem durch Klappen die Herabbeförderung der fertigen Decorationen auf kürzestem Wege ermöglicht ist.

Zu beiden Seiten der eigentlichen Bühne ziehen sich in allen Etagen feuersichere, gewölbte Gänge hin, aus welchen man direct in die Ankleidezimmer, Arbeitsräume, Magazine etc. gelangt. Vier Treppen, an jeder Ecke der Bühne eine, vermitteln die Communication der Stockwerke unter einander vom Souterrain bis in den III. Stock.

Die Maschinerie der Bühne ist vom verstorbenen Bühnen-Inspector P. Dreilich angegeben und von der Maschinenfabrik G. Sigl ausgeführt worden.

Die Beleuchtung des ganzen Hauses war ursprünglich Gasbeleuchtung, seit 18. August 1887 ist durchgehends elektrische Beleuchtung eingeführt. Der elektrische Strom wird von der Imperial-Continental Gas-Association aus der eigens für die k. k. Hoftheater in der Schenkenstrasse erbauten Centralstation geliefert und besteht für jedes Hoftheater ein besonderes Kabel, von welchem kein Strom für andere Zwecke abgeleitet wird. Die Stromabgabe findet durch Accumulatoren statt, welche im Souterrain des Theatergebäudes in einem eigenen Raume, dem Accumulatorenraum, aufgestellt sind. Von da wird der Strom zur Centralstelle im Halbsouterrain, der Schaltkammer, geleitet, von welcher aus die Ein- und Ausschaltung der einzelnen Räume erfolgt. Ausserdem befindet sich auf der Bühne eine Regulirungsmaschine zur Erzeugung der für scenische Zwecke erforderlichen Lichteffecte.

Der Bedarf an Wasser wird durch die Hochquellenleitung gedeckt. Die ursprüngliche Wasserversorgung aus dem Hausbrunnen mit einem von einer Dampfmaschine von acht Pferdekräften betriebenen Pumpwerk wird derzeit noch immer in Stand erhalten, theils um gegen alle Eventualitäten gesichert zu sein, theils weil die Dampfmaschine auch zum Betriebe der Versenkungen und der Bühnenaufzüge dient. Zur Versorgung mit Wasser besteht eine Trinkwasserleitung und eine Nutzwasserleitung. Durch die Trinkwasserleitung werden die in allen Stockwerken angebrachten Auslaufmuscheln direct mit Hochquellenwasser gespeist. Durch die Nutzwasserleitung werden vier auf den Dachböden untergebrachte, untereinander communicirende Reservoirs von circa 1140 Hektoliter Inhalt mit Hochquellenwasser gespeist. Von diesen Reservoirs werden die verschiedenen Objecte durch ein weit verzweigtes Röhrennetz mit Wasser versorgt. Die gegen Feuersgefahr in allen Stockwerken an passender Stelle angebrachten Hydranten, 80 an der Zahl, werden mit dem ihnen zugehörigen, mit keinem anderen Wasserrohre in Verbindung stehenden Röhrennetze direct von der Hochquellenleitung gespeist. Die gesammte Wasserleitungs-Anlage sammt dem Pumpwerk, der Dampfmaschine und den Reservoirs wurde von der Firma C. A. Specker hergestellt.

Eine besondere Sorgfalt ist der Heizung und Ventilation des k. k. Hofopernhauses gewidmet. Mit der Bestimmung und Einrichtung derselben war Professor Dr. Carl von Böhm betraut, welcher dabei noch unterstützt war von Dr. J. Heger, Professor am Polytechnikum in Wien. Die Ausführung war der Maschinenfabrik H. D. Schmid in Simmering übertragen, von welcher wieder der Ingenieur J. Kautz zur Durchführung der Constructionen und zur Ueberwachung der Ausführung an Ort und Stelle bestellt war. Mit den eigentlichen Arbeiten wurde am 1. Jänner 1866 begonnen.

Die Beheizung geschieht auf zweierlei Art, und zwar sämmtliche Räume, welche zur Benützung des Allerhöchsten Hofes und Publikums dienen, mittelst Dampf, wobei auch alle Bühnengänge, die Bühne und Hinterbühne einbezogen sind, alle übrigen Räume mittelst Oefen.

Die Dampferzeugung erfolgt durch sechs Dampfkessel, welche in dem einen gedeckten grossen Hofraume aufgestellt sind. Vier Dampfkessel haben je 53 Quadratmeter, zwei Dampfkessel je 42 Quadratmeter Heizfläche. Selbst bei dem stärksten Betriebe sind zwei Dampfkessel Reservekessel. Der erzeugte Dampf dient nicht nur zur Heizung, sondern auch zum Maschinenbetriebe und zu scenischen Zwecken auf der Bühne. Zur Heizung wird der Dampf von den Kesseln durch ein weites Rohr in einen neben dem Kesselhause aufgestellten Hauptvertheiler geleitet, von welchem sich die Hauptzuleitungsröhren für die einzelnen zu beheizenden Räume abzweigen. Vom Hauptvertheiler aus kann jeder Raum für sich mehr oder weniger geheizt, oder von der Heizung gänzlich ausgeschlossen werden. Die Hauptzuleitungsröhren verzweigen sich in den Räumen, die geheizt werden sollen, in kleinere Röhren, welche am Ende wieder in ein gemeinschaftliches Rohr zusammengeführt sind, welches das in den Röhren gebildete Condensationswasser in das Kesselhaus in ein Reservoir zurückführt, von dem die Dampfkessel wieder gespeist werden. Zuleitungs- und Ableitungsröhren sind mit schlechten Wärmeleitern gut umwickelt, damit keine Wärme verloren geht. Die Gesammtlänge der Dampfleitungsröhren beträgt 19 Kilometer.

Eine Dampfmaschine von 12 Pferdekräften dient ausschliesslich zum Betriebe der Ventilation. Ein Heger'scher Ventilator, von 3·24 Meter Durchmesser, der geräuschlos arbeitet, wird durch die Maschine in rotirende Bewegung gesetzt, saugt dadurch aus dem Freien durch einen in die Gartenanlage der Kärntnerstrasse mündenden Schacht und die hohen Souterrain-Localitäten die frische Luft an und treibt sie je nach der Tourenzahl in grösseren oder geringeren Mengen — im Minimum 40.000, im Maximum 120.000 Kubikmeter Luft per Stunde — in die Räume unter dem Parterre, den Logengängen und Galerien. Vor dem Ventilator sind Wasserzerstäubungs-Apparate angebracht, um die Luft anzufeuchten und zu kühlen. Nach dem Ventilator theilt sich der Luftcanal in drei Theile, der mittlere von 3·2 Quadratmeter Querschnitt für das Parterre und die Logen, die beiden seitlichen von je 1·25 Quadrameter Querschnitt für die Galerien.

Der Raum unter dem Parterre ist in drei Etagen getheilt. Die unterste Etage, der kalte Raum, nimmt die Luft auf, wie sie der Ventilator liefert. Von hier steigt die Luft entweder durch cylindrische Röhren von 0·95 Meter Durchmesser Mischvorrichtungen in die oberste Etage, den Mischraum, auf, oder durch die ringförmige Oeffnung um die Röhren in die von Heizröhren durchzogene, mittlere Etage, den Heizraum. Von hier steigt die erwärmte Luft wieder um die cylindrischen Röhren in den Mischraum, wo sie, wenn nöthig, mit der aus dem kalten Raum direct von unten aufsteigenden Luft gemischt und auf jene Temperatur, in der Regel 15° bis 16° R., gebracht wird, mit welcher sie in den Saal einströmen soll. Unter jedem Sitz des Parterre ist eine Oeffnung, die sich nach oben erweitert und oben mit einem Gitter abgedeckt ist. Durch diese Oeffnungen tritt die Luft aus dem Mischraum mit einer Geschwindigkeit von höchstens 0·3 Meter ein. In ähnlicher Weise ist die Durchführung für die Logen und die Galerien, nur tritt die Luft in die Logen nicht direct ein, sondern durch verticale Canäle zuerst in die Logengänge, und von da durch Oeffnungen, die unten in den Logenthüren angebracht sind und mittelst Jalousien nöthigenfalls auch geschlossen werden können, in die Logen. Die Ventilationsräume der Galerien sind durch hermetisch schliessende Thüren von den anderen Ventilationsräumen vollkommen dicht abgeschlossen, damit sie ganz selbständig behandelt werden können. Natürlich sind die verschiedenen Luftzuführungs-Canäle, Mischvorrichtung etc. entsprechend zu reguliren.

Die belästigende, warme Luft aus dem Zuschauerraume steigt den physikalischen Gesetzen gemäss von selbst empor und entweicht durch die Oeffnung über dem Luster. Von den Galerien, wo eine grössere Anzahl von Personen vereinigt und die Decke nach rückwärts ansteigend ist, wird die verdorbene Luft noch durch Canäle abgezogen, welche von den höchsten Stellen des Plafond aufsteigen und, über der Decke des Zuschauerraumes geführt, sich mit dem cylindrischen Abzuge des Parterre ober dem Luster vereinigen Die auf diesen verschiedenen Wegen abgezogene Luft wird durch eine über den First des Hauptdaches ausmündende Esse, Hauptabzug von 3·8 Meter Durchmesser ins Freie geführt. In diesem Hauptabzug ist eine Regulirungsklappe, die von unten zu handhaben ist, angebracht, und ausserdem noch ein Ventilator mit verstellbaren Flügeln eingesetzt, Exhaustor, der von derselben Maschine, die den Ventilator für die frische Luft treibt, mittelst einer Drahtseiltransmission betrieben wird. Eine Windfahne von 3·32 Meter Länge stellt einen Mantel gegen die herrschende Windrichtung, um die Ausmündung der Esse gegen Störungen durch heftige Stürme zu schützen.

Unter dem Stehparterre befindet sich das Inspectionszimmer für den Betriebsleiter der Heizung und Ventilation. Hier vereinigen sich alle Temperaturanzeigen, welche durch Thermo-Indicatoren, die in allen wichtigen Räumen aufgestellt sind, auf elektrischem

Wege vermittelt werden; von diesem Raume aus sind alle Regulirungs-
klappen der Zu- und Abzüge zu handhaben, und ist dasselbe mit
dem Kesselhause und der Ventilatorenmaschine telephonisch verbunden,
so dass von diesem Raume aus der Heizungs- und Ventilations-
betrieb geleitet werden kann.

Auch für die Sicherheit sind im k. k. Opernhause die vor-
schriftsmässigen Vorkehrungen in weitgehendster Weise getroffen.
Wie schon früher erwähnt, sind gegen Feuersgefahr im ganzen
Hause vertheilt 80 Hydranten aufgestellt, ein Rauchschlot von
9·7 Quadratmeter Querschnitt mit einer Fallklappe, die vom Bühnen-
gange im Bühnenniveau neben dem Handkrahn der eisernen Courtine
zu handhaben ist, ist ober der Bühne angebracht; eine eiserne
Courtine ermöglicht die Trennung des Bühnenraumes vom Zuschauerraum; durch einen Feuerautomaten, der täglich probirt wird, ist das
Haus mit der Centrale der städtischen Feuerwehr verbunden, und
Tag und Nacht wird von 16 angestellten Feuerwehrmännern mit
2 Löschmeistern das ganze Haus derart controlirt, dass alle Viertel-
stunde ein Feuerwehrmann seinen vorgeschriebenen Controlgang
zu machen hat. Die Controluhr ist in der Kanzlei der Gebäude-
Inspection aufgestellt.

Ausser Theatervorstellungen werden in der k. k. Hofoper auch
Redouten abgehalten. Zu diesem Behufe wird das Parquet und
Parterre überbaut, um eine horizontale Fläche zu erhalten, der
mittlere Theil der Brüstung wird ausgehoben, eine breite, zweiarmige
Treppe, die sich an die Logenbrüstungen rechts und links anschmiegt,
aufgestellt und der Zuschauerraum mit der Bühne zu einem grossen,
gemeinschaftlichen Saal vereinigt. Die Hinterbühne ist in einen
Wintergarten umgewandelt. Um aus dem Saal des Zuschauerraumes
unter der Mittelloge über die Stehparterreliege einen Ausgang zu
gewinnen, wurde vor drei Jahren die Einrichtung getroffen, das
Parterre mit seinen Sitzen und seiner Brüstung, mit denen es die
horizontale Fussbodenebene des Redoutensaales überragt, zu ver-
senken. Bei den Redouten ist die Anfahrt ausschliesslich in der
Kärntnerstrasse. Von dort gelangt das Publikum in die zu einer

grossen Garderobe umgestaltete Warthalle, von da durch das grosse Logenvestibule über die Haupttreppe in den ersten Stock in den Festsalon und betritt, die Mittelloge durchschreitend, die Redouten-treppe und über diese hinab den Saal.

Schliesslich seien noch einige Grössenverhältnisse angegeben: Der Flächenraum des ganzen Baues ist an überbauter Fläche 8708·825 Quadratmeter, Lichtgräben und Gärten haben 1427·583 Quadratmeter, zusammen ein Flächenraum von 10.136·408 Quadrat-meter.

Die Bühne hat zusammen an Quadratfläche 1023·04 Quadratmeter.

Der Dachfirst des hohen Aufbaues ist 39·194 Meter über dem Niveau der Ringstrasse. Die Sohle des II. Souterrain ist 7·586 Meter, die grösste Fundamenttiefe 16·752 Meter unter dem Niveau der Ringstrasse.«

Wenn in den vorangegangenen Zeilen versucht wurde, kurz an die Baugeschichte des neuen k. k. Hof Operntheaters zu erinnern und eine gedrängte Darstellung der räumlichen Verhältnisse, sowie der Einrichtung des Hauses zu geben, so sei nun der Werke der Malerkunst, der Sculptur und des Kunstgewerbes überhaupt gedacht, welche in reichster Fülle die Wiener Hofoper schmücken und deren Innenräume zu einem Museum im vollsten Sinne des Wortes gestalten.

Zunächst fallen dem Besucher des Operntheaters die Brunnen-figuren zu beiden Seiten des Hauses auf. Gegen die Operngasse zu sehen wir die Musik mit dem Tanz, der Freude und dem Leicht-sinn, gegen die Kärntnerstrasse: Loreley mit der Trauer, der Liebe und der Rache dargestellt. **Hanns Gasser** (geboren zu Eisenstratten bei Gmünd in Kärnten, 2. October 1817, gestorben in Budapest, 24. April 1868) war deren Bildner. Die Bronze-Ausgüsse besorgte der Bildhauer **Franz Pönninger**, der auch die Bronze-Einrichtung der später zu erwähnenden Kamine ausführte.

Betreten wir das Haus selbst, so grüssen uns zunächst im Vestibule zwölf Wandgemälde von Führich's Schüler, dem Historien-maler **Karl Geiger** Ausserdem fesseln unseren Blick ornamentale

Malereien, die Professor **Abondio Isella** sowohl hier, als im grossen Treppenhause und im Auditoriumssaale ausgeführt hat.

Die allegorischen Figuren im Stiegenhause, welchen wir uns nunmehr zuwenden, die sieben freien Künste darstellend, sind Schöpfungen des Bildhauers **Josef Gasser Ritter v. Valhorn**; das Plafondbild „Fortuna ihre Gaben streuend" ist nach dem Entwurfe des Malers **Franz Dobyaschofsky** (geboren Wien, 23. November 1818, gestorben daselbst 1867) von dem Professor **Michael Rieser** ausgeführt worden. Von demselben Künstler wurden auch die gleichfalls von Dobyaschofsky componirten drei Wandgemälde: das Ballet, die komische und die tragische Oper vollendet. Die zwei Medaillons von Marmor, welche sich im Stiegenhause befinden, stellen die Erbauer des Hauses: **Eduard van der Nüll** (geboren Wien, 9. Jänner 1812, gestorben daselbst 3. April 1868) und **August Siccard von Siccardsburg** (geboren Wien, nach Anderen Pest, 6. December 1813, gestorben Weidling bei Wien, 11. Juni 1868) dar und nennen den Wiener Bildhauer **Josef Cesar** (geboren 1814, gestorben 29. Juni 1876) ihren Schöpfer.

Noch wären die Hochrelief-Darstellungen im Stiegenhause „Oper und Ballet" zu erwähnen. Sie sind aus Breitenbrunnerstein vom Bildhauer **Johann Preleuthner** ausgeführt.

Im Foyer und in der Loggia finden wir an Werken der bildenden Kunst: Fünf Bronzestatuen: Liebe, Thalia, Phantasie, Melpomene und Heroismus von Professor **Ernst Julius Hähnel** (geboren Dresden, 9. Mai 1811, alldort gestorben 20. Mai 1891). Diesem Künstler verdankt die Wiener Hofoper auch die Colossalgruppen, die classische und die romantische Poesie auf geflügelten Rossen, welche seit dem Jahre 1877 die Stelle der von dem Bildhauer **Vincenz Pilz** ausgeführten vielfach angefeindeten Pegasusgruppen, die sich nunmehr in San Francisco befinden, einnehmen. Die figuralischen Malereien (Fresken) in der Loggia stammen vom Meister **Moriz Ritter von Schwind** (geboren Wien, 21. Jänner 1804, gestorben München, 8. Februar 1871) und behandeln Motive aus der Zauberflöte.

Im Foyer, das in Gold und Marmor strahlt — von Marmor-sorten kamen zur Verwendung: schwarze (Brüssel), rothe (Muniano, Istrien und Salzburg, Untersberger), gelbe (Grissigniano, Istrien) und weisse (Carrara) — befinden sich vierzehn von **Schwind** ausgeführte Wandgemälde, mit Eiweissfarben auf Leinwand gemalt, welche Scenen aus den Opern: „Freischütz" (Weber), „Barbier von Sevilla" (Rossini), „Der Wasserträger" (Cherubini), „Die weisse Frau" (Boiel-dieu), „Hans Heiling" (Marschner), „Die Vestalin" (Spontini), „Jes-sondra" (Spohr), „Der häusliche Krieg" (Schubert), „Armida" (Gluck), „Zauberflöte", „Don Juan", „Figaro's Hochzeit" (Mozart), „Die Schöpfung" (Haydn), „Fidelio" (Beethoven), „Doctor und Apotheker" (Dittersdorf) und „Die Hugenotten" (Meyerbeer) zum Vorwurfe haben. Unter jedem Bilde ist die Büste des betreffenden Componisten angebracht. Die beiden Deckengemälde stellen dar: Der Kampf um den Kranz und der Sieg. Zwölf Blumenmedaillons auf Gold sind von Professor **Friedrich Sturm**. Die Medaillons ober den Kaminen zeigen Kaiserin Maria Theresia als Beschützerin und Verehrerin der Kunst und Musik, dann Kaiser Leopold, der die Oper in Wien einführte. In den Buffets grüssen uns die Büsten Richard Wagner's und Josef Verdi's.

In den Bogenfeldern ober den Eingangsthüren im Logenvesti-bule lesen wir die Namen der Componisten Beethoven, Haydn, Mozart, Gluck und Schubert.

Im Zuschauerraum ist das Plafondgemälde eine Composition des Professors **Karl Rahl** (geboren Wien, 13. August 1812, daselbst gestorben 9. Juli 1865). In die Ausführung desselben theilten sich die Maler **Christian Griepenkerl** und **Eduard Bitterlich**. Während der erstgenannte Künstler noch rüstig und schaffensfroh unter uns wandelt, deckt Eduard Bitterlich, der zu Dublany in Galizien den 17. August 1833 das Licht der Welt erblickte, schon seit langen Jahren die Erde. Der Meister starb zu Wien den 20. Mai 1872. Rahl's Composition zeigt im Proscenium in drei Bildern Bacchus, den Er-finder des Theaters, umgeben von den Allegorien: Tragik und Komödie, Tag und Nacht. Im Auditoriumssaale selbst stellen acht

Deckenbilder die menschlichen Affecte dar, nämlich die Begeisterung, die Melancholie, die Lebenslust, die Andacht, die Liebe, die Ergebung, die Heiterkeit und den Zorn.

An den Logenbrüstungen des ersten Ranges sind dreissig Medaillons angebracht, welche Portraitköpfe der grössten Gesangs- und Tanzkünstler, die in Wien im Laufe der Jahre wirkten, zeigen. Es erscheinen verewigt:

Alois Ander recte **Anderle**, k. k. Kammersänger, geboren Budissin in Mähren, 10. August 1821, gestorben in Bad Wartenberg in Böhmen, 11. December 1864. Er wirkte an der Wiener Hofoper vom 22. October 1845 bis zu seinem Ableben.

Antonie Bernasconi recte **Wagele**, geboren Stuttgart, 18. Jänner 1741, gestorben Wien 1803; berühmt als Alceste, sang in Wien 1767, dann 1780 bis 1783.

Maria Borcondio, italienische Sängerin.

Angelina Catalani, verehlichte **Valabrègne**, Sängerin, geboren Sinigaglia 1779, gestorben Paris, 13. Juni 1849.

Fanny Elssler, Tänzerin, 1843 von der Universität Oxford zum Doctor der Tanzkunst ernannt, geboren Wien, 23. Juni 1810, gestorben daselbst 27. November 1884

Josefine Fodor, verehlichte **Mainville**, k. k. Kammersängerin, sang in den Jahren 1823 und 1825 in Wien

Anton Forti, Sänger, von 1814 bis 1842 Mitglied, geboren Wien, 8. Juni 1790, gestorben daselbst 16. Juli 1859

Maria Anna Wilhelmine von Hasselt, verehelichte **Barth**, k. k. Kammersängerin, geboren Amsterdam, 15. Juli 1813, gestorben Mannheim 4. Jänner 1881.

Klara Heinefetter verehlichte **Stöckl**, Sängerin von 1831 bis 1846 in Wien, geboren Mainz, 17. Februar 1816, gestorben Wien, 24. Februar 1857.

Luigi Lablache, königl. neapolitanischer Kammersänger, geboren Neapel, 6. December 1794, gestorben dortselbst 23. Jänner 1858.

Aloisia Lange geborne **von Weber**, Sängerin, geboren Mannheim 1759, gestorben Frankfurt am Main 1830.

Jenny Lind verehelichte **Goldschmidt**, Sängerin, geboren Stockholm, 6. October 1820, gestorben Wynds Point (England), 2. November 1887.

Sophie Johanna Löwe, seit 1848 mit dem **Fürsten Friedrich Liechtenstein** vermählt, Sängerin, geboren Oldenburg, 24. März 1815, gestorben Budapest, 28. November 1866.

Jenny Lutzer verehelichte **Freiin von Dingelstedt**, k. k. Kammersängerin, geboren Prag, 4. April 1816, gestorben Wien, 3. October 1877.

Anna Pauline Milder verehelichte **Hauptmann**, Sängerin, geboren Constantinopel, 31. December 1781, gestorben Berlin 29. Mai 1838.

Jean Georges Noverre, Balletmeister, geboren St. Germain en Saye, 27. März 1727, gestorben Paris, 19. October 1810.

Giudita Pasta geborne **Negri**, k. k. Kammersängerin, geboren Como (Italien), 9. April 1798, gestorben dortselbst 4. April 1865.

Giovanni Battista Rubini, k. k. Kammersänger, geboren Romano bei Bergamo. 7. April 1795, gestorben alldort 2. März 1854.

Nanette Schechner verehelichte **Waagen**, Sängerin, geboren München 1806, gestorben dortselbst 22. April 1860.

Wilhelmine Schröder-Devrient, Sängerin und Schauspielerin, geboren Hamburg, 6. October 1805, gestorben Coburg, 26. Jänner 1860.

Henriette Sontag verehelichte **Gräfin Rossi**, königl. preussische Kammersängerin, geboren Coblenz, 3. Jänner 1806, gestorben Mexiko, 17. Juni 1854.

Josef Staudigl, Sänger, vom Jänner 1829 bis Ende Februar 1854, Mitglied der Wiener Hofoper, geboren Wöllersdorf in Niederösterreich, 14. April 1806, gestorben Wien, 28. März 1861.

Eugenie Tadolini geborne **Savorani**, k. k. Kammersängerin, geboren Forli 1813.

Maria Taglioni verehelichte **Gräfin Des Voisins**, Tänzerin, geboren Stockholm, 23. April 1804, gestorben Marseille, 23. April 1884.

Josef Alois Tichatschek recte **Tichatschke**, Sänger, geboren Weckelsdorf in Böhmen, 11. Juli 1807, gestorben Dresden, 18. Jänner 1886.

Karoline Ungher verehelichte **Sabatier**, k. k. Kammersängerin, geboren Stuhlweissenburg (Ungarn), 28. October 1805. gestorben Florenz, 23. März 1877.

Pauline Michelle Ferdinande Viardot geborne **Garcia**, Sängerin und Clavier-Virtuosin, geboren Paris, 18. Juli 1821.

Josefa Maria Vigano geborne **Medina**, eigentlich **Mayer**, genannt Terspichore, Tänzerin, geboren Wien 1756, gestorben Mailand 1821.

Johann Michael Vogl, Sänger, vom 1. Mai 1794 bis 30. November 1821 an der Wiener Hofoper engagirt, geboren Steyer in Oberösterreich, 10. August 1768, gestorben Wien, 20. November 1840.

Franz Wild, grossherzogl. hessischer Kammer- und k. k. Hofcapellensänger, geboren Hollabrunn in Niederösterreich, 31 December 1792, gestorben Wien, 1. Jänner 1860.

Die Medaillons sind Arbeiten des schon erwähnten Bildhauers **Josef Cesar** und des Professors **Karl Radnitzky**.

Der Vorhang für die tragische Oper, welchen **Karl Rahl** componirte, **Bitterlied** zeichnete und **Griepenkerl** malte, stellt die Orpheus-Mythe dar; ausserdem weist er die Bildnisse der Maler **Rahl** und **Dobyaschofsky**, des Bildhauers **Hanns Gasser** und der Architekten **Van der Nüll** und **Sicoardsburg** auf.

Den Vorhang für die Komische Oper und für Ballete malte der Professor an der k. k. Kunstgewerbeschule in Wien **Ferdinand Laufberger** (geboren Mariaschein in Böhmen 16. Februar 1829, gestorben Wien 16. Juli 1881).

Die Uebermalung des eisernen Vorhanges, das kunstvolle Schmiedeeisengitter vom Belvedere in Wien darstellend, ist ein Werk des Decorationsmalers **Anton Brioschi**.

Der grosse Luster im Auditoriumssaale wurde nach der Zeichnung des Professors **Storck** in der k. k. Hofmetallwaarenfabrik M. A. Beschorner's in Wien ausgeführt.

Hier wäre noch zu erwähnen, dass in der Wartehalle gegen die Kärntnerstrasse zu in den Bogenfenstern Ornament-Malereien angebracht sind, die gleichfalls von **Isella's** Hand stammen. Mit der Musikgeschichte eng verbundene Namen werden hier dem Beschauer in Erinnerung gerufen: Schikaneder, J. Schenk, W. Müller, Winter, Salieri, Händel, Hasse, Weigl, Gyrowetz, C. Kreutzer, Lortzing, C. Nicolai, H. Lachner, H. Kind.

Wir haben bisher nur jene Gebilde der Malerkunst und der Sculptur besprochen, welche jedem Besucher des Hauses zugänglich sind; nunmehr wollen wir jener Kunstwerke gedenken, die in den für den Gebrauch des Allerhöchsten Hofes reservirten Localitäten im k. k. Hofoperntheater ihren Platz gefunden haben und zu deren Besichtigung eine besondere Erlaubnis eingeholt werden muss. Zunächst hält uns die mit zwölf Gemälden von Prof. **Eduard Ritter von Engerth** geschmückte Kaisertreppe fest. Die Bilder (Fresken) behandeln die Orpheus - Mythe und stellen dar: Orpheus zähmt Thiere, Orpheus bei den Hirten, Orpheus' Hochzeit mit Eurydice, Tod der Eurydice, Orpheus am Grabe der Eurydice, Orpheus fährt über den Styx, Orpheus am Eingange des Orkus, Orpheus verlangt Eurydice von Pluto zurück, Eurydice folgt Orpheus zur Oberwelt, Eurydice wird dem Orpheus neuerdings entzogen, Orpheus wird von Bacchantinen verfolgt, endlich Orpheus unter die Sterne versetzt. Auf der Stiege befindet sich weiters noch eine Statue: die Musik, von dem Bildhauer **Luigi Ferrari** aus Venedig.

Die Glasmalereien der Hoflogen-Treppen wurden nach den Entwürfen des Malers **Karl Geyling** (geboren in Wien 23. Februar 1814, gestorben ebenda 2. Jänner 1880) in dessen Atelier ausgeführt. Die Medaillons an der Treppe zur kaiserlichen Incognitologe stammen aus den Händen des Professors **Karl Otto Wilhelm König**.

In dem im ersten Stocke gelegenen Hoflogensalon malte **Karl Madjera** (geboren Hamburg 30. August 1828, gestorben Grinzing

(Wien) 30. Mai 1875 die drei Deckengemälde, welche die Oberon-Sage behandeln. Das Bild links stellt die Entführungsscene dar. Hüon will sich mit dem Schwerte Bahn brechen, Rezia hält ihn zurück, da stösst er ins Zauberhorn und Alle ergreift die Lust zu tanzen. Rechts sehen wir Hüon als Sklave im Dienste der Sultanin Roschana. Das Mittelbild zeigt die Wiedervereinigung Hüons mit Rezia. Drei Wandgemälde von **Albert Zimmermann** (geboren Zittau 20. September 1809, gestorben München 18. October 1888) führen den Beschauer nach Possenhofen (Geburtsort Ihrer Majestät der Kaiserin), an das Ufer des Starnbergersees und nach Salzburg. Von den übrigen Kunstgegenständen, welche sich noch im Hoflogensalon befinden, erwähnen wir nur die Stoffmalereien, Blumen, ausgeführt von Professor **Sturm**, die Bildhauerarbeiten an den Möbeln von **Franz Schönthaler**, die Bronzekandelaber von **Bröse** und den Kamin von **Carlo Vanni.**

Im grossen Salon wurden die Frescomalereien, Mozarts: ‚Hochzeit des Figaro‘ entnommen, von **Eduard Ritter von Egerth** ausgeführt. Sie stellen vor: I. Bild: Das Brautpaar und die Widersacher, 1. Eros schnitzt den Bogen, 2. Eros schnellt den Bogen; II. Bild; Cherubins Liebesnoth, 3. Eros triumphirt; III. Bild: Almavivas Eifersucht, 4. Eros kämpft mit Wespen, 5. Eros zerbricht den Bogen; IV. Bild: Schürzung und Lösung des Knotens, 6. Eros wird gefesselt, 7. Eros zerschneidet die Bande; V. Bild: Die Hochzeit, 8. Eros streift die Fesseln ab; VI. Bild: Jetzt tanzt und singt, 9. Eros berauscht sich; VII. Bild: Mozart's Unsterblichkeit, 10. Eros ruht um neues Leben zu gewinnen. Die Verse bei den Amoretten verfasste der Dichter **Friedrich Halm (Eligius Josef Freiherr von Münch-Bellinghausen).**

Das Medaillon über den Kamin stellt Mozart vor.

Nicht vergessen seien die Bildhauerarbeiten der Möbel von **Karl Johann Schindler**, die Wandarme von **Alois Hanusch** und die aus der Werkstätte des Hoftischlers **Friedrich Paulick** hervorgegangenen Thüren.

Im Hoffestsalon zeigt das von **Madjera** ausgeführte Deckengemälde eine Apotheose: Die Musik auf Adlerschwingen. Die kreis-
runden Felder zur Seite des Hauptbildes enthalten gleichfalls von
Madjera gemalte Darstellungen der tragischen und lyrischen Musik.
Kunstvolle Stickereien aus dem Atelier **Giani**, Bronze-Wandarme von
Hanusch und Bildhauerarbeiten von **August La Vigne**, endlich Tapeten von **Bujatti** und Teppiche von **Haas**, die zur vornehm stilvollen
Ausschmückung des prächtigen Raumes beitragen, sollen nicht un-
erwähnt bleiben.

Die erzherzogliche Stiege enthält den aus zwölf Fresco-Bildern
bestehenden „Iphigenia"-Cyclus von Prof. **Karl Swoboda** (geboren
zu Planitz in Böhmen am 14. Juni 1824, gestorben zu Wien am
12. September 1870).

Der Cyclus illustrirt die nachstehenden Momente:

1. Agamemnon's Flotte wird durch widrige Stürme am Auslaufen
aus dem Hafen von Mikene gehindert.

2. Agamemnon opfert Iphigenia, welche jedoch von Diana in
einer Wolke entführt und nach Tauris gebracht wird.

3. Iphigenia als Oberpriesterin auf Tauris.

4. Klytemnästra tödtet Agamemnon, Elektra rettet den kleinen
Orest und sendet ihn nach Phokis.

5. Orest wird auf Phokis vom Könige freundlich aufgenommen
und schliesst mit Pylades Freundschaft.

6 Orest rächt den Mord seines Vaters und tödtet seine Mutter
und Aegistos im Tempel.

7. Orest, von den Furien verfolgt.

8. Orest fleht das Orakel in Delphi um Rath an, wie er die
Götter versöhnen könne. Pythia zeigt ihm das Standbild der Diana,
das er von Tauris nach Mikene zurückbringen soll.

9. Orest geht mit Pylades nach Tauris und findet dort seine
Schwester Iphigenie wieder.

10. Kampf um das Standbild der Diana.

11. Iphigenie wird mit dem Standbilde der Diana von Orest im Triumph nach Mikene zurückgebracht.

12. Die versöhnte Diana.

Im erzherzoglichen Salon, der in grüner Farbe gehalten ist und von dessen Wandtapeten unserem Auge das Monogramm ‚H. L.‘ entgegenleuchtet, das ‚Habsburg-Lothringen‘ bedeutet, sehen wir ein Deckengemälde von dem bereits genannten **Madjera**, welches Preciosa, Weber's Lied: ‚Einsam bin ich nicht alleine‘ singend darstellt. Die Einrichtung weist Bildhauerarbeiten von **Karl Johann Schindler** auf, welchem wir gleichfalls schon begegnet sind.

Wenn wir zum Schlusse noch die Namen der Bildhauer und Maler **Karl Bauer, Josef Pokorny** und **Ignaz Schönbrunner** anführen, so glauben wir aller jener Künstler gedacht zu haben. welchen die so reiche decorative und ornamentale Ausschmückung des k. k. Hof-Operntheaters in Wien in erster Linie zu danken ist.

Albert Josef Weltner.

Oberste Hoftheater – Leitung.

Hoftheater-Behörden.

Artistische u. technische Vorstände, Hilfspersonale.

Oberster Hoftheater-Director:

Seiner Oesterreichisch - Kaiserlichen und Königlich Apostolischen Majestät Erster Obersthofmeister.

Se. Durchl. Herr **Constantin Prinz zu Hohenlohe-Schillingsfürst,**
Ritter des gold. Vliesses, Gr. Kr. d. kgl. ung. St. Stephan-O., Bes. der
Kriegsmedaille und d. Militär-Dienstzeichens II. Cl. für Officiere, Gr.
Kr. d. toscan. O. vom heil. Josef, Gr. Kr. und Ehren-Bailli d. souv.
Johanniter-O., Bes. des Marianerkreuzes des deutschen Ritter-O., Ritter
des russ.-kais. St. Andreas-O. (in Brillanten), d. St. Alexander-Newsky-,
d. weissen Adler-, d. St. Annen- u. d. russ.-kais. königl. St. Stanislaus-O.
I. Cl., Ritter des kgl. preuss. schwarz. Adler-O. (in Brillanten) u. d. roth.
Adler-O. I. Cl., Grkr. des franz. O. d. Ehren-Legion u. d kais. brasil.
O. vom südlichen Kreuze, Bes. d. ottoman. Osmanié- u. des ottoman.
Medschidjé-O. I. Cl., Ritter d. k. italien O. der Annunziata, Bes. d.
Portrait-Decoration d. Schah von Persien (in Brillanten) u. d pers.
Sonnen- u. Löwen-O. I. Classe, Grosscordon d. k. japan. O. der aufgehenden Sonne-, Ritter d. kgl dän. Elephanten-O., Gssk d kgl. portug.
Thurm- u. Schwert-O. u. d. kgl. span. O. Carl III. (mit der Colane),
Ritter d. kgl bayer. St. Hubertus-O. u. d. kgl. sächs. O. d. Rautenkrone, Gkr. d. kgl. sächs. Albrecht-O., d. kgl. württemb. Friedrich-O.
und des Ordens der königl. württembergischen Krone, Ritter des königl.
schwedischen Seraphinen-O., Gkr. d. kgl belg Leopold-O. (in Brillanten),
d. kgl. griech O. vom heil. Erlöser, d. kgl. O. -Stern von Rumänien-,
d. kgl. serb. weissen Adler-O , d. kgl. serb. Takowa-O. u. d. päpst. Pius-O.,
Ritter d. kgl sicilian. St. Januarius-O., Gkr. d. königl hannoverischen
Guelphen-O., des kurfürstl. hessischen Wilhelm-O., d. grossh. hess.
Ludwig-O., des grossh. sachsen-weimar'schen O. der Wachsamkeit oder
vom weissen Falken und des grossh. mecklenburg. O. d. wendischen
Krone, Ritter d. herzgl. nassau'schen Haus-Ordens vom goldenen
Löwen, Grosskreuz d. herzgl. sächs.-Ernestinischen Haus-Ordens, Bes.
d fstl montenegr. Danilo-O. I Cl., Ritter des kgl. preuss. Kronen-O.
II. Classe, Commandeur d. kgl. sicilian. O. Franz I., Ritter d. russ.-kais.
St. Wladimir-O. IV. Cl., d. Civil-Verdienst-O. d. kgl. bayer. Krone, d.
päpstl. Christus-O. u d. fürstl Hohenlohe'schen Haus- u. Phönix-O.,
Bes. d. päpstl. Erinnerungs-Medaille pro Petri sede; k. u. k wirkl. Geh.
Rath und Kämmerer, Oberst sämmtlicher k u. k. Leibgarden, General
der Cavallerie und Inhaber des k. u. k. Infanterie-Regimentes Nr. 87,
lebenslängliches Mitglied des Herrenhauses des österr. Reichsrathes,
Ehren-Curator des k. k. österr. Museums für Kunst und Industrie,
Ehren-Mitglied der k. k. Akademie der bildenden Künste und des
Kunstgewerbevereines in Wien.

Kanzlei-Directoren

in Seiner Oesterreichisch-Kaiserlichen und Königlich
Apostolischen Majestät Obersthofmeister-Amte:

Herr **Anton Ritter Imhof von Geisslinghof**, k. k. wirklicher Hofrath
und Kanzlei-Director, Ritter des österreichischen kais Leopold-Ordens,
Besitzer des ottomanischen Medschidjé-Ordens dritter Classe, Commandeur des herzogl sächs. Ernestinischen Hausordens, Commandeur
des kurfürstl. hessischen Wilhelm-Ordens etc. etc.
bis 16. April 1871.

Herr **Franz Freiherr von Raymond**, k. k. wirklicher Hofrath und
Kanzlei-Director, Ritter des österreichischen kais. Ordens der Eisernen
Krone zweiter Classe, grossherzogl. toscanischen Verdienst-Ordens vom
heil Josef, Commandeur des grossherzogl toscanischen Civil-Verdienst-
ordens, Ritter des russisch-kais. St Stanislaus-Ordens zweiter Classe (mit
dem Sterne), Commandeur des kais. brasilianischen Rosen-Ordens, Besitzer des ottomanischen Medschidjé-Ordens dritter Classe, Comthur
des königl. bayerischen Verdienst-Ordens vom heil. Michael, Comthur
zweiter Classe des königl. württembergischen Friedrich-Ordens, Commandeur des königl. griechischen Ordens vom heil. Erlöser, Besitzer
des persischen Sonnen- und Löwen-Ordens dritter Classe, Commandeur
erster Classe des grossherzogl hessischen Ludwig-Ordens, Ritter des
französischen Ordens der Ehren-Legion, des königl. preussischen
Kronen-Ordens dritter Classe, des königl. spanischen Ordens Carl des
III. etc. etc.; vom 17. April 1871 bis 5. November 1875. †.

Herr **Dr. Theodor Freiherr von Westermayer**, Erster Hofrath und
Kanzlei-Director, Ritter des österreichisch-kais Leopold-Ordens,
Besitzer des gold. Verdienstkreuzes mit der Krone, Grossofficier des
grossherzogl. toscanischen Civil-Verdienst-Ordens, Grosskreuz des
königl. Ordens der Krone von Rumänien, Ritter des königl. preussischen Kronen-Ordens zweiter Classe, Grossofficier des königl. Ordens
der Krone von Italien und des königl. serbischen Takowa-Ordens, Besitzer des persischen Sonnen- und Löwen-Ordens zweiter Classe, des kais.
japanischen Ordens der aufgehenden Sonne zweiter Classe, Commandeur des königl. spanischen Ordens Carl III. (mit dem Sterne),
Comthur erster Classe des königl. sächsischen Albrecht-Ordens, des
königl. württembergischen Friedrich-Ordens, Commandeur des königl.
belgischen Leopold-Ordens, des königl. griech. Ordens vom heil. Erlöser, des päpstlichen St. Gregor-Ordens und des königl. Ordens
Stern von Rumänien, Comthur erster Classe des grossherzogl.
hessischen Verdienst-Ordens Philipp des Grossmüthigen, Besitzer des
fürstlich montenegrinischen Danilo-Ordens zweiter Classe etc. etc:
vom 5. November 1875

K. u. k. General-Intendanz der k. k. Hoftheater

a) General-Intendanten:

Se. Excellenz Herr **Eligius Freiherr von Muench-Bellinghausen,** Ritter des kais. österreichischen Leopold-Ordens und des kais. österreichischen Franz Josef-Ordens, Grosskreuz des grossherzoglich sachsen-weimar'schen-Ordens vom weissen Falken, Besitzer des osmanischen Medschidjé - Ordens zweiter Classe, Grosscommandeur des königl. griechischen Erlöser-Ordens, Commandeur des kais. mexikanischen Guadelupe-Ordens, Ritter des französischen Ordens der Ehren-Legion, des königl bayerischen Maximilian-Ordens, des königl. bayerischen Verdienst-Ordens vom heil. Michael, des königl. dänischen Danebrog-Ordens, k. k Hof-Bibliotheks-Präfekt, Dr. der Ph., Mitglied des Herrenhauses des österreichischen Reichsrathes, der kais. Akademie der Wissenschaften in Wien, k. k. wirklicher Geh. Rath und Kämmerer, etc. etc. vom 11. Juli 1867 bis 1. November 1870.

Se. Excellenz Herr **Rudolf Eugen Graf von Wrbna und Freudenthal,** Ritter des österreichisch. - kais. Ordens der Eisernen Krone erster Classe, des österreichisch. - kais. Leopold-Ordens, Grosskreuz des grossherzoglichen toscanischen Verdienst-Ordens vom heiligen Josef, des königl. hannover'schen Guelphen- und des königl. württembergischen Friedrich-Ordens, Grossofficier des französischen Ordens der Ehren-Legion, des königl. belgischen Leopold-Ordens, Commandeur des grossherzogl. hessischen Ludwig-Ordens, Ritter des russisch - kais. St. Wladimir-Ordens vierter Classe, Vice-Präsident des Herrenhauses des österreichischen Reichsrathes k. k. wirklicher Geh. Rath und Kämmerer vom 1. November 1870 bis 15. October 1874.

Herr **Rudolf Edler von Salzmann-Bienenfeld,** Hofrath des k. k. Obersten Rechnungshofes, Comthur des kais. österreichischen Franz Josef - Ordens, Ritter des österreichisch.-kais. Ordens der Eisernen Krone, Grossofficier des königl. italienischen St. Mauritius- und Lazarus-Ordens, Comthur des herzoglich. Estens' Adler-Ordens etc. etc. vom 16. October 1874 bis 21. Mai 1875.

1*

Se. Excellenz Herr **Leopold Freiherr von Hofmann,** Grosskreuz des österreichisch-kais. Leopold-Ordens, Ritter des österreichisch-kais. Ordens der Eisernen Krone erster Classe, Ritter des königl. ungarischen St. Stephans-Ordens, Ritter des souveränen Johanniter-Ordens, Grosskreuz des grossherzogl. toscanischen Civil-Verdienst- und des herzogl. estensischen Adler-Ordens, Ritter des russisch-kais. weissen Adler- und des St. Annen-Ordens erster Classe, Ritter des königl. preussischen roth.n Adler- und des Kronen-Ordens erster Classe, Besitzer des ottomanischen Medschidjé-Ordens erster Classe, Grosskreuz des kais. brasilianischen Rosen-Ordens, Besitzer des persischen Sonnen- und Löwen-Ordens erster Classe, Grosskreuz des königl. italienischen St. Mauritius- und Lazarus-Ordens und des königl. Ordens der Krone von Italien, Besitzer des chinesischen Drachen-Ordens erster Classe, Grosscordon des kais. japanischen Ordens der aufgehenden Sonne, Grosskreuz des königl. portugiesischen Christus-Ordens, des königl. spanischen Ordens Carl III., des königl. bayerischen Verdienst-Ordens der Krone und des Verdienst-Ordens vom heil. Michael, des königl. sächsischen Albrecht-Ordens, des königl. hannover'schen Ernst August-Ordens, des königl. württembergischen Friedrich-Ordens, des königl. schwedischen Nordstern-Ordens, des königl. belgischen Leopold-Ordens, des königl. griechischen Ordens vom heil. Erlöser, des königl. serbischen Takowa-Ordens, des grossherzogl. Luxemburg'schen Ordens der Eichenkrone, des herzogl. braunschweig'schen Ordens Heinrich des Löwen, des herzogl. nassau'schen Civil-Verdienst-Ordens, des herzogl. sächich-Ernestinischen Haus-Ordens und des fürstl Monaco'schen Ordens des heil. Carl, Besitzer des tunesischen Nischan-Iftikar-Ordens, Grossofficier des französischen Ordens der Ehren-Legion, Comthur erster Classe des hawaiischen Kamarana-Ordens (mit dem Sterne), Comthur des königl. hannover'schen Guelphen-Ordens, Comthur erster Classe des grossherzogl hessischen Verdienst-Ordens Philipp des Grossmüthigen, Ritter des königl. dänischen Danebrog- und des kurfürstl. hessischen Wilhelm-Ordens, Besitzer des fürstl Lippe'schen Ehrenkreuzes erster Classe, k. k. wirklicher Geheimer Rath, lebenslänglches Mitglied des Herrenhauses des österreichischen Reichsrathes, k. u. k. Reichs-Minister a. D , Ehren-Mitglied und Mitglied vieler gelehrten Anstalten und humanitären Vereine (provisorisch). Vom 9. April 1880 bis 24. October 1885. †.

Se. Excellenz Herr **Josef Freiherr von Bezecny,** Ritter des österreichischen kais. Ordens der Eisernen Krone erster Classe, Grosskreuz des kais. österreichischen Franz Josef-Ordens, Ritter des königl. preussischen Kronen-Ordens erster Classe, Grosskreuz des königl. sächsichen Albrecht-Ordens, des königl. württembergischen Friedrich-Ordens, des königl. serbischen St. Sava-Ordens, Grosskreuz des grossherzogl. hessischen Ordens Philipp des Grossen Edlingen, des königl. Ordens der Krone von Rumänien und des persischen Sonnen- und Löwen-Ordens, Commandeur des königl. Ordens der Krone von Italien, des königl belgischen Leopold-Ordens, Besitzer des ottomanischen Medschidjé-Ordens zweiter Classe mit dem Stern, Ritter des grossherzogl. luxemburgischen Ordens der Eichenkrone, k. u. k. wirklicher Geheimrath, Mitglied des Herrenhauses des österreichischen Reichsrathes, Sections-Chef, Gouverneur der k. k. priv. allgemeinen österreichischen Boden-Credit-Anstalt, Präsident im Directionsrathe der Gesellschaft der Musikfreunde, Doctor der Rechte. Vom 1 November 1885.

b) Kanzlei-Directoren der k. u. k. General-Intendanz der k. k. Hoftheater.

Herr **Eduard Eisenreich**, k. k Regierungsrath, Besitzer des gold. Verdienstkreuzes m d. Krone; vom 1. November 1868 bis 9. Februar 1881.

Herr **Dr. Eduard Wlassack**, Ritter des österreichischen kais. Ordens der Eisernen Krone dritter Classe, Besitzer der Kriegsmedaille, Grossofficier des königl Ordens der Krone von Rumänien, Commandeur des königl. spanischen Ordens Isabella der Katholischen mit dem Sterne, des königl. schwedischen Wasa-Ordens, des königl. serbischen Takowa-Ordens und des persischen Sonnen- und Löwenordens, Officier des königl. sächsischen Albrechts-Ordens und des königl-italienischen St. Mauritius- und Lazarus-Ordens, Ritter des königl. Ordens der Krone von Italien, des preussischen Kronen-Ordens und des herzogl. sächsisch-ernestinischen Haus-Ordens, k. u. k. wirklicher Regierungsrath, Doctor der Rechte; vom 9. Februar 1881 bis 1893.

c) Bureau der k. u. k. General-Intendanz der k. k. Hoftheater.

Herr **Friedrich Magner**, k. u. k. Regierungsrath, Besitzer des gold. Verdienstkreuzes m. d. Krone, seit 1867.

> **Johann Fritz**, Rechnungsrath im obersthofmeisteramtlichen Rechnungs-Departement, als Rechnungsführer der General-Intendanz der k. k. Hoftheater zugetheilt von 1871 bis 1875.

Herr **Albert Woltner,** Archivar, Ritter des königl. spanischen Ordens Isabella der Katholischen, seit 1880).

> **Eduard Freiherr von Paßmann,** Concipist, Besitzer der kais. ottomanischen Medaille für Kunst, seit 1882.

' **Christof Böhm,** Revident des obersthofmeisteramtlichen Rechnungs-Departements, der k. k. General-Intendanz der k. k. Hoftheater zugetheilt, von 1882 bis 11. September 1886. †.

> **Theodor Gebhardt,** Ober-Controlor, von 1886 bis 1890.

> **Richard Sobota,** Rechnungs-Assistent, seit 1889.

> **Friedrich Ritter Pelthner von Lichtenfels,** Ober-Controlor Besitzer des Militär-Verdienstkreuzes mit der Kriegs-decoration und der Kriegsmedaille, seit 1890)

Diener:

Karl Wagner, von 1867 bis 1880. †.

Vincenz Doleżal, von 1880 bis 1889.

Anton Raabe, von 1880 bis 1889. †.

Adam Derschem, seit 1881.

Achilles Farina, seit 1888.

Mathias Breitwieser, seit 1889).

Vincenz Gotzmann, seit 1893.

K. u. k. Inspection des k. k. Hof-Operntheater-Gebäudes:

Herr **Falkner Friedrich**, Hof-Gebäude-Inspector; von 1868 bis 14. Juli 1876.

> **Kautz Johann**, Hof-Gebäude-Inspector; vom 25. Mai 1869.

> **Weinmann Ludwig**, Hof-Baucontrolor vom 1. November 1876.

Hoftheater-Aerzte:

Herr **Sigmund Michael Granichstätten**, Dr. der Medicin, Magister der Geburtshilfe, k. k. erster Stadt-Armenarzt, Mitglied der medicinischen Facultät zu Wien, Besitzer des k. k. gold Verdienstkreuzes mit der Krone, Ritter des pästlichen St. Gregor- und königl. preussischen Kronen-Ordens, Besitzer der königl preussichen gold Medaille für Kunst und Wissenschaft, Mitglied mehrerer gelehrter Vereine. † 27. December 1879.

Herr **Emil Stoffella Ritter v. alta Rupe**, Ritter des kais. österreichischen Franz Josef-Ordens, Commandeur des kais russischen Stanislaus-Ordens, des Ordens der königl. italienischen Krone und des königl. portugiesischen Christus-Ordens, Ritter des kais. russischen St. Annen-, des königl. italienischen Mauritius- und Lazarus-Ordens, des königl. portugiesischen Ordens unserer lieben Frau von Villa vicosa und des königl. sächsischen Albrecht-Ordens, Doctor der Medicin und Chirurgie, Magister der Geburtshilfe, k. k. Universitäts-Professor, Mitglied der medicinischen Facultät und des Doctoren-Collegiums zu Wien, wirkliches Mitglied der k. k. Gesellschaft der Aerzte zu Wien. Seit 1. April 1859.

Herr **Johann Christoph Rittmeier**, Magister der Augenheilkunde Accoucheur und Chirurg. † 1. Februar 1880.

Herr **Eduard Bachmann**, Wund- und Geburtsarzt, emer. k. k. Militärarzt, Besitzer des gold. und silb. Verdienstkreuzes mit der Krone und der Kriegsmedaille etc. Seit 19. Mai 1866.

Herr **Friedrich Allmayer**, Officier des königl. belgischen Leopold-Ordens, Ritter des königl. preussischen Kronen-Ordens dritter Classe, Doctor der gesammten Heilkunde, Operateur, Mitglied der k. k. Gesellschaft der Aerzte in Wien und des Doctoren-Collegiums der medicinischen Facultät. Vom 1 Jänner 1880 bis 31. März 1885.

Herr **Theodor Finck**, Doctor der Medicin und Chirurgie, Ritter des kais. österreichischen Franz Josefs-Ordens Seit 1. April 1885.

Herr **Carl Itzinger**, Doctor der gesammten Heilkunde, Operateur, Besitzer der Kriegsmedaille. Seit 1. October 1886.

K. und k. Cassa-Verwaltung.

Herr **Härter Franz** : Cassier, vom 1. Februar 1866 bis 30. April
1877.

» **Mündel Norbert**: Cassa-Vorstand, vom 1. April 1867 bis
2. Februar 1888. †.

» **Neumann Ignaz,** kaiserl. Rath, Cassa-Controlor, vom 1. Mai
1869.

» **Fillis Gustav**: Oekonom, vom 1. Mai 1869 bis 30. Juni 1875.

» **Harditzky Eduard** ; Cassier, vom 1. Mai 1869 bis 31. Mai
1891.

» **Keidel Heinrich**: Cassa - Official, vom 1. Mai 1869 bis
29. Juni 1882. †.

» **Weiss Johann**: Cassa - Official, vom 1. Mai 1869 bis
24 August 1889. †.

» **Feuerstein Max**: Cassa-Official, vom 1. Mai 1869.

» **Uchatzy Josef**: Cassa-Official, vom 1. Mai 1869 bis 30. September 1889.

» **Stöhr Carl**; Cassa-Official, vom 1. August 1882.

» **Scholz August**; Cassa - Official vom 1. October 1888 bis
31. August 1889.

» **Habetler Johann**: Kanzlist, vom 4. März 1888 bis 31. October 1893.

» **Rella Robert**: Cassa-Official, vom 1. October 1888 bis 21. Februar 1891. †.

» **Wöginger Leopold**: Cassa-Official, vom 1. September 1889.

» **Gebhardt Theodor**: Cassa-Vorstand, vom 1. October 1890.

» **Boller Moriz**; Cassa-Official, vom 1. April 1891.

» **Zeller Gustav**: Cassier, vom 1. Juli 1891.

Diener:

Stöckelmeier Josef; vom 1. April 1856 bis 12. Juli 1877.

Szombathy Josef; vom 1. April 1867 bis 7. Februar 1871. †.

Schittenkopf Ferdinand ; vom 1. Juli 1853 bis 31. December
1873.

Doležal Anton : vom 1. Juni 1869 bis 30. April 1892.

Schneeberger Johann : vom 1. Jänner 1874 bis 31. October 1888.

Margetics Josef: vom 16. November 1888.

Brosche Franz: vom 8. December 1887.

Kaiserl. und kgl. Direction des k. k. Hof-Operntheaters:

a) Directoren des k. k. Hof-Operntheaters:

Herr **Franz Freiherr von Dingelstedt,** Ritter des kaiserl. österreichisch. Ordens der Eisernen Krone dritter Classe, Comthur erster Classe des grossh Sachsen-Weimar'schen Ordens vom weissen Falken mit dem Sterne, Comthur des kais. russischen St. Stanislaus-Ordens, des königl. bayerischen Maximilian-Ordens, des Sachsen-Ernest-Haus-Ordens, des kais. osmanischen Medschidjé-Ordens, Ritter des Civil-Verdienst-Ordens der königl. bayerischen Krone etc. etc.; vom 1. Juli 1867 bis 19. December 1870.

Herr **Johann Ritter von Herbeck,** Ritter des österreichisch. kaiserl. Ordens der Eisernen Krone dritter Classe, des kais. österreichischen Franz Josef-Ordens, Besitzer des goldenen Verdienstkreuzes mit der Krone, Ritter des kais russischen Stanislaus-Ordens zweiter 'Classe, Officier des kais. brasilianischen Rosen-Ordens, Ritter des königl. hannover'schen Ernst August - Ordens erster Classe, k. k. Hof-Capellmeister etc. etc.; vom 19. December 1870 bis 30. April 1875.

Herr **Franz Ritter von Jauner,** Ritter des österreichischen kais. Ordens der Eisernen Krone dritter Classe, des kais. russischen St Stanislaus - Ordens dritter Classe, des königl. sächsischen Albert-Ordens, des königl. belgischen Leopold-Ordens, des königl. portugiesischen Christus-Ordens und Officier des Ordens der königl. italienischen Krone; vom 1. Mai 1875 bis 19. Juni 1880.

Herr **Wilhelm Jahn,** Ritter des österreichischen kais. Ordens der Eisernen Krone dritter Classe, Comthur zweiter Classe des herzogl. Sachsen-Ernestinischen Haus-Ordens, Besitzer des persischen Sonnen- und Löwen-Ordens dritter Classe und des fürstl. bulgarischen Alexander-Ordens, Officier des königl. sächsischen Albrecht-Ordens und des Ordens der königl. italienischen Krone, Ritter des königl. preussischen rothen Adler-Ordens vierter Classe, Ritter des königl. spanischen Ordens Carl III., Ritter des französischen Ordens der Ehren-Legion, Officier des königl. serbischen Takowa-Ordens, des grossherzogl. hessischen Verdienst-Ordens Philipp des Grossmüthigen erster Classe und Inhaber der herzogl. nassauischen Medaille für Kunst und Wissenschaft; vom 1. Jänner 1881.

b) Directions-Kanzlei:

Herr **Ernst Stainhauser Ritter von Treuberg,** Kanzlei-Vorstand; vom 1. Mai 1859 bis 31. December 1883.

› **Dr. Josef Rank,** Secretär; vom 1. Mai 1869 bis 15. August 1875.

› **Franz Fuss,** Registrator und Expeditor; vom 1. Jänner 1868 bis 31. December 1870.

› **August Förster,** Secretär vom 1. Mai 1869 bis 31. December 1887.

› **Ferdinand Piller,** Kanzlist; vom 1. Jänner 1869 bis 31. December 1883.

› **Josef Sever,** Diurnist; vom 1. October 1881 bis 4. December 1889.

› **Alois Przistaupinsky,** Secretär; vom 1. Jänner 1884.

› **Ferdinand Graf,** Directions-Adjunct; vom 1. März 1884.

› **Ignaz Summerer,** Kanzlist; vom 1. October 1884 bis 16. April 1886. †.

› **Carl Sageder,** Official; vom 1. Juni 1886.

› **Alois Hartmann,** Kanzlist; vom 1. Jänner 1888.

› **Hermann Tunner,** Kanzlist; vom 1. Jänner 1888.

Diener:

Falter Blasius; vom 1. August 1865 bis 13. Juni 1893. †

Hassinger Carl; vom 1. October 1893

Hofmann Adolf; vom 1. December 1891.

Mossböck Franz; vom 1. December 1893.

Pless Alois; vom 1. September 1879.

Siegmund Anton; vom 1. März 1877.

Weber Adolf; vom 1. März 1889.

Artistische und technische Vorstände, Hilfspersonale:

Regisseure:

- **Schober Johann**, Ober-Regisseur; vom 1. Juli 1851 bis 31. December 1870.
- **Tetzlaff Karl**, Ober-Regisseur; vom 1. März 1881 bis 31. August 1889.
- **Steiner Franz X.**, Opern-Regisseur; vom 1. November 1857 bis 30. April 1885.
- **Stoll August**, Opern-Regisseur; vom 1. October 1885.
- **Telle Carl**, Ballet-Regisseur; vom 1. April 1859 bis 30. April 1890.
- **Hassreiter Josef**, Ballet-Regisseur; vom 1. Jänner 1891.

Inspicienten:

- **Petermann Albert**, Ober-Inspicient; vom 1. Februar 1869 bis 30. April 1875.
- **Fried Heinrich**, Ober-Inspicient; vom 1. August 1882.
- **Gradl Leopold**, Inspicient; vom 1. Jänner 1850 bis 20. Jänner 1870. †
- **Geissler Alexander**, Inspicient; vom 1. April 1870 bis 30. September 1881.
- **Reisinger Eduard**, Inspicient; vom 1. Juni 1842 bis 31. Jänner 1877.
- **Storch Max**, Inspicient; vom 1. Februar 1877 bis 28. Februar 1885.

Herr **Philipp Gottfried**, Inspicient; vom 1 April 1877.

> **Skuhra Heinrich,** Inspicient; vom 1. März 1885 bis 15. Mai 1885.

> **Skofitz Franz,** Inspicient; vom 16. Juli 1885.

Souffleure:

Herr **Rosa Ignaz**; vom 1. März 1843 bis 16. August 1879.

> **Riegl Ferdinand**; vom 1. März 1847 bis 31. August 1876.

> **Langer Ludwig**; vom 1. Juli 1876 bis 30. September 1879.

> **Hirt Ferdinand**; vom 1. Juli 1879.

> **Fröhlich Heinrich**; vom 1. April 1880.

Vorstand des Ausstattungswesens:

Herr **Gaul Franz ;** vom 12. Jänner 1867.

Decorationsmaler.

Herr **Burghart Hermann.**

> **Gropius Paul.**

> **Grünfeld Ludwig.**

> **Hoffmann Josef.**

> **Kautzky Johann.**

Herren **Kautzky J. Söhne & Rottonara.**

Herr **Lehner Gilbert.**

> **Moser Alfred.**

Zeitweilig mit Aufträgen für Decorationsmalerei betraut.

> **Jachimovicz Theodor**; vom 1. Jänner 1851 bis 31. März 1871.

> **Brioschi Carl**; vom 1. April 1854 bis 31. März 1885.

> **Brioschi Anton:** vom 1. Juni 1886.

Bühnen-Inspectoren:

Herr **Dreilich Gottlieb**; vom 1. April 1855 bis 31. December 1883.

> **Rudolph Julius**; vom 1. April 1881.

Beleuchtungs-Inspectoren:

Herr **Linke Gustav**, vom 1. Mai 1869 bis 30. April 1870.

> **Dreilich August**, vom 1. Jänner 1870 bis 15. Jänner 1872.

> **Schindler Friedrich**, vom 1. Jänner 1872 bis 31. August 1873.

Schmidt Hermann, vom 1. Juli 1874 bis 30. Juni 1877.

> **Joissen Franz**, vom 1. Juli 1877 bis 30. April 1881.

Musikalische Beiräthe:

Herr **Esser Heinrich**, Capellmeister; vom 1. September 1869 bis 30. April 1870.

> **Herbeck Johann**, Capellmeister; vom 1. September 1869 bis 19. December 1870.

> **Lewy Richard**, musikalischer Ober-Inspector; vom 1 Mai 1870 bis 31. December 1879.

Capellmeister:

Herr **Proch Heinrich**, von 1840 bis 31. October 1870.

> **Dessoff Otto**, vom 1. August 1860 bis 15. April 1875.

> **Fischer Ignaz**, vom 1. November 1870 bis 15. August 1875.

> **Gericke Wilhelm**, vom 1. Mai 1874 bis 30. April 1884

> **Richter Hans**, vom 1. Mai 1875.

> **Fuchs Johann Nep.**, vom 16. August 1879.

> **Hellmesberger Josef**, vom 1. April 1886.

Ballet-Musik-Dirigenten:

Herr **Strebinger Mathias** ; von 1822 bis 31. December 1869.

› **Doppler Franz**; vom 1. Jänner 1870 bis 27. Juli 1883. †
› **Kässmeyer Moriz** ; vom 1. Jänner 1870 bis 31. August 1884.
› **Hellmesberger Josef**; vom 1. September 1884.
› **Bayer Josef**; vom 1 October 1883.

———

Chor-Dirigenten

Herr **Weinkopf Franz**; vom 1. Jänner 1849 bis 31. Mai 1870.

· **Frank Ernest**; vom 1. October 1869 bis 31. August 1870.
› **Pfeffer Carl**; vom 1. Jänner 1871 bis 29. Februar 1888.
› **Wondra Hubert**; vom 16 August 1888.

———

Chor-Correpetitoren:

Herr **Faistenberger Johann** ; vom 1. November 1870 bis 15. August 1888.

› **Kleineke Wilhelm**; vom 1. März 1888.

———

Bühnen-Musik-Dirigenten:

Herr **Kaulich Josef**; vom 1. Juni 1854 bis 31. März 1885.

› **Wunderer Anton**; vom 1. April 1885.

———

Solo-Gesangs-Correpetitoren:

Herr **Coci Johann**; vom 1. Jänner 1849 bis 30. September 1869.

› **Endl Friedrich**; vom 1. November 1870 bis 31. October 1884.
› **Pfeffer Carl**; vom 1. October 1859 bis 31. December 1870.
› **Riedel Hermann** ; vom 1. October 1874 bis 31. October 1878.

Herr **Sucher Josef**; vom 1. November 1870 bis 31. Juli 1874.

» **Weeber Emil**; vom 1. Juli 1879 bis 30. Juni 1880.

» **Seidel Anton**; vom 1. November 1878 bis 31. Mai 1879.

» **Paumgartner Hans, Dr.**; vom 1. April 1880 bis 30 April 1882.

» **Mader Raoul**; vom 1. August 1882.

. **Grünfeld Siegmund**; vom 1. Mai 1885.

» **Frölichsthal Eugen Edler von**; vom 1. November 1892.

Ballet-Correpetitoren:

Herr **Richter Georg**; vom 16. Februar 1874 bis 15. Februar 1875.

» **Burian Josef**; vom 16. October 1866 bis 31. December 1873.

» **Höhne Alexander**; vom 16. Februar 1875.

» **Bergl Jacob**; vom 1. November 1876.

» **Swoboda Rudolf**; vom 1. Jänner 1894.

Musik-Inspicient:

Herr **Schmidt Josef**; vom 1. Mai 1881.

Musikalien-Archivar:

Herr **Hartmann Alois**; vom 1. Jänner 1888.

Chor-Archivar:

Herr **Hruschka Wenzel**: vom 1. Jänner 1851 bis 31. August 1870.

» **Kopetzky Franz**: vom 1. October 1870.

Diener:

Jonas Franz, Operndiener; vom 2. Februar 1845 bis 16. November 1881. †

Ziergärtner Johann, Operndiener; vom 1. Februar 1839 bis 31. Mai 1875.

Rosner Ignaz, Operndiener; vom 11. April 1858 bis 30. Juni 1875.

Czermak Josef, Operndiener; vom 1. Juli 1877.

Mayer Ludwig, Operndiener; vom 1. Jänner 1882.

Stix Karl, Balletdiener; vom 1. November 1857 bis 30. April 1883.

Echel Georg, Balletdiener; vom 15. December 1866 bis 7. Juni 1877. †

Finda Jacob, Balletdiener; vom 1. Juni 1869 bis 30 Juni 1870.

Münnich Josef, Balletdiener; vom 1. Mai 1883.

Beer Mathias, Orchesterdiener: vom 1. Jänner 1858 bis 10. März 1872. †.

Eisenbach Conrad, Orchesterdiener; vom 1. Jänner 1870 bis 13. Mai 1886. †.

Schüller Alois, Orchesterdiener; vom 1. April 1887.

Stiegler Josef, Orchesterdiener; vom 1. August 1872.

Mundsperger Michael, Zettelträger; vom 1. Mai 1869 bis 30. Juni 1876.

Elsner Johann, Zettelträger; vom 1. Juli 1876 bis 31. December 1893.

Elsner Carl, Zettelträger; vom 1. Jänner 1894.

Kunst-Personale.

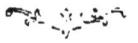

A. Gäste:

a) Dirigenten:

—

b) Corporationen:

2*

Wiener Akademischer Gesang-
verein   1875.
Wiener Männer - Gesangverein 1877.

— —

c) Instrumentalisten:
Clavier:

Herr Door Anton;	1873.	
» Grünfeld Alfred;	1879, 80.	
» Löwenberg Ernest;	1880.	
Frl. Majewska M.	1881.	
» Menter Sofie;	1873.	
» Stepanoff Varette von;	1879.	
Herr Graf Zichy Géza;	1885.	

Violine:

Herr Dengremont Maurice;	1879.
Frl. Hochmann Rosa;	1894.
» Tua Teresina;	1882, 87.
Herr Wilhelmy August;	1873.

Violoncello:

Herr Bürger Siegmund;	1880.
» Hegyessi Louis;	1881.

Zither:

Herr Dubez Johann;	1879, 80.
» Kleibl Eduard:	1881, 82, 83, 84, 86, 87, 88.
» Ruderer Hans;	1881.
Frl. Nödl Karoline;	1879, 80.

Posthorn:

Frl. Meth Henriette;	1885.
» Meth Eugenie;	1885.
» Donhoffer Rosa;	1885.

d) Opernsänger (deutsche).

Die Herren:

Im Jahre:

Adams Carl;	1871.
Alberti Werner;	1889.
Baer Ludwig;	1885.
Bandrowski Alexander von;	1890.
Baumann Josef Carl;	1884.
Beck Josef;	1881.
Behrens Conrad;	1887.
Betz Franz;	1871, 72, 73.
Biberti Robert;	1882.
Bodany Ladislaus;	1880.
Bötel Heinrich;	1884, 87.
Broulik Franz;	1881, 82.
Bulss Paul;	1878, 86, 88, 89.
Decarli Eduard;	1880.
Degele Eugen;	1873.
Dippel Andreas;	1892.
Ellinger;	1871.
Elmblad Johannes;	1893.
Erl Anton;	1876, 81, 86, 87.
Ernst Heinrich;	1882.
Filippi Alexander;	1885.
Fischer Emil;	1875, 78, 82.
Friedrichs Franz;	1888.
Giessen Hans;	1890.
Götze Emil;	1886.
Greeff Paul;	1886.
Grengg Carl;	1886, 88.
Gudehus Heinrich;	1882.
Gunz Dr. v.;	1871.
Hanschmann Hermann;	1885.
Hill Carl;	1871.
Horwitz Willibald;	1879.
Jäger Ferdinand;	1872, 78, 79, 80, 81, 82, 88, 90, 91.
Kallisch Paul;	1893.
Kraus Emil Dr.;	1869, 80, 81.
Krolopp Franz;	1882.

Die Herren:	Im Jahre:
Krückl Franz Dr.;	1880, 85.
Labatt Leonhard;	1869.
Laschek Hans;	1888.
Link Carl;	1884.
Luria Juan;	1884.
Mayer Karl;	1881.
Müller Jacob;	1875.
Müller William;	1875.
Nachbauer Franz;	1880, 85.
Neidl Franz;	1889.
Ney David;	1881.
Niemann Albert;	1872, 82, 83, 86
Oberländer Alfred;	1883.
Odry Ludwig von;	1885.
Perlus Adolf;	1882.
Perotti Julius;	1879, 84.
Peschier Adolf;	1880.
Pockh;	1869.
Polak Jacob;	1879.
Reichenberg Franz von;	1881, 82, 83.
Reichmann Theodor;	1881, 82.
Riese Lorenz;	1874, 82.
Ritter Josef;	1889, 90.
Robiczek Ignaz;	1881.
Rubo;	1881.
Scaria Emil;	1872, 73.
Schaffganz Wilhelm;	1872.
Scheidemantel Carl;	1890.
Schittenhelm Anton;	1875.
Schlaffenberg Mathias;	1891.
Schott Anton;	1877, 78.
Schrödter Fritz;	1883, 84.
Schröter Hermann;	1871, 80.
Schütte-Harmsen;	1886.
Seidemann-Wolf;	1881.
Settekorn Robert;	1885.
Siehr Gustav;	1880, 82.
Sigelli Eduard von;	1884.
Sommer Calr;	1881.

Die Herren:	Im Jahre:
Sonntheim Heinrich;	1871.
Speigler Carl;	1886.
Staudigl Josef;	1878.
Steger Franz;	1871.
Stoll August;	1884.
Stritt Albert;	1882.
Ucko;	1885.
Udvardy Antal;	1884.
Vogl Heinrich;	1884, 85.
Wachtel Theodor;	1872, 79, 84.
Walter Raoul Dr.;	1894.
Weltlinger Siegmund;	1883.
Wiegand Heinrich;	1881, 85.
Winkelmann Hermann;	1880, 82.

c) Opernsängerinnen (deutsche).

	Im Jahre:
Frln. Abendroth Irene;	1889, 93.
Frau L'Allemand Pauline;	1885.
Frln. Alt Jenny;	1884.
» d'Angeri Anna;	1878, 79.
» Artner Josefine von;	1889.
Frau Basta-Pascalides Marie;	1888.
» Baumann Anna;	1884.
Frln. Baumgartner Clement.;	1885.
» Beeth Lola;	1887.
» Bennati Giulia;	1871.
» Benza Ida;	1870.
» Bianchi Bianca;	1878, 79, 80.
» Boré Minna;	1875.
» Boschetti;	1869
» Bosse Anna;	1869, 70, 71.
» Börs Thoma;	1876.
» Brandt Marianne;	1873, 80, 81, 82, 83.
» Brethol Bertha;	1881.
» Bretfeld Leonore von;	1874, 76.

Im Jahre :

Frln. Broch Jenny ;	1885, 90.	
„ Burenne Henriette ;	1876.	
„ Chavanne Irene von ;	1890.	
„ Denis Agnes ;	1889.	
„ Dietrich Marie ;	1891.	
„ Dillner Bertha ;	1872.	
„ Driese ;	1883.	
Frau Dustmann Louise ;	1877, 1881.	
Frln. Ehrenstein Louise von ;	1889.	
› Epstein Ernestine ;	1882	
› Friedmann Laura ;	1881.	
› Gabrielli-Eyrich ;	1882.	
› Gloser Adele ;	1881.	
Frau Gomperz-Bettelheim Carol.	1873, 74, 77, 83.	
Frln. Groyss Karoline ;	1871	
„ Grossi Carlotta ;	1878.	
„ Grün Friedrike ;	1872.	
„ Hahn :	1869.	
„ Hauck Minna ;	1870, 71, 75.	
„ Heller Mira ;	1892.	
„ Hellmer Marie ;	1883.	
Frau Herbert-Förster Therese ;	1887.	
Frln. Hieser Helene ;	1892.	
› Jäger Anna ;	1884.	
Frau Jaide Louise ;	1874, 77.	
› Januschowsky Georgine v. ;	1893.	
Frln. Jona Laura ;	1882.	
„ Kauer Marie ;	1881.	
Frau Klafsky Katharina ;	1885, 92.	
Frln. Klauwell ;	1872.	
„ Klein Regine ;	1883, 84.	
Frau Koch-Bossenberger Julie ;	1872, 80, 81.	
Frln Köppler Carola ;	1885.	
„ Kollar Sofie ;	1888, 91.	
Frau Kupfer-Berger Mila ;	1875.	
› Lauterbach ;	1869.	
Frln. Lehmann Lilly ;	1882, 85, 91.	
„ Lehmann Marie ;	1877, 81.	
› Löffler Elisabeth ;	1871.	

Im Jahre:

Frln. Löwe Adelina ;	1873.
Frau Lucca Pauline ;	1874, 75, 76, 77, 78, 79, 80, 81, 82, 83, 84, 85, 86, 87, 88, 89.
Frln. Luger Angeline (Toto) ;	1881.
Frau Mallinger Mathilde ;	1875.
Frln. Malten Theresia ;	1884.
» Marcel ;	1881.
» Mark Paula ;	1892.
» Meisslinger Louise ;	1880, 82.
» Meysenheim Cornelia ;	1879
„ Mielke Antonia ;	1877.
„ Moran-Olden ;	1881.
» Murska Ilma von ;	1869, 70, 71, 72, 73.
Frau Naday Katharina ;	1883, 84.
Frln. Ohm ;	1874.
» Orgeni Aglaja von ;	1872.
» Papier Rosa ;	1881.
» Pauli Leonore ;	1871.
Frau Pauli-Markowitz ;	1872.
Frln. Pewny Irene ;	1888.
„ Pfeil Lina ;	1886.
Frau Plankensteiner-Wilt ;	1884.
Frln Prohaska Katharina ;	1880.
» Pirk Sarolta ;	1884.
Frau Prohaska Martha ;	1880.
„ Reicher-Kindermann Hedwig ;	1878.
Frln. Renard Marie ;	1887.
» Riegl Anna ;	1877, 80.
Frau Ritter-Götze Marie ;	1891.
Frln. Rohn Olga von ;	1888.
Frau Sachse-Hofmeister ;	1880.
Frln. Schläger Antonie ;	1882.
Frau Schöller Pauline ;	1885, 86.
Frln. Schreiber Antonie ;	1881.
» Schröder Marie ;	1872.
Frau Schröder-Hanfstengel ;	1873, 81.
» Schuch-Proska Clementine ;	1879, 80, 81, 86
Frln. Seeger Gertrud ;	1882.

Im Jahre:

Frln. Sessi;	1871.
› Singer Therese;	1870, 71.
› Sitt Marie;	1879 (böhmisch).
Frau Sóldos;	1879 (ungarisch).
Frln. Spanyi Irma;	1892.
› Spitzer Hermine;	1871.
› Stahl Amalie;	1878.
Frau Sthamer-Ende-Andriessen	
Pelagie;	1886, 90, 91.
Frln. Standhartner Henriette;	1889.
Frau Staudigl Gisela;	1886, 92.
Frln. Steinbach Emma;	1880, 82.
› Steinherr Bertha;	1874.
Frau Sucher Rosa;	1884, 85, 86.
Frln. Tagliama Emilie;	1873, 74.
› Tellheim Caroline;	1879.
› Tellini Amalie von;	1872.
Frau Thomas-Schwarz Annie;	1892.
Frln. Tremmel (Tremelli);	1880.
› Trousil Marie;	1871.
Frau Voggenhuber-Krolop;	1882.
Frln. Walter Minna;	1881, 83, 85, 86.
Frau Warnegg Anna;	1892.
Frln. Weiner Mary;	1893.
Frau Wekerlin Mathilde;	1882.
› Wilt Marie;	1882, 83, 84, 85, 86.
Frln. Zimmermann Emmy;	1871, 73.

l) Opernsänger (italienische).

Signore: Im Jahre:

Aldighieri Gottardo:	1881, 1884.
Arimondi Vittorio:	1893.
Barbacini Enrico:	1881.
Bassini Alberto de:	1883.
Benfratelli:	1876.
Bertini Tobia:	1883, 84.
Bertocchi Argimiro:	1881.

Signore:		Im Jahre:
Bottero Alessandro;	1881.	
Campanini Italo:	1878.	
Capoul Vittorio;	1876.	
Castelmary Armando;	1884.	
Cesari Pietro:	1881.	
Ciampi Giuseppe:	1880.	
Dufriche;	1884.	
Faure:	1878.	
Fernando:	1878.	
Fiorini Augusto:	1877.	
Garbin Edoardo:	1893.	
Gasperini Enrico:	1884.	
Jamett Giuseppe:	1876.	
Lasalle Jean;	1886.	
Marchisio Giovanni:	1883.	
Masini Angelo:	1875, 77, 88.	
Maurel Vittorio:	1893.	
Medini Luigi:	1881.	
Medini Paolo;	1875, 76.	
Mierzwinski Ladislaus;	1884, 85, 86.	
Nicolini Ernesto;	1876, 77.	
Padilla Mariano:	1876, 78, 85.	
Pantaleoni:	1885	
Paroli Giovanni;	1893.	
Pavani Antonio:	1877.	
Pelagalli-Rosetti Giovanni;	1893.	
Perotti Giulio:	1881.	
Piazza Giacomo:	1881.	
Pini-Corsi Antonio:	1893.	
Pinto Augusto:	1883, 84.	
Pulcini Attilio;	1893.	
Salvati:	1884.	
Sparapani Senatori:	1883.	
Strozzi Adriano:	1876, 77.	
Stagno Roberto:	1893.	
Tamburlini Angelo:	1881.	
Valero Fernando:	1884.	
Verger Napoleone:	1881.	
Zuchini Giovanni:	1876, 77, 78, 81.	

g) Opernsängerinnen (italienieche)

Signora:	Im Jahre:
Alt Jenny;	1884.
Bellincioni Gemma;	1893.
Biaccolini Marietta;	1881.
Borsi Giulia de;	1884.
Cary Luigia;	1876.
Casaglia Giudita;	1883.
Cesari Giulia;	1881.
Donadio Bianca;	1876.
Durand Marie;	1881.
Fohström Alma;	1888.
Gerster Etelka;	1883.
Gini Adele;	1881.
Guerrini Virginie;	1893.
Heilbron Marie;	1876.
Kellog Clara Louise;	1880.
Litta Marie;	1878.
Malvezzi Ersilia;	1884.
Montaldo Bianchi;	1876.
Morini;	1876.
Nilsson Christine;	1877, 78.
Orlandi Annina;	1881.
Pantaleoni Romilda;	1884.
Patti Adelina;	1873, 76, 77, 85.
Pini-Corsi Emilie;	1893.
Repetto Elvira;	1881.
Rossini Paolino;	1884.
Salla Caroline;	1878.
Savelli Giuseppina;	1884.
Sembrich Marcella;	1887.
Stehle Adelina;	1893.
Stolz Theresina;	1875.
Synnerberg Ortensia;	1881.
Trebelli Zelia;	1877, 78.
Turolla Emma;	1883, 84.
Waldmann Marie;	1875.
Zilli Emma;	1893.

h) Ballet-Solo-Tänzer:

Im Jahre:

HerrVan Hamme EduardVoitus; 1884.

---

i) Ballet-Solo-Tänzerinnen:

Die Fräuleins:	Im Jahre:
Aspesi;	1884.
Beretta Catharina:	1874, 75.
Bessone Emma;	1891.
Boschetti;	1873.
Bossé Enrichetta:	1871.
Brianza Carlotta;	1892.
Cerale Luigia;	1878, 79.
Cholewicka Helene;	1873.
Couqui Claudine;	1870, 73.
Dobler Josefine:	1879.
Fioretti;	1873.
Girod Marietta:	1873.
Grantzow Adele;	1876.
Kürthy Anna;	1879.
Kürthy Hermine;	1879.
Legrain Vittoria:	1873, 74.
Limido Giovannina:	1884.
Linda Bertha;	1875, 80.
Mauri Rosita;	1875.
Operti;	1885.
Sandori Ilona;	1879.
Sangalli Rita;	1874.
Saracco Marie;	1878.
Weiss Rosa:	1879.
Zsursanics Emilie;	1879.
Zucchi Virginie;	1888.

k) Deutsche Schauspieler:

Die Herren;	Im Jahre:
Adam Ferdinand;	1881, 84, 85, 86, 87, 88.
Altmann Joseph;	1870, 71, 76, 80, 81, 82, 83, 84, 85, 86, 88, 92.
Arnau Carl;	1881, 82, 83, 84, 85, 86, 87, 88, 92.
Arnsburg Louis;	1871, 73, 81, 82, 84, 85, 86.
Ausim Josef;	1877.
Barbolani Josef;	1884.
Bassen Carl;	1882.
Baumeister Bernhard;	1870, 73, 80, 81, 82, 83, 84, 85, 86.
Baumgartner Carl;	1876.
Bayer Friedrich;	1871, 76, 81, 82, 83, 84, 85, 86, 87, 88.
Blasel Carl;	1873, 77.
Bleibtreu Siegmund;	1882, 83, 84, 85, 86, 87, 88, 92.
Bukovics Carl von;	1882, 84, 85, 86.
Devrient Max;	1882, 83, 84, 85, 86 87, 88, 92.
Dürer Eduard;	1882, 83, 84, 85, 86, 87, 88.
Eppich Franz;	1877.
Ernest Ludwig von;	1892.
Färber Friedrich;	1884, 92.
Ferrari Emil;	1870, 71, 73, 76, 80, 81, 82, 84, 85, 86, 87.
Fiala Franz;	1880, 81, 82, 84, 85, 86, 87, 88, 92.
Dr. Förster August;	1871.
Franz Emil;	1870, 73.
Freund Julius;	1884, 85, 86.
Friedrich Leo;	1873, 76, 80, 81.
Fuchs Carl;	1892.
Füller Josef;	1881, 84, 85, 86, 87, 88, 92.
Gabillon Ludwig;	1870, 73, 80, 81, 82, 83, 84, 85, 86.
Grünn Clemens;	1877.
Hallenstein Konrad;	1876, 80, 81, 82, 83, 84, 85, 86, 88.

Die Herren:	Im Jahre:
Hanker Franz;	1870.
Hansen Christian:	1887, 88.
Hartmann Ernest;	1870, 71, 73, 76, 82, 84, 86.
Hübner Robert;	1882, 84, 85, 86, 87, 88, 92.
Jehly Mathias;	1870, 71, 76, 80, 81, 82.
Kaiser Josef;	1871, 76, 84.
Kierschner Eduard;	1870.
Kierschner Franz;	1871.
Klein Adolf;	1880, 81, 82, 83.
Knaack Wilhelm:	1877.
Köhler Anton;	1871, 76, 84, 86.
Kracher Ferdinand;	1877, 81, 82, 83, 84, 85, 86, 87, 88, 92.
Krastel Fritz;	1870, 73, 81, 82, 83, 84, 85, 86, 87.
Krauss;	1871.
Kreith Johann;	1880, 81, 82.
Kühns Johann;	1884, 85, 86.
La Roche Carl;	1870.
Leuchert Eduard:	1870, 71, 73, 76, 80, 81, 82.
Lewinsky Joseph;	1870, 72, 75, 76, 80, 81, 82, 83, 84, 85, 86, 87, 88.
Lippert Joseph;	1876.
Lurian:	1877.
Maglia Anton:	1886.
Martinelli Ludwig;	1886.
Matras Josef;	1877.
Meixner Karl;	1870, 71, 73, 76, 81, 82, 83, 84, 85, 86.
Mitterwurzer Friedrich;	1872.
Moser Joseph;	1892.
Müller Hermann;	1876.
Nötel Louis;	1880, 81, 82, 84, 85, 86, 88
Paulmann Julius;	1871.
Perak Rudolf;	1884, 86.
Pettera Günther;	1870.
Pirk:	1871.
Reimers Georg;	1886, 88, 92.
Relly Alois;	1887, 88.
Rettich Carl:	1870.

Die Herren:	Im Jahre:
Reusche Theodor ;	1876, 77, 79, 80, 81.
Robert Emerich ;	1875, 76, 77, 78, 80, 81, 82, 83, 84, 85, 86, 88
Römpler Alexander ;	1892.
Ronnek Josef ;	1886.
Rüden Friedrich ;	1881, 82, 84, 85, 86, 87, 88
Rüdinger Alexander ;	1877.
Schöne Hermann ;	1871, 73, 76, 81, 82, 83, 84, 88.
Schönlank Alexis ;	1884, 85, 86.
Schreiner Jacob ;	1880, 81, 82, 83, 84 85, 86, 87, 88.
Seibold ;	1870, 71.
Sommer Rudolf ;	1887, 88, 92.
Sonnenthal Adolph Ritter von ;	1870, 71, 73, 82, 83, 84, 85, 86, 88.
Stätter Philipp ;	1870, 71, 76, 81, 82, 84, 85, 86, 88.
Tewele Franz ;	1886.
Thimig Hugo ;	1882, 83, 84, 86, 92.
Treumann Carl ;	1873.
Dr. Tyrolt Rudolf ;	1885, 86, 87, 88.
Verstl Johann ;	1871.
Vogler Ignaz ;	1882, 84, 85.
Wiene Karl ;	1876.
Wiesner Josef ;	1881, 84, 85, 86, 87, 88.
Winds Adolf ;	1892.
Witte Eugen ;	1892.
Wüst Carl ;	1877.

---

l) Deutsche Schauspielerinnen:

	Im Jahre:
Frln. Barsescu Agathe ;	1885, 86.
» Baudius Auguste ;	1873.
, Bauer Anna ;	1885, 86, 87, 88.
› Becker ;	1884.
› Bella Marie ;	1887, 88.
› Berg Regine ;	1881, 82, 84, 85, 86.
, Blaha Anna ;	1892.
, Bock Anna ;	1884.

Im Jahre:

Frln. Branko Ida ;	1882, 1884.
» Copelli Philippine ;	1884.
„ Detschy;	1883.
Frau Fiala Pauline ;	1884, 86, 87, 88.
Frln. Fricke Gabrielle ;	1881, 82.
Frau Gabillon Zerline ;	1870, 73, 77, 81, 82, 83, 84, 86.
Frln. Gallmeyer Josefine ;	1877.
» Gilbert Katharina:	1877.
» Gollinger Anna ;	1881.
» Guinaud Clara ;	1873.
„ Hachmann ;	1884.
Frau Hartmann Helene ;	1873, 84, 86.
Frln. Hauenthal Louise von ;	1882, 84, 85.
» Heese Klara ;	1881, 82.
„ Hell Adele;	1885.
Frau Hillebrand Wilhelmine ;	1885.
» Hohenfels Stella ;	1881, 82, 83, 84, 85, 86, 88.
» Janisch Antonie ;	1873, 81, 83.
» Kallina Anna ;	1882, 84, 85, 86, 87, 88.
Frau Kratz Anna ;	1871, 76, 80, 81, 82, 84, 85, 86, 87, 88.
Frln. Kraus ;	1877.
„ Kronser Antonie ;	1870.
Frau Kupfer Cesarine ;	1882, 84.
Frln. Lämmermann Christine ;	1882, 83.
» Leuthold Henriette ;	1892.
» Link Antonie ;	1871.
„ Link Fanny ;	1871.
» Link Sofie ;	1873, 76.
» Link Therese ;	1873, 76.
Frau Mellin Fanny ;	1877.
Frln. Metzl Ottilie ;	1892.
Frau Mitterwurzer Wilhelmine ;	1884, 85, 86, 88.
Frln. Negro Ernestine ;	1882, 83, 84, 85, 86, 87.
» Precheisen Olga:	1873.
» Primas Charlotte ;	1886.
Frau Röckel Louise:	1880, 81, 82, 83, 84, 85, 86.
Frln. Sandrock Wilhelmine:	1886.
Frau Schäfer Therese ;	1877.

Im Jahre:

Frln. Scheffel Anna :	1885.	
› Scheffel Charlotte ;	1882, 84, 85, 86.	
Frau Schönfeld Louise;	1880, 81, 85, 86, 87, 88.	
› Schratt Katharina;	1885, 86, 87, 88.	
Frln. Schweighofer Pauline ;	1882.	
Frau Strassmann Marie ;	1882, 83, 84, 86.	
Frln. Streitmann Rosa ;	1877.	
› Stubel Eleonore ;	1871.	
› Tondeur Margarethe ;	1885, 86.	
› Wagner Rosa ;	1873, 76, 81, 82, 83, 85, 86, 87, 88.	
› Walbeck Fanny ;	1881, 82, 83, 84, 85, 86, 87, 88, 92.	
› Weislein ;	1886.	
› Wessely Josefine;	1880, 81, 82, 83, 84.	
Frau Wolter Charlotte ;	1869, 70, 81, 82, 83, 84, 85, 86, 87.	

——— · · · ·

m) Französische Schauspieler:

Im Jahre:

Mr. Coquelin Benoit Constant ;	1883.	
› Deschamps Julien ;	1881.	
› Féronmont Léopold ;	1881.	
› Robert Louis ;	1881.	
Mlle. Scriwana Hélène ;	1881.	
› Villers Marguerithe de ;	1881.	

n) Italienische Schauspieler:

Im Jahre:

Signor Brizzi Giacomo ;	1873.	
› Canepa Cesare ;	1873.	
› Cristofori E ;	1877.	
› Diligenti A. ;	1877.	
› Kodermann Gaetano ;	1873.	
› Mazzei Francesco ;	1873.	
› Miani Sebastiano ;	1873.	

Signor   Minucelli Giuseppe ;   1873.
  »   Rossi Ernesto ;   1873.
  »   Salvini Tomaso ;   1877.
Signorina Brizzi Giulia ;   1873.
  »   Cattaneo Enrichetta ;   1873.
  »   Checobi-Bozzo A. ;   1877.
  »   Hoffmann ;   1877.
  »   Da Re Teresa ;   1873.

3*

B. Engagirte Mitglieder.

a) Solosänger:

Herr **Adams Carl**; vom 1. August 1867 bis 31. Juli 1870 und vom 1. August 1871 bis 31. Juli 1876.

» **Alexy Alexander**; vom 16. Juni 1876 bis 15. Juni 1878.

Alma Marian; vom 1. September 1885 bis 1. September 1886.

» **Beck Johann Nep.**; vom 12. Juni 1853 bis 31. Mai 1885.

» **Bignio Louis von**; vom 1. April 1863 bis 30. September 1883.

» **Bodany Ladislaus von**; vom 1. September 1880 bis 15. September 1884.

» **Brandstoettner Eduard**; vom 1. Juni 1868 bis 31. Mai 1871.

» **Broulick Franz**; vom 1. August 1882 bis 31. August 1884.

» **Campe Julius**; vom 1. September 1854 bis 31. Juli 1870. †.

» **Dippel Andreas**; vom 1. August 1893.

» **Draxler Josef**; vom 16. Juli bis 22. October 1837 und vom 17. Juli 1840 bis 28. Februar 1876.

» **Felix Benedikt**; vom 16. Februar 1883.

Frei Hans; vom 1. August 1885.

Gassi Franz; vom 1. August 1878 bis 15. October 1878.

» **Grengg Carl**; vom 1. August 1889.

» **Gritzinger Leo**, vom 15. Juli 1884 bis 31. August 1889.

» **Hablawetz August Egon**; vom 10. April 1870 bis 18. September 1892. †.

» **Hofmann Alois**; vom 15. März 1885 bis 15. Juni 1885.

Horwitz Willibald; vom 1. April 1880.

» **Hrabanek Franz**; vom 12. April 1853 bis 1. Mai 1855 und vom 1. Mai 1858 bis 18. October 1870. †.

» **Krauss Emil, Dr.**; vom 1. November 1869 bis 30. November 1873.

» **Labatt Leonhard**; vom 1. October 1869 bis 31. Mai 1883.

» **Laschek Hans**; vom 1. September 1888 bis 31. August 1891.

» **Lay Theodor**; vom 1 April 1857 bis 31. August 1891.

Herr **Lucca Carl**; vom 1. April 1865 bis 30. Juni 1882.

- **Martin Richard**; vom 1. December 1869 bis 30. April 1870.
- **Maurer Georg**; vom 1. September 1876 bis 31. August 1877.
- **Mayerhofer Carl**; vom 1. Juli 1854.
- **Müller Georg**; vom 1. November 1868.
- **Naviasky Eduard**; vom 16. Juni 1876 bis 31. Juli 1882.
- **Neidl Franz**; vom 20. Juli 1890.
- **Neumann Josef Angelo**; vom 1. April 1862 bis 30. Mai 1876.
- **Nollet Georg**; vom 1. September 1875 bis 31. August 1876.
- **Oberländer Alfred**; vom 1. Jänner 1881 bis 30. September 1881.
- **Oehmig Hugo**; vom 1. April 1881 bis 31. März 1882.
- **Peschier Adolf**; vom 1. September 1881 bis 30. September 1885.
- **Pirk Engelbert**; vom 1. Juni 1869 bis 15. Juni 1875.
- **Regenspurger Alfons**; vom 1. October 1868 bis 19. Juni 1874. †.
- **Reichmann Theodor**; vom 1. Juni 1883 bis 8. April 1889. und vom 1. September 1893.
- **Reichenberg Franz von**; vom 1. Juni 1884.
- **Ritter Josef**; vom 1. August 1891.
- **Rokitansky Hans**; vom 1. Juli 1864 bis 31. December 1893.
- **Rothmühl Nicolaus**; vom 1. Jänner 1881 bis 31. August 1881.
- **Scaria Emil**; vom 1. Mai 1873 bis 22. Juli 1886. †.
- **Schittenhelm Anton**; vom 15. August 1875.
- **Schmid Carl Dr.**; vom 13. Februar 1858 bis 25 April 1873. †.
- **Schmitt Victor**; vom 15. August 1875.
- **Schrötter Fritz**; vom 1. Mai 1885.
- **Schwarz Franz**; vom 1. Februar 1880 bis 31. August 1880.
- **Sommer Carl**; 16. Mai 1881 bis 30. April 1893
- **Steilberg Richard**; vom 1. September 1885 bis 31. December 1885.
- **Stoll August**; vom 20. October 1884.
- **Van Dyck Ernest**; vom 1. October 1888.
- **Waldner Josef**; vom 1. Juni 1878 bis 15. August 1879.
- **Walter Gustav**; vom 1. Juli 1856 bis 31. Jänner 1887.
- **Wachtel Theodor jun.**; vom 1. Mai 1868 bis 15. Juli 1869.
- **Weiglein Ludwig**; vom 1. Juni 1886.
- **Werthner Georg**; vom 1. October 1888.
- **Wiegand Heinrich**; vom 1. Juli 1882 bis 31. August 1884.
- **Winkelmann Hermann**; vom 1. Juni 1883.

b) Solosängerinnen:

Frln. **Abendroth Irene**; vom 1. August 1889 bis 31. Juli 1890.
» **Adorno-Calvelli Marie**; vom 16. Juni 1885 bis 15. Juni 1886
» **Artner Josefine von**; vom 20. Juli 1890 bis 31. Juli 1893.·
» **Backes Susette**; vom 1. Mai 1869 bis 30. April 1872.
» **Baier Anna**; vom 14. April 1884.
Frau **Baier-Liebhardt Ida**; vom 1. April 1880.
Frln. **Beeth Lola**; vom 1. Mai 1888.
» **Bianchi Bianca**; vom 1. April 1880 bis 31. März 1887.
» **Birly Katharina von**; vom 1. December 1872 bis 30. November 1873.
» **Boschetti Therese**; vom 16. December 1869 bis 30. November 1872.
. **Brabetz Wilhelmine**; vom 1. August 1893.
» **Braga Hermine**; vom 1. Mai 1878 bis 30. April 1888.
» **Bratanitsch Helene**; vom 1. October 1893.
» **Broch Jenny**; vom 1. Mai 1885 bis 30. April 1886.
» **Dalena Julie**; vom 1. April 1874 bis 31. Mai 1875.
» **Devay Johanna**; vom 1. April 1881 bis 31. März 1883.
» **Dillner Bertha von**; vom 1. April 1872 bis 31. December 1884.
Frau **Dustmann-Mayer Louise**; vom 1. Jänner 1857 bis 31. December 1875.
Frln **Ehnn Bertha**; vom 1. Jänner 1868 bis 31. Mai 1885.
Frau **Ehrenstein Louise von**; vom 1. September 1889.
Frln. **Erdelyi Marietta von**; vom 15. November 1876 bis 28. Februar 1877.
» **Erich Marie**; vom 1. Jänner 1887 bis 30 September 1891.
Frau **Forster-Brandt Ellen**; vom 1. Mai 1887.
Frln. **Fried Gisela**; vom 1. Juni 1883 bis 31. December 1883.
» **Gindele Ernestine**; vom 1. Juli 1867 bis 30. November 1875.
» **Gottlieb Marie**; vom 1. Juli 1872 bis 28. Februar 1874.
» **Grossi Charlotte**; vom 1. Mai 1879 bis 31 Jänner 1880.

Frln. **Hahn Eleonora**; vom 1. September 1869 bis 15. November 1869.

› **Hassa Auguste**; vom 1. Mai 1869 bis 30. Juni 1870.

› **Hauck Minnie**; vom 1. August 1871 bis 31. December 1872.

› **Hauser Anna**; vom 1. Februar 1880.

› **Helm Rosa**; vom 15. August 1879 bis 15. October 1879.

› **Hellmesberger Rosa**; vom 1. Mai 1885 bis 31. December 1889.

› **Hoffmann Charlotte**; vom 1. Jänner 1884 bis 30. April 1884.

Frau **Holder - Egger Agnes**; vom 16. April 1881 bis 30. September 1881.

› **Januschowsky Georgine von**; vom 1. August 1893.

Frln. **Karlona Emma**; vom 1. September 1891.

Frau **Kaulich-Lazarich Louise**; vom 1. Februar 1878.

Frln. **Klein Regine**; vom 1. Jänner 1885 bis 31. Mai 1887.

Frau **Koch - Bossenberger Julie**; vom 16. October 1872 bis 16. September 1874.

Frln. **Kraus Auguste**; vom 1. October 1877 bis 30. September 1881.

Frau **Kupfer-Berger Mila**; vom 1. October 1875 bis 15. October 1885.

Frln. **Lehmann Marie**; vom 15. Juli 1882.

› **Link Sofie**; vom 1. Mai 1885 bis 30. April 1886.

› **Mark Paula**; vom 1. September 1893.

Frau **Materna-Friedrich Amalie**; vom 1. Mai 1869.

Frln. **Meisslinger Louise**; vom 1. September 1883 bis 31. August 1886.

› **Mielke Antonie**; vom 16. April 1878 bis 15. Februar 1879.

› **Morini (Mordax) Olga**; vom 1. September 1875 bis 16. Juli 1876.

Frau **Naday Katharina von**; vom 1. März 1884 bis 31. Mai 1888.

Frln. **Obrist Mina**; vom 1. October 1877 bis 31. März 1878.

Frau **Papier-Paumgartner Rosa**; vom 1. September 1881 bis 30. Juni 1892.

Frln. **Pastet Josefine**; vom 1. Mai 1864 bis 15. September 1875.

› **Pirk Sarolta**; vom 1. September 1884 bis 23. Juli 1885.

› **Rabatinsky Marie von**; vom 1. Juli 1866 bis 30. Juni 1872.

Frau **Reicher-Kindermann Hedwig**; vom 15. März 1878 bis 1. September 1878.

Frln. **Renard Marie**; vom 1. October 1888.

  » **Ricchini Luigia**; vom 1. September 1881 bis 31. August 1883.

  » **Riegl Anna**; vom 1. September 1880 bis 15. November 1882.

  „ **Schläger Antonie**; vom 1. Jänner 1883.

    Siegstaedt Hermine von; vom 26. April 1864 bis 31. December 1882.

  » **Singer Therese**; vom 1. October 1870 bis 31. Mai 1871.

  „ **Stahl Amalie**; vom 1. September 1878 bis 31. August 1891.

  „ **Standhartner Henriette**; vom 1. September 1889 bis 4. März 1893.

  „ **Steinherr Bertha**; vom 15. August 1874 bis 15. August 1875.

  „ **Sterr Nina**; vom 1. September 1870 bis 30. April 1872.

  „ **Tagliana Emilie**; vom 1. Jänner 1874 bis 31. December 1878.

  „ **Tellheim Caroline**; vom 1. Juli 1862 bis 31. März 1871.

Frau **Thomas-Schwarz Annye**; vom 1. August 1892 bis 31. Juli 1893.

Frln. **Tischler Charlotte**; vom 1. April 1886 bis 31. August 1887.

  „ **Tremmel Wilhelmine**; vom 1. Februar 1872 bis 31. Jänner 1878.

  » **Trousil Marie**; vom 1. Mai 1871 bis 30. April 1874.

  „ **Walter Mina**; vom 1. Juni 1886 bis 15. Juni 1889.

  „ **Wanda Philippine**; vom 1. September 1870 bis 31. August 1875.

Frau **Warnegg Anna**; vom 16. März 1892.

Frln. **Widl Marie**; vom 1. April 1878 bis 7. September 1878.

Frau **Wilt Marie**; vom 1. Februar 1867 bis 31. Mai 1878.

Frln. **Worani Katharina**; vom 15. November 1867 bis 31. December 1882.

  „ **Wächter Karoline**; vom 1. September 1876 bis 28. Februar 1877.

  „ **Zulilay Hermine**; vom 1. Juli 1876 bis 28. Februar 1877.

c) Solotänzer und Mimiker:

Die Herren:

Amaturo Aniello; vom 1. Mai 1869 bis 30. April 1870.
Beau Josef; vom 1. April 1842 bis 30. September 1881.
Birkmeyer Adolf; vom 1. Februar 1870 bis 30. April 1885.
Borri Enrico; vom 1. Jänner 1889 bis 15. October 1889.
Büttgenbach Paul; vom 16. Mai 1873 bis 30. April 1876.
Caron Alfred; vom 1. October 1862 bis 31. Mai 1892.
Couqui Leopold; vom 1. Juli 1861 bis 30. September 1873.
Czadill Raimund; vom 1. Juni 1892.
Frappart Leon; vom 1. November 1868 bis 6. August 1877. †.
Frappart Louis; vom 1. Jänner 1854.
Godlewsky Carl; vom 1. Juni 1893.
Gyurian Josef; vom 1. Jänner 1873 bis 30. Juni 1876.
Hassreiter Josef; vom 1. December 1870 bis 31. December 1890.
Klass Alexander; vom 1. Jänner 1883 bis 28. März 1886. †.
Martino Enrico de; vom 1. September 1881 bis 30. April 1890.
Massini Cajetan; vom 1. April 1851 bis 28. Juli 1874. †.
Mazzantini Luigi; vom 1. October 1876 bis 31. Mai 1884.
Mazzantini Pietro; vom 1. Mai 1885.
Nunzianti Vincenzio; vom 1. Mai 1885.
Price Julius; vom 1. Juli 1855 bis 24. Jänner 1893. †.
Rathner Ferdinand; vom 1. Juni 1892.
Ricchini Luigi; vom 1. April 1836 bis 31. Juli 1889.
Thieme Otto; vom 1. Juli 1885.
Van Hamme Eduard Voitus; vom 1. August 1884.
Winkler Josef; vom 1. April 1886 bis 31. Juli 1889.

d) Solotänzerinnen und Mimikerinnen:

Die Fräuleins:

Abel Katharina; vom 1. Jänner 1880 bis 31. December 1892.
Allesch Emma; vom 1. Jänner 1880.
Baiz Paula; vom 1. Jänner 1887 bis 31. October 1889.
Balbo Lucia; vom 1. April 1885.
Balbo Marietta; vom 1. April 1885 bis 31. Mai 1891.
Basegg Eleonore; vom 1. April 1830 bis 31. December 1872.
Bauret Johanna; vom 1. Juli 1869 bis 31. December 1871.
Bonesi Angelina; vom 15. November 1873 bis 14. Februar 1874.
Braun Emma; vom 1. Jänner 1888.
Brianza Carlotta; vom 1. October 1892 bis 30. November 1892.
Cerale Luigia; vom 1. Juli 1879 bis 30. Juni 1892.
Charles Marie; vom 1. September 1867 bis 31. Juli 1872.
Doré Emma; vom 1. Jänner 1880 bis 28. Februar 1887.
Erich Anna; vom 1. Jänner 1887.
Graselli Emma; vom 1. Jänner 1885.
Haentjens Hedwig v.; vom 1 April 1893.
Hauffe Adolfine; vom 1. Jänner 1880.
Hlupek Hermine; vom 1. Juli 1861 bis 15. December 1876.
Jaksch Amalie; vom 1. April 1853 bis 15. Juli 1876.
Jaksch Wilhelmine; vom 1. März 1871 bis 28. Februar 1877.
Linda Bertha, vom 1. September 1875 bis 30. April 1879.
Löscher Leopoldine; vom 15. April 1872.
Lyra Malvine; vom 1. Mai 1869 bis 14. April 1873.
Mahr Hermine; vom 1. November 1875 bis 20. October 1878. †.
Mauthner Henriette; vom 1. April 1866 bis 31. März 1879.
Matzenauer Louise; vom 1. October 1881 bis 30. Juni 1884.
Mazzantini Alfonsine; vom 1. Jänner 1875 bis 31. Jänner 1885.
Millie Lucie; vom 1. August 1873 bis 31. August 1873.
Neumann Helene; vom 1. Februar 1874 bis 31. März 1875.
Neumann Marie; vom 1. Juli 1873 bis 31. December 1874.
Olzer Marie; vom 16. December 1870 bis 15. September 1878.

Die Fräuleins:

Pagliero Camilla; vom 15. April 1879.

Rathner Wilhelmine; vom 1. Jänner 1885.

Rimus Caroline; vom 1. Jänner 1885 bis 25. März 1894. †.

Salvioni Guglielma; vom 1. Juli 1870 bis 30. Juni 1873.

Schläger Hedwig; vom 15. Jänner 1872 bis 30. September 1885.

Scholz Therese; vom 1. November 1868 bis 15. Mai 1875.

Schuller Wilhelmine; vom 1. Jänner 1870 bis 31. December 1871

Sironi Irene; vom 1. September 1892.

Skofitz Caroline; vom 1. Jänner 1888.

Stadlmeyer Anna; vom 1. August 1864 bis 31. Juli 1870.

Stiassny Wilhelmine; vom 1. Juli 1869 bis 31. December 1872.

Telle Johanna; vom 1. März 1860 bis 15. Februar 1890.

Tomaschitz Louise; vom 1. Februar 1874 bis 31. December 1884.

Vergé Stefanie; vom 1. November 1890.

Verstl Anna; vom 1. Februar 1875 bis 15. Juni 1875.

Well Franziska; vom 1. Jänner 1885.

Welte Christine; vom 1. Jänner 1885 bis 28. Februar 1889.

Wildhack Adele; vom 1. August 1864 bis 30. September 1873.

Zimmermann Josefine; vom 1. December 1874 bis 31. Mai 1875.

e) Chorsänger.

I. Tenor:

Die Herren:

Barth Christian; vom 16. Mai 1873 bis 15. October 1877.

Evers Louis; vom 1. Juni 1868.

Fälschlein Georg; vom 15. April 1870 bis 30. September 1871.

Fournes Ernest; vom 15. August 1879 bis 31. October 1884.

Friede Julius (Rixi); vom 1. Mai 1882.

Gritzinger Leo; vom 1. April 1879 bis 15. Juli 1884.

Gaiser Carl; vom 1. Juni 1881.

Gräbner Johann; vom 1. April 1885.

Grodsensky Adolf; vom 1. December 1888.

Hossinger Carl; vom 1. Jänner 1851 bis 31. August 1870.

Hruschka Wenzel; vom 1. Jänner 1851 bis 31. August 1870.

Huber Johann; vom 1. December 1868 bis 7. August 1873. †.

Hoffmann Josef; vom 1. April 1882 bis 17. Juni 1893. †.

Hauser-Stoll Alexander; vom 1. August 1885.

Hinkelmann Eduard; vom 1. Juni 1889 bis 19. December 1893. †.

Körbler Adolf; vom 1. Februar 1869 bis 31. August 1869.

Kukla Ferdinand; vom 1 November 1874 bis 31. August 1875.

Kammerlander Leopold; vom 1. Mai 1885.

Langer Josef; vom 1. September 1873.

Lawitz Emil; vom 1. Mai 1870 bis 7. Jänner 1879. †.

Mahlknecht Konrad; vom 1. Juli 1872 bis 31. October 1872.

Mayerhofer Pius; vom 1. November 1869 bis 31. December 1883.

Morawe Eugen; vom 1. Juni 1869 bis 31. August 1869.

Mohr Bernhard; vom 1. October 1870 bis 15. Jänner 1871.

Matzoun Alexander; vom 1. März 1881.

Nacht Max; vom 1. April 1868.

Nerepka Bernhard; vom 16. April 1865

Neumann Edmund; vom 1 Jänner 1868 bis 15. Juni 1870.

Die Herren:

Niemann Julius; vom 1. Jänner 1872 bis 30. April 1872.
Perutka Alfred; vom 1. Jänner 1868.
Prinz Andreas; vom 1. Februar 1865 bis 30. April 1891.
Petak Johann; vom 1. April 1867 bis 31. August 1884.
Poborsky Wolfgang; vom 1. Jänner 1870 bis 15. Juni 1870.
Plenk Anton; vom 1. Jänner 1893.
Rambousek Adolf; vom 1. März 1881.
Revere Josef; vom 1. April 1882 bis 31. August 1882.
Saocörsberg-Delisle Julius; vom 1. Februar 1869 bis 30. Juni 1869.
Schmitz Johann; vom 15 Jänner 1871.
Schieber Mathias; vom 1. Jänner 1893.
Schubert Franz; vom 1. Mai 1869.
Walter Ignaz; vom 1. April 1855 bis 31. December 1883.

II. Tenor.

Die Herren:

Amon Rudolf; vom 1. Jänner 1893.
Bauer Michael; vom 1. October 1864 bis 31. Juli 1872.
Birnbaum Johann; vom 1. Jänner 1869.
Bruckner Carl; vom 1. Mai 1868.
Bär Ludwig; vom 1. October 1873 bis 31. October 1873.
Goldenberg Adolf; vom 1. September 1870 bis 31. März 1871.
Haag Stefan; vom 1. November 1869.
Halik Alois; vom 16. Mai 1871 bis 28 Februar 1872.
Illich Josef; vom 1. November 1872 bis 30. Juni 1876.
Kahler Theodor; vom 1. December 1868 bis 31. März 1872.
Klatowsky Anton; vom 1. April 1865 bis 31. October 1874.
Kuhner Heinrich; vom 1. September 1876.
Müller Julius; vom 1. April 1865 bis 28. Februar 1870.
Neubauer Heinrich; vom 1. April 1855.
Neubauer Hans; vom 1. November 1887.
Peikert Georg; vom 1. April 1855 bis 28. Mai 1870. †.
Platt Wilhelm; vom 1. October 1874.
Rieger Alfred; vom 15. August 1874.
Revere Wilhelm; vom 1. Mai 1885 bis 31. März 1889.

Die Herren:

Schubert Josef; vom 1. April 1868.
Sindlhauser Wilhelm; vom 1. Jänner 1869 bis 25. December 1893. †.
Stiassny Anton; vom 1. Jänner 1893.
Tröster Markus; vom 1. Juni 1866 bis 30. September 1870.
Zitterbart Fritz; vom 1. September 1890 bis 31. December 1891.

I. Bass:

Die Herren:

Anlauf Richard; vom 1. October 1888 bis 31. August 1890.
Butschek Robert; vom 1. Juni 1887.
Erber Gustav; vom 1. Mai 1888.
Fritsch Franz; vom 15. Jänner 1870 bis 28. Februar 1871.
Fochler Clemens; vom 1. October 1881.
Fichtinger Anton; vom 1. April 1891.
Grekowsky Nicolaus; vom 1. April 1865 bis 30. November 1879.
Grinauer Alois; vom 1. September 1870 bis 31. August 1871.
Haimann Julius; vom 1. Jänner 1868.
Krieger Franz; vom 1. April 1868 bis 30. September 1869.
Kinsky Vincenz; vom 15. September 1875 bis 9. November 1887. †.
Kopetzky Franz; vom 1. October 1870.
Kartschmareff Isak; vom 15. Jänner 1870 bis 30. April 1871.
Lutze Karl; vom 1. April 1883.
Mayer Georg; vom 1. October 1891.
Pockberger Michael; vom 1. September 1889.
Renée Emil; vom 1. Februar 1881 bis 15. September 1891.
Soutschek Peter; vom 1. April 1847 bis 15. Februar 1885.
Stwertka Moriz; vom 1. Jänner 1868 bis 31. Mai 1885.
Spreizer Franz; vom 15. October 1868 bis 28. Februar 1870.
Skokan Oskar; vom 15. März 1869 bis 31. August 1869.
Schindl Ernest; vom 1. Jänner 1882 bis 31. März 1883.
Tinz Josef; vom 15 Jänner 1871.
Walter Josef; vom 1 November 1869 bis 20. Juli 1870. †.
Weingärtner Johann; vom 1. December 1867 bis 4. October 1888. †.
Werms Georg; vom 16. August 1874 bis 15 August 1875.
Wessely Josef; vom 1. April 1849 bis 31. October 1874.

Die Herren:

Wessell Norbert; vom 1. Juni 1869 bis 30. April 1870.
Woloff J.; vom 1. Mai 1871 bis 15 August 1871.
Weinstein Leopold; vom 1. October 1885 bis 31. December 1885.
Würflinger Victor; vom 1. Jänner 1870 bis 31. October 1874.
Zeitelberger Franz; vom 1. März 1872.

II. Bass:

Die Herren:

Auer Hermann; vom 1. April 1868 bis 31. August 1869.
Arnoldstein Carl; vom 1. October 1883.
Beringer Franz; vom 1. November 1860 bis 31. Juli 1892.
Espig Dominik; vom 1. Februar 1870.
Eichberger Johann; vom 1. Mai 1883 bis 31. October 1883.
Fellner Anton; vom 1. October 1882 bis 7. April 1886. †
Graf Ferdinand; vom 1. September 1878 bis 31. October 1881.
Harrer Heinrich; vom 1. März 1849 bis 31. December 1887.
Heitzler Leopold; vom 1. Februar 1890.
Hellmann Carl; vom 1. October 1890.
Koschat Thomas; vom 15. November 1867.
Kröner Eduard; vom 1. Jänner 1868 bis 11. Juni 1889. †.
Kaiser Karl; vom 1. Mai 1890 bis 31. Juli 1890.
Körössy Ludwig; vom 1. März 1893 bis 31. December 1893.
Löbel Ignaz; vom 1. Jänner 1868.
Lauer Ludwig; vom 1. März 1888 bis 31. Jänner 1890.
Machanek Josef; vom 1. September 1850 bis 14. Juli 1882. †.
Mesterhazy Josef v.; vom 1. April 1847 bis 31. December 1887.
Mothan Julius; vom 1. April 1868 bis 20. Juli 1892. †.
Napreth Adolf; vom 1. Jänner 1868 bis 18. Juni 1873. †.
Pichler Alois; vom 1. Juli 1855 bis 18. Februar 1883. †.
Peter Anton; vom 1. October 1885.
Rafael Friedrich; vom 1. Juli 1885.
Strohbach Friedrich; vom 1. Mai 1870 bis 30. September 1890.
Tausch Wenzel; vom 1. September 1888 bis 9. Mai 1891. †.
Wohlrath Heinrich; vom 1. September 1869 bis 18. Juni 1882. †.
Weisshappel Rudolf; vom 1. Jänner 1893.
Waldmann Ignaz; vom 1. November 1887 bis 30. September 1889.

f) Chorsängerinnen.

I. Sopran:

Frln. **Ander Caroline**; vom 1. November 1874 bis 31. October 1888.

» **Amon Anna**; vom 1. October 1891.

» **Aumüller Johanna**; vom 1. März 1872.

Frau **Batke-Mühlmeier Marie**; vom 1. März 1881.

Frln. **Benvenutti Josefine**; vom 1. Februar 1869 bis 31. August 1871.

» **Breit Therese**; vom 1. Jänner 1868.

» **Bohutinsky Marie**; vom 1. October 1891.

» **Benkert Josefine**; vom 1. December 1868 bis 30. September 1869.

» **Drozda Anna**; vom 1. Februar 1890.

» **Eberl Elise**; vom 1. Jänner 1868 bis 31. August 1870.

» **Ess Ida**; vom 1. Jänner 1868 bis 16. März 1872.

» **Ess Laura**; vom 1. Jänner 1868 bis 21. October 1869 †.

Frau **Evers Louise**; vom 1. Juni 1868 bis 31. December 1889.

Frln. **Einweg Antonie**; vom 1. April 1883.

» **Eiselt Johanna**; vom 1. Jänner 1887.

Frau **Frauenberger-Deim Marie**; vom 2. August 1857.

» **Feigl Philipp-Therese**; vom 1. Mai 1866.

» **Feigl-Gossmann Karoline**; vom 1. Jänner 1868 bis 30. September 1890.

Frln. **Fass Anna**; vom 1. Juli 1871 bis 31. Juli 1885.

» **Fischer Anna**; vom 1. Jänner 1887

- **Gehrer Hermine**; vom 1. April 1849 bis 31. October 1874.

» **Geppel Anna**; vom 1. Februar 1890 bis 31. December 1891.

» **Gumpel Marie**; vom 1. Jänner 1878.

» **Graselli Henriette**; vom 1. October 1885.

» **Gallantin Therese**; vom 1. Jänner 1892.

Frau **Hartl-Schubert Amalie**; vom 1. April 1868.

> **Hruschka Rosa**; vom 1. April 1849 bis 31. October 1874.

Frln. **Hess Ida**; vom 1. November 1874 bis 23. November 1877. †.

Frau **Hartmann-Rindskopf Magda**; vom 1. März 1881.

> **Horwath Wilhelmine**; vom 1. October 1891.

Frln. **Hackenberg Hermine**; vom 1. Jänner 1893.

> **Kropp Marie**; vom 1. März 1859 bis 31. Jänner 1890.

> **Kunert Ottilie**; vom 1. November 1869 bis 30. Juni 1883.

Frau **Kopetzky Mathilde**; vom 15. August 1871.

> **Karg Ludmilla**; vom 1. Juli 1871 bis 31. December 1883.

Frln **Klee Angelika**; vom 1 Jänner 1884.

> **Kroneisen Aurelie**; vom 1. April 1885 bis 31. December 1887.

Frau **Liebel-Scotti Hermine**; vom 15. Februar 1871 bis 30. September 1890.

Frln. **Lay Marie**; vom 1. Februar 1890 bis 28. April 1891. †.

> **Maurer Johanna**; vom 15. Februar 1871.

> **Mayr Marie**; vom 1. April 1885.

> **Maurer Marie**; vom 1. März 1881.

> **Mothan Katharina**; vom 1. März 1881.

> **Mothan Marie**; vom 1. Jänner 1893.

> **Massanetz Ottilie**; vom 1. Jänner 1887.

Nowak Anna Emma; vom 1. Jänner 1893 bis 28. Februar 1894.

> **Ofner Katharina**; vom 1. April 1865.

> **Oehler Marie**; vom 1 Juni 1865 bis 31. Jänner 1890.

Frau **Prüger-Mazzantini Amalie**; vom 1. April 1868.

> **Peigerle-Titz Mathilde**; vom 1. Jänner 1868 bis 31. October 1888.

Frln. **Peigerle Katharina**; vom 1. Juli 1866 bis 31. Juli 1892.

Frau **Peikert Magdalena**; vom 1. April 1849 bis 31. März 1881.

Frln. **Reitmann Philomela**; vom 1. Februar 1870 bis 30. April 1870.

> **Revere Charlotte**; vom 1. August 1882 bis 31. August 1882.

> **Schönegg Pauline**; vom 1. März 1881.

> **Sparmann Florentine**; vom 1. März 1882.

> **Thann Vilma von**; vom 1. Jänner 1893.

> **Tomanik Christine**; vom 15. August 1854 bis 31. Mai 1885.

Frau **Weitzenbauer-Jautz Marie**; vom 1. August 1866 bis 31. October 1888.

4

Frln **Wallnöfer Anna**; vom 1. Jänner 1892.

> **Woschilda Anna**; vom 1. Jänner 1893.

Frau **Wessely Mathilde**; vom 1. Juni 1849 bis 31. December 1886.

> **Wolf-Löscher Ludowika**; vom 1. Mai 1882

Frln. **Welte Isabella**; vom 1. Jänner 1885.

—

II. Sopran:

Frau **Anger-Lutze Wilhelmine**; vom 1. März 1881.

Frln. **Bielitz Pauline**; vom 1. October 1869 bis 30. Juni 1871.

  Brick Louise; vom 1. März 1873.

Frau **Bosch Louise**; vom 1. Mai 1886.

Frln. **Danniger Ida**; vom 1. April 1868 bis 31. August 1874.

> **Dinkhauser Karoline**; vom 1. April 1859 bis 30. April 1889.

Frau **Dinkhauser-Horwath Franziska**; vom 1. März 1881.

Frln. **Delari Karoline**; vom 1. September 1870 bis 16. December 1871.

  Eberl Anna; vom 1. September 1868 bis 31. Juli 1869.

  Friedl Karoline; vom 1. Jänner 1868 bis 31. Jänner 1870.

  Feigl Marie; vom 1. März 1881.

  Gattner Wilhelmine; vom 1. Februar 1868.

  Gehbe Auguste; vom 1. Mai 1868 bis 15. September 1872.

  Guttmann Ilka; vom 1. Jänner 1893.

  Haller Marie; vom 1. April 1868 bis 31. Mai 1869.

Frau **Helmess-Espig Betti**; vom 1. Mai 1872 bis 28. Februar 1890.

  Harnisch-Rilke Philippine; vom 1. März 1881.

Frln. **Harhammer Therese**; vom 1. Februar 1890.

  Hallwich Rudolfine; vom 1. Februar 1890.

  Heck Wilhelmine Josefa; vom 1. Jänner 1892.

  Kofler Marie; vom 1 Mai 1859 bis 31. December 1889.

  Kraus Katharina; vom 1 April 1857 bis 31. August 1884.

  Krieger Pauline; vom 1. April 1868 bis 31. October 1869.

  Kratky Marie; vom 1. Jänner 1873.

  Köhler Louise; vom 1. Februar 1890.

  Kollmer Charlotte; vom 1. October 1891.

  Kober Romana; vom 1. Jänner 1893.

Frau **Lenz-Petzl Magdalena**; vom 1. April 1865.

Frln. **Lesár Louise**; vom 1. October 1869 bis 31. März 1870.

  Link Antonie; vom 1. October 1869 bis 31. Jänner 1870.

Frln. **Litschka Angelika**; vom 1. Februar 1890.

„ **Löbel Hermine**; vom 1. April 1885.

„ **Mattura Adelheid**; vom 1. Februar 1868 bis 31. October 1884.

Frau **Minetti-Bachrich Marie**; vom 1. October 1869.

Frln. **Markl Hermine**; vom 1. März 1881 bis 31. März 1883.

Frau **Oldal-Gritzinger Louise**; vom 1. Februar 1870 bis 31. März 1889.

Frln. **Perakovits Therese**; vom 1. Mai 1872.

„ **Pleer Eleonore**; vom 1 Jänner 1892.

„ **Parma Bertha**; vom 1. Jänner 1892.

„ **Ritter Caroline**; vom 1. Februar 1870 bis 16. Juli 1883. †.

Frau **Richter-Slaby Charlotte**; vom 1. März 1881.

„ **Sommersberger Leopoldine**; vom 1. November 1857.

Frln. **Stock Kamilla**; vom 1. Jänner 1857.

„ **Schellander Karoline**; vom 1. November 1855 bis 31. März 1881.

„ **Schreiber Anna**; vom 1. Juli 1866 bis 31. Mai 1870.

„ **Schmolek Johanna**; vom 15. Jänner 1868 bis 30. September 1871.

„ **Stoy Louise**; vom 1. December 1868 bis 30. September 1869.

„ **Steinhauser Fanny**; vom 15. April 1870 bis 31. August 1872.

„ **Stadler Anna**; vom 1. Jänner 1892.

„ **Toula Marie**; vom 1. Februar 1864 bis 31. October 1885.

„ **Tichowsky Christine**; vom 1. September 1889 bis 31. August 1893.

Frau **Uhlmann Wilhelmine**; vom 1. Februar 1860 bis 31. Jänner 1890.

Frln. **Vogelhuber Johanna**; vom 1. Mai 1872.

Frau **Wosahlo-Gehringer Hermine**; vom 1. Mai 1868.

„ **Wolf-Eisenschütz Karoline**; vom 1. Jänner 1868 bis 30. September 1890.

Frln. **Zell Karoline**; vom 1. Februar 1869 bis 18. Juli 1869.

g) Balletcorps-Tänzer:

Die Herren:

Aulinger Carl; vom 1. April 1859 bis 31. März 1875.

Agostini Johann; vom 1. März 1877.

Amon Carl; vom 1. April 1883.

Birkmeyer Julius; vom 1. Juli 1859 bis 31. Mai 1893.

Blachkolm Ferdinand; vom 1. Juli 1862.

Birkmeyer Adolf; vom 1. April 1852 bis 31. Jänner 1870.

Boberg Wilhelm; vom 1. October 1870 bis 31. Juli 1871.

Bonesi Ottilio; vom 15. März 1874 bis 30. September 1874.

Bergé Eugenio; vom 15. März 1875 bis 15. März 1877.

Bressani Carl; vom 1. December 1889.

Basseg Christof; vom 1. October 1892.

Ceratto Ludwig; vom 1. Juni 1873 bis 30. September 1873.

Czadill Raimund; vom 1. Mai 1886 bis 31. Mai 1892.

Czadill Leo; vom 1. September 1893.

Dubois Adolf; vom 1. Jänner 1848 bis 31. August 1872.

Dubois Leopold sen.; vom 1. Jänner 1873.

Dubois Leopold jun.; vom 1. September 1893.

Distefano Hieronymus (Momolo); vom 1. April 1840 bis 28. Februar 1886.

Ferro Giovanni; vom 1. Mai 1869 bis 30. September 1870.

Fränzl Fritz; vom 1. October 1881.

Fränzl Philipp; vom 1. October 1881.

Guntlach Louis; vom 1. October 1868 bis 31. August 1869.

Gyurian Josef; vom 1. April 1865 bis 31. December 1872.

Hassis Heinrich; vom 1. Mai 1866 bis 26. August 1893. †.

Hassa Carl; vom 1. Jänner 1873.

Horwath Carl; vom 1. August 1871.

Hutterer Carl; vom 1. December 1891 bis 31. October 1893.

Klass Alexander; vom 1. April 1852 bis 31. December 1882.

Klass Josef; vom 1. Februar 1867.

Klass Karl; vom 1. December 1889 bis 31. März 1892.

Die Herren:

Kirschbaum Ignaz; vom 1. April 1861 bis 30. April 1886.

Kopetzky Anton; vom 1. Jänner 1885.

Kopp Wilhelm; vom 1. Mai 1886 bis 30. September 1889.

Kohler Johann; vom 1 September 1893.

Linkh Adolf; vom 1. Juni 1869 bis 30. November 1869.

Linder August; vom 1. September 1879 bis 31. August 1883.

Linder Otto; vom 1. Jänner 1884.

Mazzantini Alfons; vom 15. September 1872 bis 14 Juli 1883. †.

Mazzantini Clemens; vom 15. September 1872 bis 30. September 1890.

Mazzantini Louis; vom 15. September 1872 bis 80. September 1876.

Mazzantini Peter; vom 15. September 1872 bis 30. April 1885.

Münnich Rudolf; vom 1. Jänner 1885.

Nunzianti Vincenz; vom 1. Juli 1865 bis 30. April 1885.

Prüger Hugo; vom 1. October 1868 bis 22. November 1872. †.

Ring Johann; vom 1. Jänner 1868.

Recke Heinrich; vom 1. Juli 1853 bis 1. Februar 1883. †.

Reisinger August; vom 1. April 1869 bis 30. September 1869.

Reisinger Johann; vom 1. October 1876 bis 30. September 1884.

Rischofsky August; vom 1. Mai 1873.

Rischofsky Otto; vom 1. April 1883 bis 31. August 1892.

Rumpel Johann; vom 1 November 1872.

Rumpel-Hocke Carl; vom 1. October 1891.

Rathner Alfred; vom 1. März 1879 bis 31. März 1891.

Rathner Ferdinand; vom 1. Jänner 1886 bis 31. Mai 1892.

Reingruber Georg; vom 1. October 1890.

Rosenberg Max; vom 1. Jänner 1886 bis 30. November 1887.

Schellenberg Josef; vom 1. Juli 1857 bis 28. Februar 1874.

Schemanek Carl; vom 15. October 1973 bis 15 November 1877.

Schwarzwald Bernhard; vom 1. December 1870 bis 31. August 1873.

Schiele August; vom 1. September 1872 bis 31. März 1873.

Schreitter Josef; vom 1. October 1892.

Singer Philipp; vom 15. October 1870.

Stelzig Anton; vom 13. Mai 1839 bis 31. October 1876.

Storch Max; vom 1. März 1874 bis 31. Jänner 1877.

Stelzig Simon jun.; vom 1. Jänner 1873 bis 28. Februar 1878.

Winter Adolf; vom 16. August 1884.

Zulka Josef; vom 1. März 1877.

h) Balletcorps-Tänzerinnen :

Die Fräuleins:

Abel Katharina; vom 1. April 1871 bis 31. December 1879.

Allesch Emma; vom 1. März 1872 bis 31. December 1879.

Amm Leopoldine; vom 1. Jänner 1890.

Amm Mathilde; vom 1. September 1893.

Bachmann Leopoldine; vom 1. November 1876 bis 30. September 1884.

Bannholzer Hedwig; vom 1. Jänner 1886.

Baitz Pauline; vom 1. Jänner 1881 bis 31. December 1886.

Baitz Sofie; vom 1. Jänner 1885 bis 31. October 1889.

Bayer Emilie; vom 1. Jänner 1886 bis 31. August 1892.

Bayer Pauline; vom 1. Februar 1880 bis 28. Februar 1881.

Bauret Johanna; vom 1. August 1864 bis 31. December 1871.

Bauret Emma; vom 1. Juli 1869 bis 31. October 1870.

Belitz Elise; vom 1. Juli 1869 bis 30. November 1874.

Benisch Marie; vom 1. Jänner 18 4 bis 15. September 1870.

Biener Antonie; vom 1. Februar 1888.

Binder Emilie; vom 1. Jänner 1854 bis 30. April 1872.

Birkel Marie; vom 1. Juli 1869 bis 16 Februar 1870.

Binder Marie; vom 1. März 1880.

Binter-Linda Caroline; vom 1. Jänner 1890 bis 31 Juli 1890.

Bucka Marie; vom 1. Juli 1864 bis 30. April 1873.

Braun Emma; vom 1. Jänner 1881 bis 31. December 1887.

Buchmann Wilhelmine; vom 1. Juli 1867 bis 30. April 1873 und vom 1. September 1880 bis 31. August 1884.

Bilobradek Emilie; vom 1. Juli 1869 bis 30. November 1869.

Bieber Melanie; vom 1. September 1893.

Chwalla Antonie; vom 1. Juli 1884 bis 31. Jänner 1886.

Cirtek Bertha; vom 1. October 1891.

Cment Emilie; vom 1. März 1880.

Conti Nina; vom 1. Jänner 1881 bis 15. August 1891.

Die Fräuleins:

Croatto Marie; vom 1. Jänner 1885 bis 15. September 1888.

Dim Marie; vom 1. October 1881 bis 16. September 1882.

Däubel Barbara; vom 1. März 1879 bis 28. Februar 1889.

Daxner Isabella; vom 1. Februar 1891 bis 30. September 1892.

Diamant Katharina; vom 1. Februar 1880 bis 30. April 1881.

Diamant Helene: vom 1. März 1880 bis 30. April 1881.

Dobrauer Anna; vom 1. Juli 1869 bis 15. October 1881.

Doleyschka Johanna; vom 1. Jänner 1886 bis 31. August 1891.

Dworschak Aloisia; vom 1. Februar 1888 bis 30. September 1892.

Doré (Hawliczek) Emma; vom 1. October 1870 bis 31. December 1879.

Edthofer Marianne; vom 1. December 1869 bis 31. August 1878.

Ehrenberg Anna; vom 1. März 1872 bis 15. November 1878.

Ebermann Hedwig; vom 1. April 1892.

Ekert Leopoldine; vom 1. November 1876 bis 31. August 1883.

Ellend Caroline; vom 1. Juli 1869.

Erich Hermine; vom 1. Jänner 1890.

Erich Anna; vom 1. Februar 1880 bis 31. December 1886.

Erich Marie; vom 1. März 1880 bis 31. December 1886.

Fischer Marie; vom 1. November 1875 bis 15. Mai 1880.

Fitz Caroline; vom 1. März 1870 bis 31. Jänner 1876.

Fleischinger Hermine; vom 1. Jänner 1878.

Flor Caroline; vom 1. Jänner 1864 bis 28. Februar 1876.

Fichtner Betti; vom 1. Jänner 1868 bis 31. December 1871.

Fricke Emilie; vom 1. März 1872.

Fritz Hermine; vom 1. Februar 1888 bis 30. April 1894.

Fuchs Cäcilie; vom 1. Juli 1860 bis 31. October 1878.

Gartner Franziska; vom 1. October 1867 bis 15. September 1873.

Gallantin Anna; vom 1. October 1881.

Gellert Louise; vom 1. November 1874 bis 30. September 1876.

Gerzhofer Hermine; vom 1. Februar 1888.

Gaubert Adele; vom 1. Juli 1869 bis 31. August 1869.

Graselli Emma; vom 1. März 1872 bis 31. December 1884.

Grausenegger Caroline; vom 1 October 1881 bis 30. September 1888.

Gröbert Leopoldine; vom 1. Jänner 1865 bis 31. Juli 1870.

Grafmeyer Josefine; vom 1. Jänner 1851 bis 30. April 1872.

Die Fräuleins:

Guttmann Mathilde; vom 1. Juli 1869 bis 15. Juni 1885.

Gründl Marie; vom 1. Jänner 1885.

Gründl Johanna; vom 1. Jänner 1893.

Gutmann Marie; vom 1. October 1891.

Gundel Emilie; vom 1. Jänner 1868 bis 26. Jänner 1870. †.

Haffner Hermine; vom 1. März 1872 bis 31. Mai 1874.

Haumayer Wilhelmine; vom 1. Jänner 1887.

Haumayer Hermine: vom 1. März 1880 bis 29. Februar 1892.

Hauffe Adolfine; vom 1. October 1871 bis 31. December 1879.

Hentjens Hedwig von; vom 1. Jänner 1885 bis 31. März 1893.

Hirschler Amalie; vom 1. Jänner 1878 bis 15 November 1885.

Hirschler Josefine; vom 1. December 1869 bis 16. Februar 1885.

Hey Emilie; vom 1. April 1892 bis 27. Juni 1893. †.

Höcker Ernestine; vom 26. December 1864 bis 31. December 1874

Hölzl Caroline; vom 1. März 1880 bis 31. Juli 1893.

Hojer Pauline; vom 1. Jänner 1890.

Hornik Adolfine; vom 1. Jänner 1893.

Hrdliczka Caroline (Durand); vom 1. März 1880 bis 28. Februar 1887.

Hermann Marie; vom 1. Jänner 1855 bis 30. April 1872.

Hiess Bertha; vom 1. April 1867 bis 28. Februar 1871.

Hubert Marie; vom 1. Jänner 1878 bis 31. Juli 1887.

Jaksch Anna; vom 1. Juli 1869 bis 15. Mai 1870. †.

Jaksch Mina; vom 1. October 1867 bis 28. Februar 1871.

Katlein Leopoldine; vom 1. März 1874 bis 31. October 1885.

Keller Marie; vom 1. Februar 1888.

Klass Albertine; vom 1. Juli 1868 bis 31. Jänner 1876.

Klass Ludmilla; vom 1. October 1881 bis 31. August 1888.

Kirschbaum Therese; vom 1. Jänner 1886.

Klein Mathilde; vom 1 Juli 1869 bis 30. Juni 1878.

Kleineke Ida; vom 1. October 1871 bis 31. März 1878.

Klimsch Aloisia; vom 1. December 1869 bis 28. Februar 1872.

Kmunke Auguste; vom 1. November 1876 bis 15. September 1881.

Kmunke Christine; vom 1. März 1879.

Kölcher Hedwig; vom 1. Juli 1865 bis 30. Juni 1884.

Kopetzky Sofie; vom 1. März 1879.

Kopetzky Josefine; vom 1. Jänner 1886.

Kollinsky Eugenie; vom 1 Jänner 1881 bis 31. December 1886

Die Fräuleins:

Königstädter Magdalena; vom 1. April 1886 bis 31. März 1890.

Konnert Bertha; vom 1. Juli 1884 bis 30. November 1890 und vom 1. Juli 1891.

Krauss Clementine; vom 1. Jänner 1890 bis 31. December 1892.

Krauss Helene; vom 1. Jänner 1886.

Kramer Cäcilie; vom 1. Jänner 1886.

Krempus Fanny; vom 1. October 1881.

Kuhn Wilhelmine; vom 1. Juni 1873 bis 30. Juni 1877.

Kienberger Karoline; vom 1. September 1893.

Kohler Amalie Marie; vom 1. September 1893.

Kohn Katharina; vom 1. Juli 1860 bis 31. October 1870.

Kadliczek Caroline; vom 1. Jänner 1885 bis 31. Juli 1891.

Lämmermann Christine; vom 1. März 1874 bis 31. August 1881.

Lang Leopoldine; vom 1. November 1875 bis 30. April 1883.

Linsbauer Antonie; vom 1. Jänner 1865 bis 30. September 1871.

Lhota Marie; vom 1. Jänner 1890 bis 31. August 1893.

Maler Marie; vom 1. November 1876 bis 30. Juni 1881.

Massek Paula; vom 1. Februar 1880.

Mattersdorfer Marie; vom 1. Jänner 1890.

Maurer Leopoldine; vom 1. Jänner 1885.

Mayer Bertha; vom 1. März 1879.

Michely Emma; vom 1. Jänner 1893.

Meyer Eleonore; vom 1. November 1874 bis 31. October 1875.

Mirowitz Amalie; vom 1. März 1879 bis 29. Februar 1880.

Mahr Hermine; vom 1. October 1870 bis 31. October 1875.

Matzenauer Louise; vom 1. Juni 1873 bis 30 September 1881.

Meixner Amalie; vom 1. October 1870 bis 30. Juni 1871.

Miller Marie; vom 1. Juni 1853 bis 30. September 1869.

Miller Sofie; vom 1. Jänner 1848 bis 30. April 1872.

Neumann Helene; vom 1. Juli 1867 bis 31. Jänner 1874.

Neumann Marie; vom 1. Juli 1868 bis 31. Juni 1873.

Nagel Leopoldine; vom 1. Juli 1869 bis 31. Juli 1871.

Nedoschill Eugenie; vom 1. Jänner 1893.

Nekut Agnes; vom 15. August 1880 bis 30. September 1884.

Nekut Anna; vom 1. Juni 1873 bis 31. Juli 1893.

Neidel Eugenie; vom 1. October 1881.

Nesswaldo Emma; vom 1. Jänner 1885.

Niederle Emilie; vom 1 Jänner 1893.

Die Fräuleins:

Nowak Amalie; vom 1. Jänner 1886.

Nowak Marie; vom 1. Jänner 1885.

Olzer Marie; vom 1. Jänner 1865 bis 15. December 1870.

Ohmeyer Franziska; vom 1. November 1876 bis 30. April 1883.

Petermann Franziska; vom 1. November 1869 bis 30. April 1875.

Petzina Louise; vom 1. November 1876.

Peterka Anna; vom 1. Jänner 1886.

Pichler Ottilie; vom 1. Jänner 1886.

Pilz Wilhelmine; vom 1. Jänner 1893.

Pollatschek Johanna; vom 1. October 1871 bis 31. October 1883.

Puchs Leopoldine; vom 1. Juli 1859 bis 28. Februar 1876.

Puhm Ernestine; vom 1. März 1872 bis 31. Juli 1874.

Puskas Rosa; vom 1. Jänner 1864 bis 31. October 1869.

Radausch Anna; vom 1. November 1875 bis 15. Juli 1876.

Rappa Henriette; vom 1. November 1876 bis 31. Juli 1879.

Raschke Leopoldine; vom 1. Juli 1884.

Rauch Josefine; vom 1. October 1890 bis 28. Februar 1894.

Rathner Wilhelmine; vom 1. Jänner 1878 bis 31. December 1884.

Reisenhofer Marie; vom 1. October 1881 bis 15. August 1884.

Ricchini Hermine; vom 1. Juli 1854 bis 31. October 1874.

Rimus Caroline; vom 1. Juli 1867 bis 31. December 1884.

Rieder Marie; vom 1. October 1881 bis 31. März 1890.

Rimus Marie; vom 1. März 1880 bis 14. Juni 1888.

Rosenberg Laura; vom 1. Jänner 1878 bis 15. October 1881.

Rombauer Pauline; vom 1. October 1881 bis 31. October 1885.

Rupprecht Hermine; vom 1. Jänner 1893.

Reingruber Eugenie; vom 1. September 1893.

Ricchini Therese; vom 1. Jänner 1851 bis 30. September 1869.

Sandberg Olga; vom 1. Februar 1874 bis 30. November 1876.

Sack Hermine; vom 1. November 1874 bis 30. November 1881.

Scotti Hermine; vom 1. März 1880 bis 31. Juli 1891.

Scotti Ottilie; vom 1. Jänner 1885.

Seehak Melanie; vom 1. Jänner 1887 bis 31. Juli 1893.

Seeder Gabriele; vom 1. März 1872 bis 31. März 1873.

Seeder Hildegarde; vom 1. April 1871 bis 31. Juli 1873.

Seel Hedwig; vom 1. October 1890.

Seidl Marie; vom 1. Juli 1867 bis 30. September 1874.

Seidl Caroline; vom 1. März 1874 bis 30. Juni 1876.

Seidl Ilka; vom 1. Jänner 1881 bis 24. November 1884.

Die Fräuleins:

Seeler Hermine; vom 1. Jänner 1885.

Skofitz Caroline; vom 1. November 1875 bis 31. December 1887.

Smeikal Gisela; vom 1. März 1880 bis 8. October 1882.

Swoboda Hermine; vom 1. Februar 1888.

Sonnleithner Johanna; vom 1. Juli 1867 bis 16. Juni 1871.

Spitz Katharina; vom 1. Juli 1884 bis 29. Februar 1892.

Schellenberg Amalie; vom 1. Juli 1857 bis 28. Februar 1876.

Schaufler Josefine; vom 1. October 1870 bis 30. Juni 1875.

Schellenberg Elise; vom 1. Februar 1880 bis 31. Juli 1882.

Schimann Gabriele; vom 1. März 1879 bis 31. October 1883.

Schimanek Rosa; vom 1. Juli 1869.

Schleinzer Marie; vom 1. Jänner 1890 bis 31. December 1893
und vom 1. Mai 1894.

Schiesswald Ernestine; vom 1. Jänner 1886.

Schilling Olga; vom 1. Jänner 1886.

Schnabel Franziska; vom 1. Jänner 1887.

Schnabel Magdalena; vom 1. Jänner 1887.

Schmidt Johanna; vom 1. März 18.4.

Schmidt Hermine; vom 1. October 1891.

Scholz Anna; vom 1. Juli 1869 bis 31. December 1878.

Schramek Josefine; vom 1. November 1875 bis 31. August 1884.

Schreitter Gisela; vom 1. Jänner 1886.

Schubert Marie; vom 1. Jänner 1887 bis 31. Juli 1890.

Schlosser Antonie; vom 1. Jänner 1854 bis 31. Jänner 1872.

Schiebel Anna; vom 1. September 1893.

Staudinger Sofie; vom 1. Juli 1869 bis 30. September 1879.

Steinburg Friederike; vom 1. November 1875 bis 16. October 1880.

Steidtner Elfrida; vom 1. October 1890.

Steidtner Adrienne; vom 1. October 1891.

Stettin Barbara; vom 1. April 1871 bis 16. October 1881.

Strebinger Rosa; vom 1. November 1874.

Strengsmann Emilie; vom 1. Juni 1873 bis 31. December 1884

Stollek Auguste; vom 1. März 1880 bis 30. September 1880

Stuhlik Bertha; vom 1. Juli 1867 bis 31. Juli 1876.

Tax Emma; vom 1. Juni 1873 bis 31. October 1879.

Töröck Jenny; vom 1. April 1892.

Taglang Paula; vom 1. Februar 1880 bis 30. April 1880.

Tauer Melanie; vom 1. September 1893.

Tittelbach Josefine; vom 1. Februar 1888.

Die Fräuleins:

Thaller Marie; vom 15. August 1878 bis 15. April 1881.

Tomaschitz Louise; vom 1. Jänner 1868 bis 31. Jänner 1874.

Turinsky Gabriele; vom 1. December 1869 bis 30. Juni 1879.

Tauer Pauline; vom 1. September 1893.

Veith Amalie; vom 1. März 1872 bis 30. September 1873.

Veith Emma; vom 1. October 1881.

Vierlinger Anna; vom 1. Jänner 1885.

Weigang Camilla; vom 1. Jänner 1890.

Weiss Elise; vom 1. Juli 1869 bis 30. November 1885.

Well Franziska; vom 1. März 1880 bis 31. December 1884.

Welte Isabella; vom 1. November 1874 bis 31. December 1884.

Welte Christine; vom 1. Juli 1863 bis 31. Jänner 1889.

Wiesinger Sofie; vom 1. October 1871 bis 31. März 1893.

Witz Anna; vom 1. Juli 1869 bis 31. März 1876.

Wlasto Regine; vom 1. Jänner 1878 bis 8. October 1893. †.

Wollny Marie; vom 1. October 1881 bis 30. April 1891.

Wolf-Löscher Ludowika; vom 1. November 1876 bis 30. April 1882.

Wallenstein Anna; vom 1. März 1870 bis 31. December 1872.

Weiger Stefanie; vom 1. November 1876 bis 15. Februar 1877.

Zelinka Emilie; vom 1. October 1890.

i) Orchester:

Die Herren:

Adlersflügel Josef, grosse Trommel; vom 1. März 1857.

Adlersflügel Thomas, Viola; vom 1. April 1851 bis 15. Jänner 1874.†.

Agner Carl, Cinellen; vom 1. April 1830 bis 17. Juli 1874. †.

Aicher Michael, Flöte; vom 1. April 1841 bis 15. August 1879. †.

Albrecht Ferdinand, Cello; vom 1. April 1845 bis 30. Juni 1880.

Alex Fritz, Posaune; vom 1 März 1883 bis 28. Februar 1891.

Amsler Johann, Violine; vom 1. Juni 1869 bis November 1883 (verschollen).

Arrocker Franz, Violine; vom 1. September 1869.

Auspitzer Siegfried, Violine; vom 1. December 1880.

Bachrich Siegmund, Viola; vom 1. September 1869.

Bachrich Albert, Violine; vom 1. October 1890.

Bartolomeji Franz, Clarinette; vom 1. October 1892.

Bauer Albin, Flöte; vom 15. August 1879 bis 15. August 1880.

Bauer Otto, Violine; vom 15. September 1874 bis 7. Juli 1886. †.

Bayer Josef, Violine; vom 1. Mai 1870.

Baumgärtel Richard, Oboe; vom 15. August 1880.

Bayerl Franz, Viola; vom 1. October 1888.

Benesch Georg, Contrabass; vom 1. October 1880.

Berthold Otto, Posaune; vom 1. März 1883.

Blaha Franz, Trompete; vom 1. April 1852 bis 31. August 1892.

Böhm Carl, Violine; vom 16. August 1879 bis 8. Februar 1886. †.

Böhm Josef, Viola; vom 1. December 1851 bis 6 Mai 1884. †.

Böhm Johann, Fagott; vom 15. August 1880.

Braun Franz, Contrabass; vom 1. September 1869.

Brucks Waldemar, Posaune; vom 1 September 1875 bis 31. October 1876.

Buchta Alois Alexander, Viola; vom 1. Jänner 1863.

Burian Josef, Violine; vom 1. Jänner 1874.

Brodsky Adolf, Violine; vom 16. Mai 1869 bis 31. August 1870.

Die Herren:

Caillag Hermann, Violine; vom 1. September 1869 bis 30. April 1873.

Cink Johann, Oboe; vom 1. September 1882.

Christ Victor, Trompete ; vom 1. Mai 1892.

Christof Johann, Contrabass; vom 1. April 1868 bis 30. November 1869.

Czapauschek Johann, Violine ; vom 15. August 1879.

Dauthage Max, Contrabass; vom 15. August 1884.

Desing Julius, Viola; vom 1. October 1884.

Dobyhal Franz (Orchester-Director), Violine; vom 1. April 1836 bis 5. October 1875.

Doppler Franz, Flöte; vom 1. April 1858 bis 15. August 1879.

Egghardt Julius, Violine; vom 1. Mai 1886.

Ertl Michael, Posaune ; vom 15. November 1865 bis 16. August 1879.

Endl Friedrich, Violine ; vom 16. Februar 1855 bis 28. Februar 1870.

Faistenberger Johann, Pauke; vom 1. November 1868.

Feilnreiter Georg, Contrabass; vom 1. April 1850 bis 25. December 1878. †.

Fischhof Josef, Cello; vom 15. August 1878.

Formanek Johann, Contrabass; vom 1. September 1869 bis 15. April 1876. †.

Fretzer Franz, Posaune; vom 1. April 1845 bis 30. April 1875.

Friedberg Moriz, Violine; vom 1. April 1868 bis 31. März 1872.

Giller Franz, Cello ; vom 1. Juli 1867.

Giller Josef, Clarinette; vom 1. September 1863 bis 28. Februar 1884.

Ginzl Franz, Trompete ; vom 1. April 1869.

Gitzmayer Norbert, Violine ; vom 1. Juli 1860 bis 30. September 1890.

Grohmann Max, Violine; vom 1. December 1870.

Groidl Carl, Violine; vom 1. April 1841 bis 1844 und vom 1. April 1850 bis 16. August 1879.

Grün Jacob M. (Concertmeister), Violine; vom 1. October 1868.

Grädener Hermann, Violine; vom 1. September 1865 bis 30. Juni 1869.

Hellmesberger Ferdinand, Cello; vom 1. Mai 1886.

Hellmesberger Josef sen. (Concertmeister), Violine; vom 1. April 1855 bis 31. Mai 1879.

Die Herren:

Hellmesberger Josef jun. (Concertmeister), Violine; vom 1. Jänner 1870 bis 31. October 1873, dann vom 1. November 1875 bis 15. Mai 1881 und vom 1. September 1884.

Hellmer Josef, kleine Trommel; vom 1. August 1855 bis 31. März 1881.

Heinrich Franz, Violine; vom 16. October 1886.

Helmsky Josef, Horn; vom 1. Juli 1866.

Hengg Willibald, Violine; vom 1. October 1864.

Hertlein Carl, Flöte; vom 1. April 1846 bis 30. Juni 1878.

Hilbert Alois, Violine; vom 1. November 1859.

Hilpert Friedrich, Cello; vom 1. September 1875 bis 31. August 1876.

Hummer Reinhold, Cello; vom 1. November 1873.

Hofmann Carl, Violine; vom 24. August 1855 bis 30. April 1886

Holly Franz, Contrabass; vom 1 April 1863 bis 24. März 1877. †.

Hraba Johann, Contrabass; vom 1. September 1869.

Hrabal Franz, Contrabass; vom 1. October 1885.

Huber Rudolf, Posaune; vom 1. Februar 1877.

Hartinger Josef, Cello; vom 1. Jänner 1830 bis 31. Mai 1871.

Ibener Gustav sen., Fagott; vom 22. März 1858 bis 16. August 1880.

Ibener Gustav jun., Flöte; vom 15. August 1880.

Jelineck Franz, Viola; vom 1. August 1886.

Junk Wilhelm, Violine; vom 1. December 1868 bis 30. November 1873.

Kässmayer Moritz, Violine; vom 1. April 1856 bis 31. August 1884.

Karlhofer Johann, Fagott; vom 1. April 1855 bis 28. Februar 1884.

Kallmus Ignaz, Violine; vom 15. August 1879.

Karnet Johann, Contrabass; vom 1. März 1862.

Katzmayer Carl, Contrabass; vom 1. Mai 1877 bis 30. Juli 1885. †.

Klein Johann, Violine; vom 1. November 1889.

Klein Josef, Violine; vom 1. März 1889.

Kleinecke Wilhelm jun., Horn; vom 1. April 1868.

Kleinecke Wilhelm sen., Horn; vom 1. April 1850 bis 31. August 1881.

König Josef, Violine; vom 1. Jänner 1853 bis 14. October 1880. †.

Kohut Ladislaus, Viola; vom 16. Februar 1888.

Kral Johann, Viola; vom 1. April 1851 bis 30. September 1885.

Die Herren:

Krankenhagen Wilhelm, Fagott; vom 1. November 1869 bis
31. December 1890

Kretschmann Theobald, Cello; vom 1. Juli 1881.

Kreutzinger Hans, Violine; vom 1. October 1883.

Kühnert Wilhelm, Trompete; vom 1. December 1875 bis
30. November 1888.

Kupfer Wilhelm, Cello; vom 1. September 1860 bis 29. März 1886. †.

Kupka Hermann, Violine; vom 1. September 1869.

Kukula Roman, Flöte; vom 15 August 1878.

Krancevic Dragomir, Violine; vom 1 September 1869 bis
30. November 1869

Langhammer Anton sen. (Ballet-Orch.-Dir.), Violine; vom
1. April 1850 bis 30. September 1881.

Langhammer Anton jun., Contrabass; vom 1. März 1870.

Leidler Carl, Violine; vom 1. Juni 1869 bis 31. April 1870 und
vom 16. Jänner 1874 bis 31. Juli 1874.

Lengerke Gustav von, Violine; vom 1. September 1869.

Lengerke Carl von. Clarinette; vom 1. März 1869 bis 1. November 1885. †.

Lewy Richard, Horn; vom 15 September 1844 bis 30. April 1870.

Lichtenstern Alexander, Violine; vom 1. April 1868

Lichtenstern Max, Violine; vom 25. März 1867

Loibl Josef, Horn; vom 1. August 1874 bis 31. Juli 1885.

Loh Anton, Violine; vom 1. December 1870 bis 24. Juli 1890. †.

Malischek Carl, Posaune; vom 1. Jänner 1870 bis 15. Mai 1884.

Markhl Julius, Violine; vom 24. August 1855 bis 30. April 1886.

Markl Alois, Flöte; vom 1. October 1879.

Maschek Adalbert, Trompete; vom 1. Juni 1836 bis 30. November 1875.

Maxintsak Josef, Violine; vom 1. Februar 1870.

Mayer Carl, Fagott; vom 1. März 1883 bis 28. Februar 1891.

Mehlig Julius, Posaune; vom 1. März 1883 bis 20. Jänner 1890. †.

Mettenleitner Johann, Posaune; vom 1 April 1863 bis 30. September 1883.

Meyer Carl (Ballet-Orch.-Dir), Violine; vom 1. Mai 1838 bis
30. September 1876.

Michna Adalbert, Viola; vom 15. September 1874.

Moser Franz. Harfe; vom 1. April 1863.

Moser Julius Leopold, Cello; vom 1. März 1865.

Die Herren:

Moisel Franz, Horn; vom 1. August 1888.

Münzel Pius, Cello; vom 1. Jänner 1850 bis 30. Juni 1872.

Nigg Wilhelm, Violine; vom 1. Mai 1866 bis 31. März 1873.

Nikisch Arthur, Violine; vom 1. Jänner 1874 bis 31 December 1877.

Nittmann Franz, Horn; vom 1. April 1851 bis 31. Juli 1888.

Nowak Christian, Horn; vom 1. August 1885.

Otter Franz, Clarinette; vom 1. September 1862 bis 31. Juli 1892.

Olrogg Gottfried, Violine; vom 1. Juni 1869 bis 22. März 1870. †.

Palm Josef, Violine; vom 1. September 1890.

Pauer Emil, Violine; vom 1. August 1872 bis 30 November 1875.

Pauli Wilhelm, Violine; vom 1. April 1850 bis 16. August 1879.

Pawla Ignaz, Contrabass; vom 1. April 1850 bis 30. September 1884.

Peikerspöck Franz, Viola; vom 1. April 1849 bis 30. Juni 1875.

Pichler Michael, Horn; vom 1. September 1855 bis 31. August 1892.

Pöckh Carl, Oboe; vom 1. April 1851 bis 30. Juni 1882.

Pollak David, Violine; vom 1. October 1861 bis 24. Jänner 1889 †.

Popper David, Cello; vom 1. October 1868 bis 30. September 1873.

Popper Wilhelm, Cello; vom 1. October 1880 bis 31. März 1887.

Prager Carl, Violine; vom 1. Juni 1869 bis 31. August 1870.

Radnitzky Franz, Violine; vom 1. Mai 1873 bis 31. März 1887.

Rekirsch Carl, Violine; vom 1. September 1869 bis 10. Mai 1879. †.

Richter Josef, Horn; vom 15. August 1880.

Röder Carl, Fagott; vom 22. October 1859 bis 16 October 1883.

Röver Heinrich, Cello; vom 1. August 1859 bis 13. Mai 1875.

Rossbach Franz, Trompete; vom 1. September 1892.

Roth Otto, Violine; vom 1. Jänner 1884 bis 15. September 1887.

Rotter Emil, Viola; vom 1. September 1869.

Rosé Arnold, Concertmeister, Violine; vom 16. Mai 1881.

Rosenthal Heinrich, Violine; vom 15. August 1880.

Richter Ferdinand, Contrabass; vom 1. Jänner 1823 bis 31. Juli 1869.

Sahla Richard, Violine; vom 15. August 1878 bis 15. August 1880.

Salaba Carl, Violine; vom 1. März 1852 bis 30. Juni 1883.

Salamon Johann, Violine; vom 16. Februar 1886.

5

Die Herren:

Sartori Hermann, Viola; vom 1. September 1869.

Seitz Alexander, Viola; vom 1. April 1850 bis 31. August 1890.

Siebert August, Violine; vom 1. März 1878.

Siebert Josef, Viola; vom 1. April 1845 bis 31. Juli 1886.

Siebert Rudolf, Contrabass; vom 1. Jänner 1879.

Simandl Franz, Contrabass; vom 1. September 1869.

Sladek Wendelin, Contrabass; vom 1. December 1870 bis 31. Mai 1876.

Spitzer Ludwig, Cello; vom 1. August 1871 bis 31 Juli 1873.

Sulzer Josef, Cello; vom 15. August 1873 bis 15. December 1877, dann 15. August 1880.

Swoboda Johann, Trompete; vom 1. Jänner 1845 bis 31. October 1872.

Swoboda Leopold, Oboe; vom 1. Jänner 1872.

Syrinek Adalbert, Clarinette; vom 1. Mai 1879

Schamann Anton, Oboe; vom 1. April 1868 bis 31. März 1880)

Schantl Josef, Horn; vom 1. October 1870.

Scheurer Franz, Viola; vom 1. September 1869 bis 28. August 1888. †.

Schlager Johann, Posaune; vom 20. Juli 1890.

Schmidl Alois, Clarinette; vom 1. September 1892.

Schöffmann Carl, Clarinette; vom 1. December 1885.

Schubert Ferdinand, Posaune; vom 15. August 1879.

Schwegler Johann, Violine; vom 16. October 1886.

Schnöcker Johann, Posaune; vom 1. September 1865 bis 28. Februar 1883.

Schwendt Theodor, Violine; vom 1. Mai 1886.

Schwaneberg Wilhelm, Posaune; vom 16. Mai 1884.

Schwetz Leopold, kl. Trommel; vom 1. April 1881.

Schwetz Franz, Cinellen; vom 1. Juni 1886.

Stecher Anton, Violine; vom 1 October 1881.

Steiner Josef, Violine; vom 1. April 1856 bis 16 October 1886.

Steiner Hugo von, Viola; vom 1. November 1883.

Stelzig Florian, Violine; vom 15. September 1870.

Stiegler Adolf, Trompete; vom 1 Februar 1888.

Strebinger Franz, Violine; vom 1. März 1870.

Stiassny Hans, Clarinette; vom 1. März 1884 bis 28. Februar 1891.

Strebinger Rudolf, Violine; vom 1. October 1885.

Die Herren:

Strasky Johann, Oboe; vom 15. Juli 1893.

Thaten Hermann, Fagott; vom 1. Jänner 1891.

Thoms Franz, Trompete; vom 15. October 1872 bis 18. April 1892. †.

Tidl Martin, Horn; vom 1. April 1857 bis 31. März 1881.

Tureck August, Posaune; vom 1. September 1862 bis 31. Jänner 1883.

Udel Carl, Cello; vom 1. September 1869 bis 31. December 1880.

Uhlmann Jacob, Oboe; vom 1. Februar 1857 bis 10. September 1871. †.

Unger Anton, Flöte; vom 1. April 1869.

Unger Carl, Contrabass; vom 1. November 1876.

Vargits Rudolf, Horn: vom 1. December 1890.

Vock Adam, Clarinette; vom 1. April 1851 bis 31. Mai 1879.

Warchalitzky Josef, Cinellen; vom 1. October 1874 bis 30. September 1879.

Wahl Stefan, Violine; vom 15. August 1879.

Walde Theodor, Horn; vom 15. Juli 1891.

Weber Franz X., Pauke; vom 1. October 1879.

Weidinger Ferdinand sen., Pauke; vom 1. April 1851 bis 31. Mai 1886.

Weidinger Ferdinand jun., Cello; vom 1. September 1869.

Weippert Moriz, Cello; vom 1 August 1872.

Werner Julius, Violine; vom 1. September 1869.

Winter Hans, Viola; vom 1. Jänner 1879.

Wesser Bruno, Fagott; vom 15. März 1891.

Winternitz Felix, Violine; vom 16. October 1887 bis 31. October 1889.

Wittmann Carl, Fagott; vom 1. October 1884.

Wipperich Emil, Horn; vom 1 April 1882.

Woller Eduard, Oboe; vom 1. Jänner 1867 bis 31. Mai 1893.

Wrany Josef, Contrabass; vom 1. Februar 1856 bis 30. Mai 1870. †.

Zamara Anton, Harfe; vom 1. April 1842 bis 31. Mai 1892.

Zamara Alfred, Harfe; vom 1. Juni 1892.

Zöllner Rudolf, Viola; vom 1. September 1869 bis 31. October 1883.

k) Bühnen-Musik:

Die Herren:

Binder Johann, Flöte: vom 12. Mai 1857 bis 24. Juni 1881.

Birnbaum Franz, Flügelhorn; vom 16. September 1885.

Böhm Franz, Trompete; vom 1. Juni 1854 bis 1. August 1883. †.

Branz Franz, Trompete: vom 1. Mai 1885.

Brunner Johann; Trompete; vom 1. Juni 1854 bis 30. April 1885.

Danner Nicolaus, Clarinette; vom 1. März 1893.

Deim Josef, Waldhorn; vom 1. Juni 1854 bis 31. December 1873.

Daxner Alois, Waldhorn; vom 1. April 1881

Dinst Mathias, Trompete; vom 16. Juli 1870 bis 30. April 1885.

Dworak Josef, Tuba: vom 1. October 1883.

Fischer Ernest, Flöte: vom 16. September 1876.

Föderl Johann, Bombardon: vom 1. Juni 1854 bis 8. März 1876. †.

Göschl Johann, Clarinette: vom 1. April 1876.

Göschl Leopold, Clarinette: vom 1. Juni 1854 bis 31. März 1876.

Hammer Philipp, Flöte; vom 1. Juni 1854 bis 6. September 1876. †.

Hanel Josef, Bombardon; vom 1. September 1869.

Hanika Josef, Bass-Flügelhorn; vom 1. Mai 1855 bis 31. December 1885.

Hantsarik Josef, Euphonium; vom 1. Juli 1864 bis 31. Mai 1885.

Jahutka Leopold, Bombardon; vom 1. August 1854 bis 30. September 1883.

Josume Martin, Flügelhorn; vom 1. Juni 1854 bis 31. August 1885.

Kandler Franz, Flügelhorn; vom 1. August 1886.

Keller Carl I., Trompete: vom 16. September 1883.

Keller Carl II., grosse Trommel; vom 1. Juni 1886.

Mach Carl I., Waldhorn; vom 1. August 1885.

Mach Carl II., Waldhorn; vom 1. September 1885.

Mayer Carl, Fagott: vom 1. März 1891.

Netrefa Franz, Tuba; vom 1. April 1876.

Die Herren:

Nowak Christian, Horn: vom 15. April 1885 bis 31. Juli 1885.

Olbrich Franz, Euphonium; vom 1. Juni 1885.

Pollak Martin, Flügelhorn; vom 1. Mai 1885.

Pospischil Wenzel, kleine Trommel; vom 1. Mai 1873 bis 15. December 1873.

Prantl Anton, kleine Trommel; vom 16. December 1873.

Preczan Ignaz, Trompete; vom 1. November 1869.

Petersilek Wenzel, Trompete; vom 1. Juni 1865 bis 15. Juli 1870.

Ramharter Ignaz, Clarinette; vom 1. Juni 1854 bis 30. Juni 1886.

Reiter Hermann, Clarinette; vom 15. August 1879.

Rohm Franz, Waldhorn; vom 1. März 1857 bis 17. April 1882. †.

Rust Josef, grosse Trommel; vom 1. Juni 1854 bis 30. Juni 1885.

Schmid Josef, Trombabasso; vom 15. October 1869 bis 28. Februar 1891.

Schwab Edmund, Flügelhorn; vom 1. October 1886.

Schmidl Alois, Clarinette; vom 1. December 1885 bis 31. August 1892.

Schöffmann Carl, Clarinette; vom 16. Juli 1885 bis 30. November 1885.

Schwetz Franz, kleine Trommel; vom 16. Juli 1885 bis 31. Mai 1886.

Tingl Anton, Flügelhorn; vom 1. August 1861 bis 12. Juni 1886.

Teubner Josef, Trompete; vom 15. Mai 1869 bis 31. October 1869.

Veit Johann, Waldhorn; vom 11. October 1856 bis 31. Mai 1885.

Vock Josef, Clarinette; vom 1. Juni 1854 bis 13. Mai 1879. †.

Wessely Wenzel, Bass-Flügelhorn; vom 1. Jänner 1886.

Wihlidal Franz, Flügelhorn; vom 1. October 1881 bis 30. September 1886.

Wunderer Alexander, Waldhorn; vom 1. Juni 1885 bis 31. August 1885.

Wunderer Anton, Waldhorn; vom 1. Mai 1882 bis 31. März 1885.

Zinner Sebastian, kleine Trommel; vom 15. Mai 1869 bis 30. April 1873.

l) Comparserie:

Die Herren:

Bauer Leopold; vom 1. October 1881 bis 20. April 1892. †.
Coletti Carl; vom 1. Februar 1869 bis 28. Februar 1870.
Czermak Josef; vom 1. October 1873 bis 31. März 1883.
Demmer Carl; vom 1. August 1872 bis 31. März 1883.
Dirnbach Michael; vom 1. August 1871 bis 15. September 1877.
Doser Ferdinand; vom 24. Februar 1869 bis 31. October 1884.
Dressler Franz; vom 1. August 1871 bis 31. März 1883.
Eisenbach Carl; vom 1. Jänner 1870 bis 31. October 1870.
Frank Carl; vom 1. April 1890.
Fruhwirth Conrad; vom 1. Februar 1869.
Gottwald Carl; vom 1. April 1883 bis 23. August 1884.
Granzinger Josef; vom 1. September 1851 bis 15 September 1881.
Herzig Johann; vom 1. Februar 1869 bis 30. Juni 1871.
Hofmann Adolf; vom 1. November 1884 bis 30. November 1891.
Hossinger Johann jun.; vom 24. Februar 1869 bis 30. April 1870.
Huber Carl; vom 1. October 1869 bis 30 Juni 1870.
Joksch Mathias; vom 16. Juli 1850 bis 31. December 1881.
Kaufmann Alois; vom 1. Februar 1869 bis 16. September 1881.
Köppel Julius; vom 1. Jänner 1873 bis 31. Jänner 1880.
Kotek Gustav; vom 1. Februar 1869 bis 31. December 1870.
Mauth Johann; vom 16. März 1855 bis 20. April 1876. †.
Mayer Josef; vom 1. Februar 1880 bis 30. September 1885.
Michel Johann; vom 1. Februar 1869.
Michely Ludwig; vom 1. October 1881.
Minarsky Josef; vom 1. Februar 1869 bis 5. Februar 1885. †.
Mossböck Franz; vom 1. Juni 1883 bis 30. November 1893.
Metelka Anton; vom 1. October 1881.
Münnich Josef; vom 1. October 1877 bis 30 April 1883.
Platzer Leopold; vom 1. September 1872.
Pragan Moriz; vom 1. October 1884 bis 28. Februar 1890.

Die Herren:

Rumpel Alexander; vom 1. November 1884 bis 31. März 1894.

Saruba Theodor; vom 1. September 1882 bis 31. August 1893.

Schleifirsch Alois; vom 1. Februar 1869 bis 30. Juni 1870.

Schmidt Wenzel; vom 1. Jänner 1852 bis 30. Juli 1870. †.

Schretzmeyer Franz; vom 1. Februar 1869 bis 31. August 1875.

Schuster Jacob; vom 1. December 1870 bis 31 December 1872.

Schöndorfer Johann; vom 1. November 1851 bis 15. September 1881.

Stelzl Johann; vom 21. Juli 1850 bis 31. Juli 1882.

Thurner Anton; vom 1. Februar 1869 bis 15. August 1873.

III

Technisches und administratives Personale.

A. Bühnen-Dienstpersonale.

Theatermeister:

Die Herren:

Weber Johann; vom 1. Jänner 1850 bis 31. August 1870.
Hensel Hermann; vom 1. April 1870 bis 30. September 1873.
Schwabel Johann; vom 1. October 1873.
Barrot Max; vom 1. December 1884 bis 30. September 1893.
Daum Carl; vom 1. Jänner 1893.

Malerei-Gehilfen:

Die Herren:

Biewald Richard; vom 1. November 1867 bis 31. März 1876.
Buchbinder Siegmund; vom 1. August 1872 bis 31. März 1873.
Galimberti Franz; vom 1. Jänner 1835 bis 30. September 1871.

Farbenreiber:

Baboltsay Paul; vom 16. August 1863 bis 31. October 1876.
Biewald Alois; vom 15. October 1868 bis 15. November 1880.
Polzer Ignaz; vom 11. September 1865 bis 31. December 1879.

Diener:

Kainz Johann; vom 1. September 1867 bis 9. November 1880. †.
Prohaska Anton; vom 1. Mai 1867 bis 30. April 1880.

Theater-Arbeiter:

Ackermann Alexander; vom 1. August 1870 bis 7. Juli 1873. †.
Adamek Friedrich; vom 1. Jänner 1884.
Baudis Rudolf; vom 1. Jänner 1886.
Bednarcz Albert; vom 1. August 1872 bis 31. October 1872.
Benesch Josef; vom 1. Jänner 1850 bis 30. September 1872.
Blumauer Carl; vom 1. Jänner 1886.
Bohl Heinrich; vom 1. Jänner 1886 bis 16. Mai 1893. †.
Bronsberger Ignaz; vom 19. December 1871 bis 30. Juni 1884.
Buchbinder Siegmund; vom 1. August 1872 bis 31. März 1873.
Bussinger Franz; vom 1. Jänner 1894.
Charrach Josef; vom 1. August 1872 bis 16. October 1872.
Chwatal Prokop; vom 6. April 1869 bis 31. Mai 1877. †.
Dannhauser Leopold; vom 28. April 1869 bis 31. December 1881.
Dobretzberger Josef; vom 1. Jänner 1886 bis 29. Februar 1892.
Dworschak Johann; vom 1. Jänner 1893.
Doubeck Johann; vom 1. Jänner 1894.
Edhofer Franz; vom 1. Juni 1840 bis 1. April 1884. †.
Edlauer Johann; vom 1. Jänner 1894.
Eimer Albert; vom 1. Jänner 1886.
Faltl Leopold; vom 17. April 1869 bis 31. Juli 1889.
Fleck Franz; vom 28. April 1861.
Fournier Franz; vom 1. Jänner 1886.
Franz Johann; vom 25. December 1869.
Gagg Heinrich; vom 1. Jänner 1883 bis 31. Juli 1889.
Ganther Franz; vom 1. Februar 1884.
Gerstorfer Anton; vom 1. Jänner 1886.
Grill Franz; vom 1. Jänner 1886.
Grünwald Carl; vom 1. Jänner 1869 bis 30. September 1871.
Hauser Johann; vom 1. September 1871 bis 31. October 1871. †.
Hederer Jacob; vom 1. September 1871 bis 31. October 1872.
Herloss Franz; vom 15. April 1869 bis 31. Juli 1889.
Hertl Franz; vom 1. Juli 1868.
Hitz Mathias; vom 9. October 1868 bis 28. Februar 1880.
Hof Adalbert; vom 1. Jänner 1893.
Hof Alois; vom 1. Jänner 1893.
Jahn Franz; vom 1. Juni 1877.
Jussinger Paul; vom 1. Jänner 1893.
Kailfuss Franz; vom 10. Jänner 1871.

Koch Ludwig; vom 1. October 1873.
Konrath Josef; vom 1. Jänner 1886 bis 24. Juni 1891.
Kopf Vincenz; vom 1. September 1871 bis 31. Jänner 1873.
Kozaurek Franz; vom 1. März 1887.
Köhler Johann; vom 1. Jänner 1869 bis 31. März 1872.
Kronbach Franz; vom 1. Jänner 1886 bis 13. November 1886. †.
Kronwetter Alois; vom 16. October 1872 bis 30. November 1872.
Kronitzky Josef; vom 1. September 1871 bis 30. September 1871.
Kruschina Josef; vom 1. Juli 1886.
Kubiczek Ignaz; vom 1. Jänner 1886 bis 30. November 1887.
Kulla Johann; vom 1. Februar 1888.
Kumbera Franz; vom 1. Jänner 1869 bis 30. September 1872.
Labrowsky Jacob; vom 1. October 1873 bis 13. April 1891. †.
Lederer Ferdinand; vom 15. December 1867 bis 31. Juli 1875.
Lehrer Otto; vom 1. August 1889.
Leitner Josef; vom 16. August 1869 bis 29. Mai 1889. †.
Lichtenwagen Jacob; vom 1. September 1871 bis 2. September
    1873. †.
Malik Josef; vom 1. Jänner 1869 bis 31. December 1872.
Maurer Johann; vom 1. Jänner 1886 bis 17. April 1888. †.
Meyer Anton; vom 1. Jänner 1886.
Mittermeyer Nicolaus; vom 1. Jänner 1886.
Müllner Carl; vom 1. Jänner 1886.
Nagenkögl Rudolf; vom 1. Jänner 1893.
Neigl Josef; vom 1. Jänner 1886 bis 31. Juli 1889.
Neustetter Anton: vom 1. Jänner 1892 bis 31. Juli 1892.
Niederberger Leopold; vom 18. September 1838 bis 31. März
    1876.
Oberdammer Ludwig; vom 1. Jänner 1893.
Penzinger Mathias; vom 1. Februar 1882.
Radl Johann; vom 1. October 1873 bis 27. Mai 1877. †.
Rammel Alois; vom 2. Februar 1870 bis 31. Juli 1886.
Reimann Johann; vom 27. Mai 1870.
Reimann Karl: vom 1. November 1874 bis 8. November 1884. †.
Reiter Ferdinand: vom 1. April 1870 bis 31. October 1873.
Richartz Johann; vom 28. Mai 1869 bis 19. December 1883.
Riecker Anton; vom 1. Jänner 1893.
Rob Ulrich; vom 1. Jänner 1894.
Seeböck Josef; vom 20. März 1868 bis 31. Juli 1889.
Seelitsch Johann: vom 1. Jänner 1886.

Seibert Heinrich; vom 1. Jänner 1888 bis 31. Juli 1891.
Seminck Mathias; vom 25. Mai 1869 bis 5. Mai 1882.
Smutek Karl; vom 1. Jänner 1886.
Szjutka Demeter; vom 1. Jänner 1893.
Schimmer Johann; vom 1. Jänner 1869 bis 31. Juli 1871.
Scholz Gustav; vom 1. Jänner 1886 bis 31. Jänner 1886.
Schubert Johann; vom 1. September 1871 bis 31. August 1872.
Schwabel Andreas; vom 1. Jänner 1886.
Schwabel Johann; vom 1. September 1869 bis 30. September
    1873.
Schwarz Carl; vom 1. Jänner 1893.
Schwetz Franz; vom 1. Jänner 1886 bis 31. Juli 1889.
Stangl Julius; vom 1. April 1874.
Stein Wilhelm; vom 1. Jänner 1886 bis 31. Juli 1889.
Stierling Carl; vom 1. März 1880 bis 28. Februar 1893.
Sturma Franz; vom 1. Juli 1886 bis 31. Mai 1893.
Terönyi Michael; vom 1. Februar 1888 bis 31. Jänner 1891.
Teyschl Emanuel; vom 1. Jänner 1886 bis 31. August 1889.
Thum Carl; vom 1. Jänner 1886.
Weber Albert; vom 1. April 1866.
Weber Franz; vom 1. Jänner 1886.
Weiss David; vom 1. Jänner 1893.
Westermeyer Lorenz; vom 1. Jänner 1886.
Wlk Johann; vom 1. Jänner 1886 bis 13. October 1888.
Wognitsch Jacob; vom 1. Jänner 1893.
Zauhar Jacob; vom 1. September 1882 bis 6. November 1884. †.
Zeller Johann; vom 1. Jänner 1886.
Zeyfarth Anton; vom 1. Mai 1887.
Zimmermann Philipp; vom 1. Jänner 1886.
Zöchmeister Jacob; vom 18. December 1870 bis 30. April 1893.

Beleuchter:

Bernhard August; vom 13. April 1869 bis 31. März 1884.
Czermak Anton; vom 4. September 1867.
Delavilla Carl; vom 1. Jänner 1890.
Echel Ottokar; vom 1. April 1888.
Florianschütz Ignaz; vom 13. Februar 1853 bis 31. März 1884.

Fürbauer Josef; vom 1. April 1888.
Haller Julius; vom 1. August 1872 bis 31. Juli 1873.
Hartmann Josef; vom 1. Jänner 1894.
Hajek Mathias; vom 1. September 1879.
Heinzl Anton; vom 1. Jänner 1890.
Herndl Franz; vom 1. Jänner 1890.
Hofegger Ferdinand; vom 1. April 1888.
Horschek Josef; vom 16. November 1870 bis 15. April 1875.
Jenda Josef; vom 2. October 1858 bis 30. Juni 1875.
Laborowsky Jacob; vom 1. October 1873.
Lhota Theodor; vom 1. Jänner 1893.
Lichtenberg Josef; vom 1. August 1889.
Liebert Anton; vom 1. April 1888.
Lutze Franz; vom 16. Mai 1869 bis 31. August 1870.
Müllner Edmund, vom 26. Juni 1870.
Picha Bonifacius; vom 25. October 1869 bis 31. Juli 1889.
Pointner Josef; vom 19. Februar 1872 bis 4. December 1876. †.
Rack Eva (Lampenglasputzerin); vom 28. August 1853 bis
    16. Juni 1875.
Schmid Franz; vom 1. April 1851 bis 1. Februar 1874. †.
Schmid Johann; vom 1. März 1874 bis 31. Mai 1875.
Schröfel Josef; vom 1. April 1888.
Stössl Theodor; vom 1. April 1888.
Wibner Carl; vom 1. Mai 1870 bis 30. Juni 1870.
Wolff Eduard; vom 1. April 1888
Zeilinger Johann; vom 10. Mai 1855 bis 31. März 1884.
Zeibt Josef; vom 1. November 1862 bis 31. Mai 1870.

Requisiteure:

Adelsberger Georg; vom 1. April 1874.
Amon Leonhard; vom 1. September 1867 bis 24. October 1880. †.
Baaz Anton; vom 1. October 1888 bis 7. December 1888. †.
Böhnlich Ferdinand; vom 1. Mai 1869 bis 31. Juli 1871. †.
Bossek Anton; vom 1. Jänner 1886 bis 15. April 1886. †.
Donatzer Hugo; vom 1. October 1893.
Hinderhuber Adolf; vom 1. Mai 1886 bis 23. Jänner 1893. †.
Kapaun Johann; vom 1. November 1880 bis 21. Juni 1888 †.
Lippitsch Carl; vom 1. Jänner 1887 bis 31. März 1888.

Michely Alexander; vom 16. September 1850 bis 31. Juli 1883.
Notz Josef; vom 1. Jänner 1886 bis 2. Februar 1893. †.
Pickl Moriz; vom 1. Jänner 1886.
Piller Ferdinand; vom 1. Mai 1869 bis 30 September 1875.
Sorge Felix; vom 1. October 1893.
Schikaneder Carl; vom 1. November 1890.
Weigl Eduard; vom 1. Mai 1889.
Weigl Julius; vom 1. October 1893.

Tapezierer:

Gmeiner Leopold; vom 1. Jänner 1893.
Hofer August; vom 2. Jänner 1887.
Musskdller Johann; vom 1. Jänner 1893.
Prechal Franz; vom 1. Juli 1886 bis 31. Juli 1889.
Rizory Franz; vom 1 April 1866 bis 31. Jänner 1893.
Tiller Adolf; vom 1. Jänner 1893.

Tischler:

Freisinger Carl; vom 1. Jänner 1893.
Halda Wenzel; vom 1. Jänner 1893.
Hannisch Josef; vom 1 Jänner 1893.
Hinz Christof; vom 1. Juni 1852 bis 30. September 1889.
Hruschka Anton; vom 1. Jänner 1893.
Letfus Franz; vom 1. Jänner 1893.
Letfus Johann; vom 1. Jänner 1893.
Petersberger Mathias; vom 1. Jänner 1850 bis 30 September 1872.
Ruziczka Wenzel; vom 1. Jänner 1893.
Titze Franz; vom 1. Jänner 1893.
Zednik Franz; vom 1. Jänner 1893.

B. Schneiderei und Garderobe-Personale:

Garderobe-Inspecto :

Herr Balvansky Anton; vom 1. April 1868 bis 28. Februar 1881. †.

Garderobe-Aufseher:

Herr Wasserthal Friedrich; vom 1. November 1858 bis 30. September 1875.

Garderobe-Meister:

Die Herren:

Blaschke Alexander; vom 1. Jänner 1892.

Burghardt Jacob; vom 1. März 1865.

Hohenleuthner Sebastian; vom 1. December 1875 bis 31. December 1891.

Mayer Moriz; vom 1. April 1868 bis 31. Mai 1875.

Ankleider und Garderobe-Schneider:

Abeles Josef; vom 1. October 1849 bis 31. März 1881.

Bartl Johann; vom 1. Jänner 1886 bis 31. Juli 1889.

Baschek Georg; vom 12. October 1866.

Baresch Ferdinand; vom 1. Jänner 1892.

Billing Franz; vom 12. November 1867.

Billing Karl; vom 1 August 1872 bis 30. Juni 1875

Blaschek Egydius; vom 1 Jänner 1886.

G

Brabetz Mathias; vom 1. Jänner 1893.
Budilowsky Franz; vom 1. August 1885.
Chotwats Johann; vom 1. Jänner 1888.
Czerny Josef; vom 1. November 1892.
Forst Johann; vom 1. Jänner 1886 bis 20. Mai 1889. †.
Fischer Franz: vom 1. Juni 1874 bis 15 Mai 1886. †.
Fischer August; vom 1. Jänner 1886.
Frauendienst Ignaz; vom 1. Jänner 1886.
Fröschl Josef; vom 1. December 1869 bis 30. Juni 1872. †.
Hrnčiř Alois; vom 1. Jänner 1893.
Hawelka Josef; vom 1. Jänner 1852.
Harnisch Carl; vom 1. August 1872 bis 26 August 1884 †.
Himmelbauer Franz; vom 8. Mai 1848 bis 31. Mai 1874.
Holly Jacob; vom 1. Jänner 1886.
Hruza Jacob; vom 16. Mai 1869.
Huber Johann; vom 1. Jänner 1886.
Kamberger Andreas; vom 15. Juni 1868 bis 31. August 1881.
Karl Franz; vom 1. Jänner 1886.
Klug Friedrich; vom 1. Jänner 1830 bis 30. September 1872.
Korbel Friedrich; vom 1. Mai 1867 bis 5. März 1885. †.
Kowatsch Anton; vom 1. Jänner 1886 bis 13. October 1893. †.
Kohut Wenzel; vom 1. Februar 1891.
Kotatzka Moriz; vom 1. Jänner 1886.
Krassnitz Andreas; vom 1. Jänner 1886.
Libotowsky Alois; vom 16. Juni 1865 bis 21. März 1892. †.
Lipp Johann; vom 1. September 1869 bis 15. Februar 1894. †.
Mayer Josef; vom 1. Jänner 1880 bis 1. Februar 1890. †.
Massanetz Friedrich; vom 8 October 1864 bis 8. November 1890. †.
Maximovits Alexander; vom 1. Jänner 1886.
Melzer Theodor; vom 1. Jänner 1886.
Moschny Franz; vom 1. Jänner 1886.
Nades Johann; vom 31. Mai 1857 bis 18. November 1878. †.
Nagerl Johann; vom 1. September 1878 bis 31. Juli 1889.
Naussek Anton; vom 1. Jänner 1893.
Neumann Josef; vom 1. Jänner 1886.
Niedermeyer Franz; vom 1. Jänner 1886.
Niedermeyer Josef; vom 1. Jänner 1886.
Niedermeyer Leopold; vom 1. Jänner 1886.
Niessler Franz; vom 1. October 1877.
Nold Eduard; vom 1. Jänner 1886

Nowatschek Friedrich; vom 1. Juni 1878 bis 6. April 1893. †.
Peperka Wenzel; vom 15. September 1868.
Petraczek Josef; vom 1. Jänner 1886.
Plocha Johann; vom 2. Jänner 1868.
Pfneissl Franz; vom 1. Jänner 1886.
Powolny Anton; vom 1. Jänner 1886.
Pragan Moriz; vom 1. März 1890.
Primas Werner; vom 15. December 1860 bis 31. Juli 1889.
Risky Johann; vom 31. October 1867 bis 24. Juni 1884. †.
Schwarz Leopold; vom 1. Jänner 1841 bis 30. September 1872.
Schwarzl Leopold; vom 3. Juni 1868 bis 4. October 1892. †.
Schmidt Eduard; vom 1. Jänner 1886.
Schweiner Franz; vom 1. Jänner 1886.
Schweiner Martin; vom 1. Jänner 1886.
Schlechta Wenzel; vom 2. Jänner 1853 bis 19. April 1894. †.
Sendlweck Josef; vom 24. März 1855 bis 17. März 1885. †.
Sedlaczek Johann; vom 1. Jänner 1886.
Siess Gottfried; vom 1. Jänner 1886 bis 31. Juli 1889.
Stöhr Calistus; vom 1. Jänner 1886.
Thalhammer Thomas; vom 1. Jänner 1886
Triebl Wenzel; vom 1. Jänner 1886 bis 4. November 1887. †
Uibel Anton; vom 14. September 1839 bis 30. Juni 1875.
Wachek Wenzel; vom 1. Jänner 1886 bis 6. März 1894. †.
Widra Johann; vom 15. Mai 1866.
Widra Emanuel; vom 1. December 1880.
Wolf Martin; vom 12. November 1858 bis 30. Juni 1875.
Wurmbauer Adam; vom 15. Juni 1862 bis 30. Juni 1875.
Zenk Josef; vom 28. Juni 1857 bis 31. Mai 1875.
Zimmermann Josef; vom 1. Jänner 1893.
Zischka Johann; vom 1. Jänner 1886 bis 5. Mai 1892. †.

Ankleiderinnen und Garderobe-Schneiderinnen:

Agostini Josefa; vom 1. Jänner 1886.
Amon Johanna; vom 1. Jänner 1886.
Barbanek Auguste; vom 1. Jänner 1886.
Beck Amalie; vom 1. Jänner 1886.
Bendile Anna; vom 1. Jänner 1886.

Bodendorfer Anna; vom 3. September 1854 bis 30. November 1888.

Christ Marie; vom 1. October 1867 bis 31. Mai 1875.

Czabek Ludmilla; vom 1. Jänner 1886 bis 6. October 1892.

Falter Aloisia; vom 1. Jänner 1878.

Friede Babette; vom 1. Jänner 1886.

Gehrer Anna; vom 1. October 1877 bis 31. December 1891.

Grill Ernestine; vom 1. December 1888 bis 28. Februar 1890.

Grünbaum Barbara; vom 2. Jänner 1849 bis 31. August 1880.

Guttmann Anna; vom 1. Jänner 1886.

Guttmann Sofie; vom 1. August 1885.

Hawelka Eleonore; vom 1. Jänner 1886.

Himmelbauer Johanna; vom 1. Jänner 1886.

Horwath Hermine; vom 1. August 1885.

Höbbart Josefine; vom 1. Jänner 1886.

Höfelein Johanna; vom 1. Jänner 1886.

Jellinek Leopoldine; vom 1. Jänner 1886.

Kutschera Emilie; vom 1. Jänner 1886.

Nowotniczek Emilie; vom 1. November 1892.

Pintner Marie; vom 1. März 1890.

Radetisch Johanna; vom 1. November 1892.

Rügammer Anna; vom 1. Februar 1845 bis 31. Juli 1889.

Rügammer-Dittrich Anna; vom 11. Jänner 1862.

Salla Fanny; vom 1. Jänner 1886.

Schaub Marie; vom 1. Jänner 1886.

Senger Therese; vom 2. Jänner 1849 bis 31. Juli 1889.

Stubenvoll Magdalena; vom 25. April 1855 bis 31. December 1891.

Steininger Fanny; vom 1. December 1880.

Visini Pauline; vom 1. Mai 1868 bis 15. Juni 1875.

Wagner Anna; vom 1. Mai 1868 bis 15. Juni 1875.

Weber Anna; vom 1. März 1892.

Weisskirchner Marie; vom 1. August 1872 bis 31. October 1872.

Wolfik Anna; vom 1. Jänner 1886.

Friseure:

Die Herren:

Angerer Benedict, k. u. k. Hof-Friseur; vom 16. Mai 1869 bis 25. März 1883.

Ewald Carl, k. u. k. Hof-Friseur; vom 1. März 1876.
Fortmüller Heinrich, k. u. k. Hof-Friseur; vom 1. Juni 1856 bis
    28. Februar 1876.

Gehilfen:

Chrt Johann; vom 1. Jänner 1892.
Scheibenhofer Ferdinand; vom 1. Juni 1886 bis 1. December
    1891. †.
Stotz Carl; vom 1. Juni 1886.

Damen-Friseurinnen:

Hellmann Emma; vom 1. Jänner 1886 bis 14. Mai 1886. †.
Köck Marie; vom 1. Jänner 1886.
Pletzl Irma; vom 1. Jänner 1894.
Singer Adele; vom 1. Jänner 1886.
Walther Friederike; vom 1. September 1886.

C. Haus-Dienstpersonale:

Flemisch Franz, Maschinist; vom 16. Mai 1869.

Deppner Michael, Maschinenheizer; vom 16. Mai 1869 bis 31. März 1875.

Losert Josef, Maschinenheizer; vom 16. August 1879 bis 28. Februar 1882.

Magarisch Mathias, Maschinenheizer; vom 16. Mai 1869 bis 31. Juli 1879. †.

Schaup Franz, Maschinenheizer; vom 1. April 1875.

Tschauner Eduard, Maschinenheizer; vom 1. April 1882.

Daniel Martin, Wasserleitungs-Aufseher; vom 1. April 1883.

Lerch Vincenz, Wasserleitungs-Aufseher; vom 6. Juni 1869 bis 21. Jänner 1874. †.

Siegl Johann, Wasserleitungs-Aufseher; vom 1. Jänner 1880 bis 20. März 1883.

Podhorsky Wenzel, Schlosser; vom 1. October 1883.

Binder Franz, Hausmeister; vom 1. Mai 1886.

Huber Josef, Hausmeister; vom 1. November 1869 bis 24. Mai 1872.

Manhardt Paul, Hausmeister; vom 1. Juli 1869 bis 31. October 1869.

Tammerl Josef, Hausmeister; vom 25. Mai 1872 bis 21. Mai 1886. †.

Auer Johann, Thürsteher; vom 1. April 1846 bis 3. September 1884. †.

Dreiling Josef, Thürsteher; vom 1. Jänner 1874 bis 31. August 1875.

Factor Anton, Thürsteher; vom 1. Mai 1892.

Hermann Josef, Thürsteher; vom 17. Mai 1869 bis 3. Juni 1881. †.

Jedinger Ferdinand, Thürsteher; vom 4. October 1877.

Kamberger Andreas, Thürsteher; vom 1. September 1881.

Mai Heinrich, Thürsteher; vom 2. Juni 1869 bis 15. Februar 1878.

Melzer Franz, Thürsteher; vom 1. November 1871 bis 30. September 1873.

Modl Johann, Thürsteher; vom 3. Juni 1869 bis 30. Juni 1886.

Murhammer Richard, Thürsteher; vom 1. October 1873 bis 30. September 1877.

Rozhon Johann, Thürsteher; vom 1. December 1884 bis 15. Februar 1889.

Rucker Mathias, Thürsteher; vom 1. März 1891.

Schneeberger Johann, Thürsteher; vom 16. Mai 1869 bis 31. October 1888.

Seer Josef, Thürsteher; vom 1. Jänner 1881.

Zbiral Anton, Thürsteher; vom 1. Jänner 1886.

Dreiling Josef, Theaterfeldwebel; vom 1. September 1875 bis 8. Februar 1889. †.

Kreiczek Josef, Theaterfeldwebel; vom 1. Juni 1869 bis 31. August 1875.

Stiegler Josef, Theaterfeldwebel; vom 1. März 1870 bis 31. Juli 1872.

Girl Franz, Reinigungs-Aufseher; vom 24. April 1869.

Thomas Carl, Reinigungs-Aufseher; vom 16. Mai 1869 bis 30. Juni 1872.

Ehrlich Barbara, Kehrweib; vom 20. Jänner 1850 bis 30. Juni 1877.

Scarian Vincenzia, Kehrweib; vom 16. November 1851 bis 26. April 1877. †.

D. Feuerwehr:

Barrak Anton; vom 14. December 1868 bis 31. Jänner 1882.

Biegler Albert; vom 1. Jänner 1872 bis 31. August 1874.

Binder Franz; vom 1. Februar 1882.

Böhm Georg; vom 1 Mai 1871 bis 30. November 1876.

Breitler Albert; vom 1. Mai 1892 bis 31. Juli 1892.

Dittrich Carl, Löschmeister; vom 1. Jänner 1872.

Dittmayer Eduard; vom 16. Juni 1882 bis 24 Februar 1883.

Dürnbeck Theodor; vom 15. März 1883.

Fuchsa Thomas; vom 1. Jänner 1867 bis 15. April 1877.

Fuchs Carl; vom 1. December 1884 bis 15. October 1888

Gehringer Franz; vom 1. September 1874 bis 28. Februar 1881.

Ganauser Josef; vom 1. Jänner 1883 bis 30. Mai 1884.

Grüssenbeck Carl; vom 1. October 1886.

Hauck Johann; vom 15. Juli 1891.

Heitzler Leopold; vom 15 Mai 1887 bis 31. Jänner 1890.

Hirza Michael; vom 1. Februar 1869.

Hollan Anton; vom 16 April 1883 bis 14 December 1887. †.

Jedinger Ferdinand; vom 1. Jänner 1872 bis 3. October 1877.

Kaderka Vincenz; vom 1. Jänner 1887 bis 31. Mai 1891. †.

Kellner Eduard; vom 1. Februar 1882 bis 30. April 1883.

Kittler Jacob; vom 15. Mai 1869 bis 31. Jänner 1882.

Kickinger Johann; vom 1. August 1883 bis 15. Februar 1886.

Klecker Alois; vom 1. August 1891 bis 1. Mai 1893.

Knappig Eduard; vom 1. September 1877 bis 31. März 1883.

Köck Anton; vom 1. Februar 1882 bis 15 September 1882.

Kopsa Josef; vom 15. Februar 1886.

Krainz Urban; vom 15. Mai 1893.

König Franz; vom 5. October 1888 bis 30. November 1892.

Kuhn Franz; vom 1. Februar 1882 bis 15. Juni 1882.

Kunz Franz; vom 1. April 1891 bis 30. April 1892.

Lappert Paul; vom 1. December 1892.

Laugart Rudolf; vom 1. Jänner 1893.

Linsbauer Eduard; vom 1. September 1869 bis 6. April 1877. †.
Laske Anton; vom 16. Juli 1872 bis 7. October 1872.
Linzer Rudolf; vom 1. December 1876.
Lorenz Johann; vom 15. Jänner 1889.
Mai Franz; vom 16. April 1874 bis 31. August 1874.
Mack Heinrich; vom 1. Juli 1890 bis 31. Juni 1891.
Mayer Julius; vom 1. Februar 1882 bis 16. September 1882.
Mollner Josef; vom 10. Jänner 1870 bis 31. Juli 1871.
Münsterer Josef; vom 16. April 1877 bis 31. August 1877.
Murhammer Richard; vom 1. November 1872 bis 30. September 1873.
Müller Anton; vom 1. August 1882 bis 30. April 1883.
Oechs Franz; vom 1. November 1882 bis 13. December 1893. †.
Parzer Anton; vom 25. Mai 1871 bis 30. April 1887.
Pesendorfer Josef; vom 1. August 1892 bis 31. October 1892.
Polt Ferdinand; vom 1. September 1874 bis 12. December 1877
Pönninger Johann; vom 15. Mai 1887.
Pollaschek Johann; vom 16. August 1884 bis 15 December 1886.
Paneck Franz; vom 1. Jänner 1894.
Rath Carl; vom 1. October 1888 bis 30. Juni 1890.
Reinl Rudolf; vom 1. Mai 1879 bis 31. December 1892.
Ribitsch Anton; vom 1. April 1881 bis 17. September 1886. †.
Richnofsky Franz; vom 16. December 1877 bis 28. Jänner 1886. †.
Riegler Albert; vom 1. Jänner 1872 bis 31. August 1874.
Santner Carl; vom 1. October 1882 bis 15. Jänner 1883.
Seer Josef; vom 1. October 1874 bis 31. December 1880.
Seibert Franz; vom 1. August 1882 bis 30. November 1882.
Siegl Josef; vom 15. Februar 1886 bis 11. März 1891. †.
Speil August; vom 1. Juni 1886 bis 30. April 1887.
Schild Franz; vom 1. Februar 1882.
Schmid Rudolf; vom 18. October 1873 bis 31. Juli 1882.
Schöbinger Jacob; vom 1. Februar 1882 bis 15 Juli 1882.
Schneider Stefan; vom 1. Februar 1890.
Schulz Franz; vom 1. September 1877.
Sedlmeyer Peter; vom 15. Jänner 1870 bis 30. April 1871.
Stepanek Franz; vom 1. Jänner 1869 bis 26. September 1874 †.
Tammerl Josef; vom 15. Mai 1869 bis 24. Mai 1872.
Tandler Heinrich; vom 1. März 1888 bis 10. Jänner 1889.
Wallig Josef; vom 2. April 1871 bis 7. April 1874. †.
Walter Alois; vom 15 März 1883 bis 30. November 1884.

Weigl Anton; vom 1. November 1892.

Werle Karl; vom 16. April 1877 bis 31. August 1877.

Wohlfarth Rudolf; vom 15. Juni 1883 bis 31. Jänner 1886.

Wodwarka Anton; vom 1. März 1886 bis 15. October 1888.

Wunsch Franz; vom 16. Februar 1878 bis 28. Februar 1881.

Zauharek Vincenz, Löschmeister; vom 1. Jänner 1872.

Zloch Josef; vom 1. Februar 1882 bis 31. März 1883.

Zukal Robert; vom 16. April 1883.

E. Logenmeister, Billeteure, Publikums-Garderobe-Personale.

Abeles J.: vom 1. April 1886 bis 31. Jänner 1891.

Albrecht Gabriel; vom 1. November 1861 bis 28. Februar 1884.

Bartl Lorenz; vom 1. Februar 1891.

Bauer Ferdinand: vom 1. August 1867 bis 31. Jänner 1891.

Bentsitz Stefan; vom 1. October 1883 bis 31. October 1884.

Berghofer Josef; vom 1. Juni 1869 bis 30. April 1872.

Berny Albert; vom 1. November 1891.

Bechstädt Wilhelm; vom 16. Mai 1869 bis 4. Juli 1888. †.

Biller Christian; vom 16. Mai 1869 bis 8. Juli 1891. †.

Bisell Franz; vom 1. Juni 1869 bis 6. Juli 1873. †.

Bräutigam Gustav; vom 1. Februar 1891.

Brosche Franz; vom 8. December 1887.

Brill Andreas; vom 1. November 1891.

Czech Johann; vom 16. Mai 1869 bis 31. December 1892.

Dabrowsky Kasimir; vom 15. Februar 1889.

Damaszer Heinrich; vom 1. October 1883.

Dengler Carl; vom 1. December 1871 bis 30. September 1883.

Dick Josef: vom 1. November 1891.

Doleczal Anton; vom 1. Juni 1869 bis 30. April 1892.

Doleczal Vincenz; vom 14. Mai 1869 bis 30. April 1875.

Dorn Fr.; vom 1. April 1886.

Dworaschek Johann; vom 16. Mai 1869 bis 13. October 1884. †.

Ehm Andreas; vom 1. April 1873.

Elsner Ignaz; vom 16. Mai 1869.

Eschler Franz; vom 1. Juli 1866 bis 22. November 1888. †.

Fahrafellner Josef; vom 16. Mai 1869 bis 31. Jänner 1886.

Falkner Johann: vom 16. Mai 1869 bis 9. Juni 1886. †.

Farina Achilles; vom 1. März 1889.

Felber Josef; vom 1. November 1878.

Fellenhofer Josef; vom 1. Jänner 1893.

Forthuber Alois; vom 1. November 1891.

Frank Hilarius; vom 25. Mai 1869 bis 20. Mai 1888. †.

Frank Leopold; vom 16. Mai 1869.

Franz Josef; vom 16. Mai 1869 bis 23. September 1880.

Gasbauer Josef; vom 1. April 1886.

Geiger Carl; vom 1. October 1892.

Gellert Christian; vom 1. April 1886.

Gerlitzer Franz; vom 16. Februar 1889.

Göger Willibald; vom 1. April 1886 bis 31. December 1888.

Grossinger Josef; vom 1. April 1886.

Hanig Martin; vom 1. Februar 1891 bis 6. September 1893. †.

Hansal Georg; vom 10. October 1866 bis 31. Jänner 1883.

Handler Josef; vom 16. Mai 1869.

Harold Otto; vom 16. Mai 1869 bis 30. September 1883.

Hausner Franz; vom 1. April 1886.

Häussler Theodor; vom 1. Mai 1872 bis 7. April 1875. †.

Hörtenhummer Michael; vom 1. Juni 1869 bis 31. März 1873.

Heller Josef; vom 1. November 1884 bis 16. Februar 1886. †.

Hirnthaler Mathias; vom 1. April 1886.

Hoffmann Josef; vom 1. October 1871 bis 31. October 1883.

Hopfinger Johann; vom 1. October 1892.

Hopp Carl; vom 1. October 1893.

Huppmann Robert; vom 16. Mai 1869 bis 31. October 1889.

Jaitschnigg Johann; vom 16. Mai 1869 bis 10 Mai 1876. †.

Janisch Franz; vom 18. December 1864 bis 31. Mai 1876.

Janitschek Franz; vom 1. April 1886.

Jellinek Jacob; vom 1. März 1859 bis 6. December 1881. †.

Jordan Heinrich; vom 1. Februar 1883 bis 30. September 1883.

Kastner Edmund; vom 16. Mai 1869.

Kessler Wilhelm; vom 1. October 1883.

Kirschner Josef; vom 4. October 1871 bis 16. Jänner 1887. †.

Khayll Eduard; vom 16. Mai 1869.

Klinger Christof; vom 1. November 1877 bis 9. December 1879. †.

Körner Karl; vom 1. October 1873 bis 30. September 1893.

Köhler Johann; vom 1. April 1886.

Klensky Johann; vom 1. November 1891.

Kornherr L.; vom 1. October 1883.

Kollarz C.; vom 1. April 1886.

Kugler Johann; vom 1. Juni 1869 bis 30. April 1872.

Lahner J.; vom 1. April 1886.

Lang Vincenz; vom 1. November 1877 bis 30. September 1883.

Lehmann Karl; vom 16. Mai 1869 bis 31. Jänner 1886.

Leiner Stefan: vom 1. April 1886 bis 31. October 1888.

Liebich Johann; vom 1. Februar 1856 bis 31. October 1877.

Lichtenegger Heinrich: vom 1. October 1883 bis 21. Juni 1891. †.

Lichtenegger Johann: vom 1. Mai 1872 bis 31. December 1892.

Leuchart Kajetan; vom 1. September 1867 bis 31. October 1878.

Lorenz Ferdinand; vom 1. April 1886 bis 28. Juni 1888. †.

Lorenz Ignaz; vom 1. Juni 1869 bis 30. April 1872.

Margetich Josef; vom 16. November 1888.

Matzner Anton; vom 1. Mai 1890.

Maly Eduard; vom 16. Jänner 1880.

Meyer Josef; vom 1. Jänner 1826 bis 31. März 1871.

Mikolasch Ignaz; vom 1. Juni 1869 bis 25. October 1869. †.

Metzker J.; vom 1. März 1884.

Millaschkowitz Paul; vom 1. April 1886.

Morawitzky Josef; vom 1. März 1857 bis 31. October 1878.

Mundsperger Alexander; vom 1. November 1883.

Nemetz Thomas; vom 1. März 1877.

Palt Heinrich : vom 1. April 1886.

Pernt Wilhelm ; vom 1. October 1888.

Peskir Johann Ritter von; vom 1. October 1888 bis 30. September 1892.

Pfaff Anton ; vom 1. Juni 1869 bis 10. März 1871. †.

Pless Alois ; vom 16. Mai 1869.

Prohaska Johann ; vom 1. April 1886.

Przihoda Mathias ; vom 16. Mai 1869 bis 21. August 1871.

Raabe Anton ; vom 31. Mai 1869 bis 29. Jänner 1889. †.

Raschka Vincenz ; vom 1. März 1884.

Reichl Stefan ; vom 1. April 1886.

Requemer Johann ; vom 1. October 1888.

Samide Anton ; vom 1. October 1893.

Schebeck Mathias ; vom 1. Jänner 1893 bis 31. August 1893.

Schlögel Georg; vom 1. Juni 1869 bis 30. April 1872.

Schneeberger Johann ; vom 1. Jänner 1874 bis 31. October 1888.

Schüttenkopf Ferdinand von; vom 1. Juni 1869 bis 18. December 1873. †.

Schiller Carl ; vom 1. October 1849 bis 28. Februar 1884.

Schubert Carl ; vom 18. August 1842 bis 31. Juli 1875.

Schudij Peter ; vom 16. Mai 1869 bis 28. Februar 1877.

Seethaler Johann : vom 1. Februar 1857 bis 7. October 1875. †.

Skribany Leopold; vom 16. October 1875 bis 4. Jänner 1883. †.
Slawkowsky Josef sen.; vom 1. März 1859 bis 5. September 1873. †.
Slawkowsky Josef jun; vom 1. April 1866.
Stefan Josef; vom 15. August 1849 bis 8. Mai 1888. †.
Stöger Ludwig; vom 16. Mai 1869 bis 30. September 1883.
Stojar Josef; vom 1. October 1880 bis 31. October 1883.
Swoboda Josef; vom 31. Mai 1869 bis 3. October 1877.
Swoboda Moritz; vom 1. November 1884.
Threun Peter; vom 29. Mai 1869 bis 25. December 1889. †.
Tomann Franz; vom 1. November 1883.
Ulrich Franz; vom 1. October 1893.
Vogel Ignaz; vom 16. Mai 1869.
Waber Ignaz; vom 1. März 1867.
Waldherr Josef; vom 16. Mai 1869 bis 21. Jänner 1870. †.
Wanner Kaspar; vom 15. Februar 1889.
Weinberger Martin; vom 1. Mai 1869.
Weiss Alois; vom 25. Mai 1869.
Weiss Wilhelm; vom 1. April 1886 bis 29. Februar 1892.
Weitzenbauer Martin; vom 1. Juni 1869 bis 13. November 1871. †.
Wennisch Wenzel; vom 1. April 1886.
Wolfsberger Michael; vom 1. November 1891.
Ziak Ferdinand; vom 1. Mai 1890.
Ziegler Johann; vom 1. Juni 1869 bis 30. April 1872.
Zimmerl Franz; vom 1. April 1886.
Zinnburg Franz; vom 1. Juni 1869 bis 30. April 1872.
Frau Seethaler Barbara; vom 1. April 1886 bis 31. October 1887.

IV

Autoren.

Verzeichnis der Componisten, Dichter, Uebersetzer etc., von welchen im k. k. Hof-Operntheater in der Zeit vom 25. Mai 1869 bis 30. April 1894 Werke zur Aufführung gebracht wurden,

zusammengestellt von

Albert Josef Weltner.

Abt Franz, herzogl. braunschweig'scher Hof - Capellmeister, Lieder-Componist, geboren Eilenburg in Preussen, 22. December 1819, gestorben Braunschweig 31. März 1885.

Compositionen: Du bist mein Gedanke, Lied. Gute Nacht, du mein herziges Kind, Lied. Vineta, Chor.

Adam Adolphe Charles, Professor der Compositionslehre am Conservatorium in Paris. Geboren Paris, 24. Juli 1803, gestorben dortselbst 3. Mai 1856.

Compositionen: Die Alpenhütte, Oper. Giralda, Oper. Gisella oder die Wilis, Ballet. Die Nürnberger Puppe, Oper. Der Postillon von Lonjumeau, Oper. Variationen, Concertstück. Die verwandelten Weiber, Ballet.

Adenis Jules, französischer Bühnendichter, geboren Paris 1823.

Text zur Oper: Das Mädchen von Perth.

Adler Friedrich, Schriftsteller, geboren Amschelberg bei Prag, 13. Februar 1857.

Uebersetzung des Textes zur Oper: Die Liebenden von Teruel

Anzengruber Ludwig, dramatischer Dichter und Schriftsteller, geboren Wien, 29. November 1839, gestorben alldort 10. December 1889.

Stahl und Stein, Schauspiel.

Ardlti Luigi, italienischer Capellmeister und Componist, geboren Crescentino, 22. Juli 1822.

Compositionen: Il Bacio, La Bella Viennese, Walzer. L'Estasi. Forosetta. L'Ingenue. Parla.

7*

Auber Daniel François Esprit, kaiserlich französischer Hof-Capellmeister, Director des Conservatoriums und Mitglied der Schönen Künste in Paris, Opern-Componist, geboren Caën, 29. Jänner 1782, gestorben Paris, 13. Mai 1871.

Compositionen die Opern: Die Ballnacht. Fra Diavolo. Die Krondiamanten. Maurer und Schlosser. Die Sängerin. Der schwarze Domino. Die Stumme von Portici. Des Teufels Antheil.

Bach Johann Sebastian, königl. polnischer und kurfürstlich sächsischer Hof-Compositeur, Musik-Director und Cantor in Leipzig, der grösste protestantische Kirchenmusiker und Orgelspieler Deutschlands, geboren Eisenach 21. März 1685, gestorben Leipzig 28. Juli 1750.

Air, Violin-Concert.

Bachrich Sigismund. Professor am Conservatorium und Mitglied des k. k. Hofopern-Orchesters in Wien. Geboren Zsambogreth, 23. Jänner 1841.

Compositionen: Heini von Steier, Oper. Muzzedin, Oper. Sakuntala, Ballet.

Bailly du Rollet Jean, französischer Bühnendichter, starb Paris 1786.

Text zur Oper: Iphigenie in Aulis.

Balochi G. J, italienischer dramatischer Dichter, geboren Pisa 1789, gestorben Paris 1832.

Text zur Oper: Die Belagerung von Corinth.

Banville Théodore Faullain de (pseud. **Bracquemond**), französischer Dichter und Schriftsteller, geboren Moulins, 14. März 1823, gestorben Paris, 13. März 1891.

Gringoire, Schauspiel (benützt zum Text der gleichnamigen Oper).

Barbier Jules Raoul. Leiter der Opéra comique in Paris, Bühnendichter, geboren Paris, 8. März 1822, n. A. 1825.

Text zu den Opern: Dinorah. Hamlet. Margarethe Faust. Nero. Paul und Virginie. Philemon und Baucis. Romeo und Julie. Libretto zum Ballet: Sylvia

Bartholdy Jakob Ludwig Felix, siehe **Mendelssohn-Bartholdy Jakob Ludwig Felix.**

Bauer auch **Baur,** Componist.

Musik zu den Balleten: Diellah, Stock im Eisen.

Bauernfeld Eduard von, Dr. phil., dramatischer Dichter und Schriftsteller, geboren Wien, 12. Jänner 1802, gestorben Wien (Döbling), 9 August 1890

Landfrieden, Schauspiel (benützt zum Text der gleichbetitelten Oper).

Baumann Alexander, Archiv-Official des Reichsrathes, Dialektdichter und Liedercomponist, Virtuose auf der Zither, geboren Wien, 7. Februar 1814, gestorben Graz, 26. December 1857. Sein Grab befindet sich am Friedhofe zu St. Marx in Wien.

Text zum Singspiel: Das Versprechen hinter'm Herd.

Baur siehe **Bauer.**

Bayard Jean François Alfred, französischer Bühnendichter, geboren Charolles, im Departement Saone-Loire, 17. März 1796, gestorben Paris, 20. Februar 1853.

Text zur Oper: Die Regimentstochter.

Bayer Josef, Capellmeister und zweiter Balletmusik-Dirigent des k. k. Hof-Operntheaters in Wien, geboren Wien, 6. März 1852.

Compositionen die Ballets: Burschenliebe. Die Hochzeit in Bosnien. Persisches Divertissement. Die Puppenfee. Rouge et noir. Sonne und Erde. Ein Tanzmärchen. Wiener Walzer.

Beaumarchais Pierre Augustin Caron de, französischer Dramatiker und Publicist. Virtuos auf der Harfe, war anfangs Uhrmacher und hiess Pierre Caron, geboren Paris, 21. Jänner 1732, gestorben dortselbst, 19. Juni 1799.

Der Barbier von Sevilla, Lustspiel. Die Hochzeit des Figaro, Lustspiel. (Nach den genannten Lustspielen wurden die Texte der gleichbetitelten Opern Mozart's und Rossini's verfasst.)

Beauplan Victor Arthur Rousseau de, Abtheilungs-Director im Ministerium der Schönen Künste in Paris, französischer Schriftsteller, geboren Paris, Juni 1823, gestorben alldort, 11. Mai 1890.

Text zur Oper: Die Nürnberger Puppe.

Beer Jacob Meyer, siehe **Meyerbeer Giacomo.**

Beer Michael, deutscher Schriftsteller, Bruder des Componisten Giacomo Meyerbeer, geboren Paris, 19. August 1800, gestorben München, 22. März 1833.

Struensee, Trauerspiel.

Beethoven Ludwig von, deutscher Tondichter, geboren Bonn, 17. December 1770, gestorben Wien, 26. März 1827.

Compositionen: Adelaide, Musik. B-dur-Trio (Adagio). Clavier-Concert Nr 3 (C-moll). Concert in G-dur für Clavier und Orchester. Egmont, Musik. Fantasie für Clavier, mit Soli, Chor und Orchester. Fest-Ouverture (opus 115). Fidelio, Oper. Grosser Militärmarsch. Leonore, Ouverture Nr. 2. Leonore, Ouverture Nr. 3. Die Ruinen von Athen, Musik. Symphonia eroica. Symphonie IX. mit Schluss-Chor über Schiller's Ode an die Freude. Die Weihe des Hauses, Musik.

Bellini Vincenzo, italienischer Opern-Componist, geboren Catania in Sizilien, 3. November 1802, gestorben Puteaux bei Paris, 23. September 1835.

Compositionen: Die Nachtwandlerin, Oper. Norma, Oper.

Benedict Sir Julius, Dirigent der Philharmonischen Gesellschaft in Liverpool, Pianist und Componist, geboren Stuttgart, 27. November, n. A. 24. December 1804, gestorben London, 5. Juni 1885.

Composition: Le Carneval de Venice.

Benoît François, Professor am Pariser Conservatorium, geboren Nantes, 10. September 1794, gestorben Paris, 3. Mai 1878.

Der verliebte Teufel, Ballet.

Bercher Jean, siehe **D'Auberval J.**

Berg O. F., recte **Ottokar Franz von Ebersberg,** Bühnendichter, Eigenthümer und Herausgeber des Wiener politischen Witzblattes: ›Der Kikeriki‹, geboren Wien, 10. October 1833, gestorben Wien (Döbling), 16. Jänner 1886.

> Unsere Handwerker, Posse.

Berggruen Oskar, Dr. juris, bis 1889 Hof- und Gerichts-Advocat in Wien, lebt seither als Schriftsteller und Publicist in Paris, geboren Tarnopol (Galizien).

> Uebersetzung des Textes zur Oper: Cavalleria rusticana.

Berio, italienischer Schriftsteller.

> Text zur Oper: Othello (Rossini).

Bériot Charles Auguste de, erster Violin-Professor am Conservatorium in Brüssel, Violin-Virtuos, Componist, geboren Löwen, 20. Februar 1802, gestorben Brüssel, 9. April 1870.

> Compositionen: Arie, Concert Nr. 7, mit Orchester. Garcia-Walzer.

Berlioz Hector, Bibliothekar des Conservatoriums und Mitglied der Akademie der schönen Künste in Paris, Componist und Musikschriftsteller, geboren Côte St. Andre bei Grenoble, 11. December 1803, gestorben Paris, 8. März 1869.

> Compositionen: Aufforderung zum Tanz (Orchestrirung). Beatrice und Benedict, Oper.

Bertati Giovanni, italienischer Schriftsteller.

> Text zur Oper: Matrimonio segreto.

Berté Harry, Musiker, geboren Galgocz (Ungarn), 8. Mai 1858.

> Composition: Die goldene Märchenwelt, Ballet.

Berton Henri Montan, Director der Grossen Oper in Paris, Componist, geboren Paris 7., nach Anderen 17. September 1767, gestorben dortselbst 22. April 1844.

> Composition: Aline, Königin von Golconda, Oper.

Berton Pierre François Samuel Montan, Schauspieler und Bühnendichter, geboren Paris 1843.

> Les Jurons de Cadillac, comédie.

Biedenfeld Ferdinand Leopold Karl Freiherr von, gewesener Theater-Director und Schriftsteller, geboren Karlsruhe, 5. Mai 1788, gestorben alldort 8. März 1862.

Uebersetzung des Textes zu den Opern: Cenerentola und Othello (Rossini).

Bis Hippolyte, französischer Bühnendichter, gestorben Paris 1855.

Text zur Oper: Wilhelm Tell.

Bizet Georges, eigentlich **Alexander César Léopold**, französischer Opern-Componist, geboren Paris, 25. November 1838, gestorben Bougival, 27. Mai 1875.

Compositionen: Carmen, Oper. Das Mädchen von Perth, Oper.

Blau Eduard, französischer Bühnendichter, geboren Blois 1836.

Text zu den Opern: Cid und Werther.

Blumenthal Oskar, Schriftsteller und Journalist, geboren Berlin, 13. März 1852.

Ein Tropfen Gift. Schauspiel.

Boieldieu François Adrien, Professor am Conservatorium und Mitglied der Akademie der Schönen Künste in Paris, Opern-Componist, geboren Rouen, 15. December 1775, gestorben Jarcy bei Grobois, 8. October 1834.

Compositionen: Johann von Paris, Oper. Die weisse Frau, Oper.

Boito Arrigo, italienischer Componist und Schriftsteller, geboren Padua, 24. Februar 1842.

Composition: Mephistopheles, Oper. Text zu den Opern: Falstaff. Giaconda. Mephistopheles. Othello (Verdi).

Borri Pasquale, Balletmeister, Balletdichter und Solotänzer, gestorben Mailand, 20. April 1884.

Libretto zu den Balleten: Carnevals-Abenteuer in Paris. Diellah. Fiamella. Stock im Eisen.

Both C. W., siehe **Schneider Louis.**

Bouilly Jean Nicolas, Advocat, französischer Bühnendichter, geboren Coudraye bei Tours, 24. Jänner 1763, gestorben Paris, 14. April 1842.

Text zu den Opern: Fidelio. Der Wasserträger.

Bracquemond, siehe **Banville Theodore Faullein de.**

Brahms Johannes, Dr. phil., Tonkünstler und Componist, geboren Altona-Hamburg, 7. Mai 1833.

Compositionen: Ein deutsches Requiem. Ungarische Tänze I bis III. Wie bist du meine Königin, Lied. Zigeunerlieder, Opus 103.

Brandl Johann, Dirigent der Hauscapelle des Nathaniel Freiherrn von Rothschild, Componist, geboren Kirchenbirk in Böhmen, 30. August 1835.

Composition: Des Löwen Erwachen, Operette.

Braun Ritter von Braunthal Johann Karl (pseud. **Jean Charles**), Bibliothekar der k. k Polizei-Hofstelle in Wien, Schriftsteller, geboren Eger 1802, gestorben Wien, 26. November 1866.

Text zur Oper: Das Nachtlager von Granada.

Brésil Jules Henri, französischer Roman- und Bühnenschriftsteller, geboren Paris 1823.

Text zur Oper: Der Tribut von Zamora.

Breton Tomaso, spanischer Componist und Schriftsteller, geboren Salamanca 1850.

Die Liebenden von Teruel, Oper (Text und Musik).

Bretzner Christof Friedrich, Kaufmann, Lustspieldichter, geboren Leipzig, 10. September 1748, dort gestorben 31. August 1807.

Text zur Oper: Die Entführung aus dem Serail.

Breuning Stefan von, k k. Hofrath und Referent beim Hof-Kriegsrath, Schriftsteller, Freund Beethoven's, geboren Bonn 1774, gestorben Wien, 4. Juni 1827.

Textbearbeitung zur Oper: Fidelio.

Brüll Ignaz, Professor an der Horak'schen Clavierschule in Wien, Componist, geboren Prossnitz in Mähren, 7. November 1846.

Compositionen: Bianca, Oper. Das goldene Kreuz, Oper.
Gringoire, Oper. Landfrieden, Oper. Ein Märchen aus der
Champagne, Ballet.

Brunswick, französischer Schriftsteller.

Text zur Oper: Der Postillon von Lonjumeau.

Buchbinder Bernhard, Journalist und Schriftsteller, geboren
Budapest, 6. Juli 1854.

Text zur Oper: Die Flüchtlinge.

Bürger Hugo, siehe **Lubliner Hugo.**

Bunge Rudolf (pseud **L. Rudolf**), dramatischer Dichter und Schriftsteller, geboren Köthen, 27. März 1836.

Text zur Oper: Der Trompeter von Säkkingen.

Burgmein J. (pseud. für **Giulio Ricordi**), Gerent der Firma G.
Ricordi & Comp., Musikalien-Verleger, Componist, geboren
Mailand, 19. December 1840.

Pierot und Pierette, Ballet.

Byron George Urel Gordon, Lord, englischer Dichter, geboren
London, 22. Jänner 1788, gestorben Missolunghi, 19. April 1824.

Manfred, Drama.

Cagnoni Antonio, italienischer Componist und Capellmeister, geboren Godiasco, 8. Februar 1828.

Composition: Don Bucefalo, Oper.

**Calderon de la Barca Barreda, Gonzalez de Henao Ruiz de Blasco
y Riano, Don Pedro,** spanischer Dramatiker, geboren Madrid,
17. Jänner 1600, gestorben dortselbst 24. Mai 1684.

Der Richter von Zalamea, Drama.

Calzabigi Raniero von, kais. Rath und Schriftsteller.

Text zu den Opern: Alceste. Die Gärtnerin. Orpheus
und Eurydike.

Cammarano Salvatore, italienischer Bühnendichter.

Text zu den Opern: Belisar. Don Pasquale. Lucia von
Lammermoor. Maria von Rohan. Der Troubadour.

Carlo Dolce, siehe **Grossz Karl.**

Carmen Sylva, Pseud. für **Elisabeth Pauline Ottilie Louise, Königin von Rumänien,** geborene **Prinzessin von Wied,** deutsche Dichterin, geboren Wied, 29. December 1843.

Meister Manole, Trauerspiel.

Caro Karl, Dr. juris, Schriftsteller, geboren Breslau, 18. Juli 1850, gestorben Pötzleinsdorf (Wien), 4. September 1884.

Die Burgruine, Lustspiel.

Caron Pierre, siehe **Beaumarchais Pierre Augustin Caron de.**

Carre Michel, französischer Bühnendichter, geboren Paris 1819, gestorben Argenteuil bei Paris, 27. Juni 1872.

Text zu den Opern: Dinorah. Hamlet. Margarethe Faust. Mirella. Mignon. Paul und Virginie. Philemon und Baucis. Romeo und Julie.

Castelli Ignaz Franz, Dr. juris, niederösterreichisch - landständischer Secretär, k. k. Hoftheaterdichter, geboren Wien, 6. März 1781, gestorben daselbst 5. Februar 1862.

Textbearbeitung zu den Opern: Der häusliche Krieg. Die Hugenotten. Johann von Paris. Das Lotterie-Los. Die weisse Frau. Yelva.

Castro Guillen, de Castro y Belvis, gewesener Gouverneur von Sevano, spanischer Dichter, geboren Valencia 1569, gestorben Madrid, 28. Juli 1631.

Der Cid, Trauerspiel (benützt zum Libretto der gleichbetitelten Oper).

Chapelle Aime, siehe **Laurencin.**

Charles Jean, siehe **Braun Ritter von Braunthal Karl Johann.**

Chatrian Alexandre, französischer Dichter und Schriftsteller, geboren Soldatenthal (Elsass), 18. December 1826, gestorben Villemomble (Departement Seine), 5. September 1890.

Freund Fritz, Schauspiel. Die Rantzau, Schauspiel. (Beide Schauspiele benützt zum Texte der gleichbetitelten Opern.) 1842.

Cherubini Maria Luigi Carlo Zenobio Salvatore, Director des Conservatoriums in Paris, Opern- und Kirchen-Componist, geboren Florenz, 14. September 1760, gestorben Paris, 15. März

Compositionen die Opern: Anacreon. Fanisca. Medea. Der Wasserträger.

Chezy Helmina, recte **Wilhelmine Christine von,** geborene **Freiin von Klencke,** Schriftstellerin und Dichterin, geboren Berlin, 26 Jänner 1783, gestorben Genf, 28. Februar 1856.

Text zu den Opern: Euryanthe. Rosamunde Fürstin von Cypern.

Chopin Frédéric François, Pianist und Componist, geboren Zelazowa-Wola bei Warschau, den 1. März 1809, n. A. 1810, gestorben Paris, 17. October 1849.

Compositionen: Fackeltanz. Nocturne (Des-dur). Polonaise (in Renaissance).

Cimarosa Domenico, italienischer Opern-Componist, geboren Aversa in der Provinz Caserta, 17. December 1749, gestorben Venedig, 11. Jänner 1801.

Composition: Il matrimonio segreto, Oper.

Claudius H. C, siehe **Dräxler-Manfred Karl Ferdinand.**

Coëtlogon E. de, Schriftsteller.

Text zur Oper: Marfa.

Cognetti Goffredo. italienischer Schriftsteller.

Text zur Oper: A Santa Lucia (nach seinen Volks-scenen gleichen Titels).

Coquelin Benoit Constant. Schauspieler am Théatre français in Paris, geboren Boulogne-sur-Mer, 23. Jänner 1841.

Monologues, Scenen.

Cormon, französischer Bühnenschriftsteller.

Text zu den Opern: Das Glöckchen des Eremiten und Der Hund des Gärtners.

Corneille Pierre, französischer Dramatiker, geboren Rouen, 6. Juni 1606, gestorben Paris, 1. October 1684.

Der Cid, Trauerspiel (benützt zum Libretto der gleichbetitelten Oper).

Cornelius Peter Karl August, Lehrer der Harmonielehre an der königl. Musikschule in München, Dichter und Componist, geboren Mainz, 24. December 1824, gestorben München, 26. October 1874.

Der Barbier von Bagdad (Text und Musik).

Cozet, Componist.

Composition: Marco Bomba, Ballet.

Dall' Argine Constantino, italienischer Componist, geboren 1843, gestorben Mailand, 1. März 1877.

Composition: Brahma, Ballet.

Da Ponte Lorenzo, Professor am Columbia-College in New-York, Schriftsteller, geboren Ceneda im Venetianischen, 10. März 1749, gestorben New-York, 17. August 1838.

Text zu den Opern: Cosi fan tutte, Die Hochzeit des Figaro und Don Juan.

D'Auberval J., recte **Jean Bercher**, Director des Theaters in Bordeaux, vorher Balletmeister und erster Tänzer der Grossen Oper in Paris, geboren Montpellier 1742, gestorben Tours, 14. Februar 1806.

Libretto zum Ballet: Das übelgehütete Mädchen.

David Félicien, Bibliothekar am Conservatorium in Paris, Componist, geboren Cadenet (Departement Vaucluse), 13. April 1810, gestorben St. Germain bei Paris, 29. August 1876.

Composition: La Perle du Brésil.

Delaporte Michel, französischer Bühnendichter, geboren Paris, 4. September 1806, gestorben dort 30. September 1872.

Text zur Oper: Monsieur und Madame Denis.

Delavigne Jean François Casimir, Mitglied der Akademie, französischer Dichter, geboren Havre, 4. April 1793, gestorben Lyon, 10. December 1843.

Text zu den Opern: Maurer und Schlosser. Robert der Teufel und Die Stumme von Portici.

Delibes Léon. Professor der Compositionslehre am Conservatorium in Paris, Componist, geboren St. Germain du Val (Departement Sarthes) 1836, gestorben Paris, 16. Jänner 1891.

Compositionen: Coppelia, Ballet. Jean de Nivelle, Oper. Der König hat's gesagt, Oper. Lakme, Oper. Naila, Ballet. Scherzo, Musikstück. Sylvia, Ballet. Valse des fleurs.

Dennery Adolphe Philippe, französischer Bühnendichter, geboren Paris, 17. Juni 1811.

Marie Anne, Schauspiel. Text zu den Opern: Der Cid und Der Tribut von Zamora.

Deschamps de Saint Amand Emile, französischer Bühnendichter, geboren Bourges, 20. Februar 1791, gestorben Versailles, 22. April 1871.

Text zur Oper: Die Hugenotten.

Desplaces Henri, französischer Schriftsteller.

Libretto zum Ballet: Nena Sahib.

Devrient Philipp Eduard, Director des Hof-Theaters in Karlsruhe, vorher Sänger und Schauspieler, Bühnendichter und Kunstschriftsteller, geboren Berlin, 11. August 1801, gestorben Karlsruhe, 4. October 1877.

Text zur Oper: Hans Heiling.

Dingelstedt Franz, Freiherr von, k. k. Hofrath, Director des k. k. Hof-Burgtheaters, früher vom 30. Juli 1867 bis 31. December 1870 Director des k. k. Hof-Operntheaters, geboren Halsdorf in Hessen, 30. Juni 1814, gestorben Wien, 15. Mai 1881.

Prolog zur Eröffnungsfeier des neuen Opernhauses. Uebersetzung des Trauerspieles: Antonius und Cleopatra. Bearbeitung der Dramen: König Richard II., König Heinrich IV., 1. und 2. Theil. König Heinrich V., König Heinrich VI., 1. und 2. Theil. König Richard III. Einrichtung des Trauerspieles: Macbeth.

Doczi Ludwig von, k. u. k. Hofrath im Ministerium des kaiserlichen Hauses und des Aeussern, dramatischer Dichter, geboren Oedenburg, 30. November 1846.

Text zur Oper: Ritter Pasmann.

Donizetti Gaetano, k. k. Hof-Capellmeister, Opern-Componist und Schriftsteller, geboren Bergamo, 30. November 1798, gestorben dortselbst 8. April 1848.

Compositionen: die Opern Belisar. Dom Sebastian. Don Pasquale (auch Text). Die Favoritin. Der Liebestrank. Linda von Chamounix. Lucia von Lammermoor. Lucrezia Borgia. Maria von Rohan. Die Regimentstochter.

Donner Johann Jakob Christian, Gymnasial-Professor, Dr. phil., Dichter und Uebersetzer, geboren Krefeld, 10. October 1799, gestorben Stuttgart, 29. März 1875.

Uebersetzung der Tragödie: Antigone.

Doppler Franz Adalbert, k. k. Hofoperntheater-Capellmeister in Wien, Componist, geboren Lemberg, 16. October 1821, gestorben Baden bei Wien, 27. Juli 1883.

Compositionen: Chica. Ellinor. Fiamella. Grand Galop chromatique (Orchestrirung). In Versailles. Margot. Melusine. Morgenständchen (Orchestrirung). Sardanapal. Sei mir gegrüsst (Orchestrirung). Soldatentanz (Einlage im Troubadour). Stock im Eisen. Vöglein im Fliederbusch (Lied). Volkslied (lebende Bilder). Das Weib des Kriegers (Gedicht).

Dräxler Karl Ferdinand, siehe **Dräxler-Manfred Karl Ferdinand.**

Dräxler-Manfred Karl Ferdinand, recte **Karl Ferdinand Dräxler** (pseudon. **F. C. Claudius, K. L. W. von Klinger, Manfred**), herzogl. sachsen-meiningischer Hofrath, Dramaturg des Hoftheaters in Darmstadt, Dr. phil., Schriftsteller, geboren Lemberg, 17. Juni 1806, gestorben Darmstadt, 31. December 1879.

Deutsche Bearbeitung des Textes zur Oper: Die sizilianische Vesper.

Dumanoir Philippe François Pinel, dramatischer Schriftsteller, geboren auf der Insel Guadeloupe, 31. Juli 1806, gestorben Paris, 16. November 1865.

Text der Oper: Der Ritterschlag (einem Vaudeville Dumanoir's entlehnt).

Dumas Alexandre fils, französischer Roman- und Theaterdichter, geboren Paris, 28. Juli 1824.

Kean, Schauspiel.

Duronceray Marie Justine Benedicte, siehe **Favart Marie Justine Benedicte.**

Duval Alexandre, Conservateur der Bibliothek des Arsenals in Paris, Schriftsteller, geboren Rennes, 6. April 1767, gestorben Paris, 10. Jänner 1842 –

    Text zur Oper: Josef und seine Brüder.

Duveyrier Anne Honore Joseph, siehe **Melesville Anne Honore Joseph Duveyrier.**

Dvořák Antonin, Director des Conservatoriums in New-York, Componist, geboren Mühlhausen in Böhmen, 8. Septemb 1841.

    Composition: Der Bauer ein Schelm, Oper.

Ebersberg Otto Friedrich, siehe **Berg O. F.**

Eckert Karl Anton Florian, königl. preuss. Hof-Capellmeister in Berlin, 1857—1860 Director des k. k. Hof-Operntheaters in Wien, Componist, geboren Potsdam, 17. December 1820, gestorben Berlin, 13. October 1879.

    Echo, Lied.

Elisabeth Pauline Ottilie Louise, Königin von Rumänien, siehe **Carmen Sylva.**

Elz Alexander (Pseud. für **Adolf Stein**), Opernsänger (Bariton) und Lustspieldichter.

    Er ist nicht eifersüchtig, Lustspiel.

Ennery Adolphe d', siehe **Dennery Adolphe.**

Erckmann Emile, französischer Schriftsteller, geboren Pfalzburg im Elsass, 20. Mai 1822.

    Text zu den Opern: Freund Fritz und Die Rantzau, nach den gleichbetitelten, gemeinsam mit Alexander Chatrian verfassten Schauspielen.

Erlanger Victor Freiherr von, siehe **Langer R.**

Ernst G., Schriftsteller.

    Uebersetzung des Textes zur Oper: Das Glöckchen des Eremiten.

Esser Heinrich, k. k. Hofoperntheater-Capellmeister in Wien, geboren Mannheim, 15. Juli 1818, gestorben Salzburg, 3. Juni 1872.

Compositionen: Armida, Oper (Einrichtung). Begleitende Musik zum Prolog (von Dingelstedt).

Etienne Charles Guillaume, Pair von Frankreich, dramatischer und politischer Schriftsteller, geboren Chamouilly im Departement der Ober-Marne, 6. Jänner 1778, gestorben Paris, 13. März 1845.

Text zur Oper: Das Lotterie-Los.

Färber Gottlieb, siehe **Tieck Johann Ludwig.**

Faure Jean Baptiste David, Opernsänger (Bariton), Componist, Limoges in Frankreich, 15. Jänner 1830.

Compositionen: Les Rameaux, Hymne. Romance.

Favart Charles Simon, französischer Schriftsteller, Erfinder des Vaudeville, geboren Paris, 13. November 1710, alldort gestorben 12. Mai 1792.

Text zu den Opern: Bastien und Bastienne und Die Maienkönigin.

Favart Marie Justine Benedicte, geborne **Durouceray,** genannt ›La petite Chantilly‹, Opernsängerin und Schriftstellerin, geboren Avignon, 15. Juni 1727, gestorben Paris, 22. April 1772.

Text zur Oper: Bastien und Bastienne.

Fels Roderich recte **Rosenfeld,** Bühnen-Schriftsteller, 1875—76 Director der Komischen Oper in Wien, gestorben Hamburg, 13. September 1883 (Selbstmord).

Text zur Oper: Das Andreasfest.

Ferretti, italienischer Bühnendichter.

Text zur Oper: La Cenerentola.

Field John, englischer Pianist und Componist, geboren Dublin, 26. Juli 1782, gestorben Moskau. 11. Jänner 1837.

Composition: Concert für Clavier und Orchester.

8

Flotow Friedrich Freiherr von, Hoftheater-Intendant a. D.,
grossherzogl. Kammerherr, geboren Rentendorf in Mecklen-
burg-Schwerin, 26 April 1814, gestorben Darmstadt, 24. Jänne
1883.

Compositionen: die Opern Alessandro Stradella und
Martha.

Forster Josef, Schriftsteller und Componist, geboren Trofoiach
in Steiermark 1845.

Compositionen: Die Assassinen, Ballet. Die Rose von
Pontevedra, Oper (Musik und Text). Der Spielmann, Ballet.

Fouque Friedrich Heinrich Karl Freiherr de la Matte (Pseudonym: **Pellegrin**), königl. preussischer Major a. D., Universitäts-Professor, Dichter und Schriftsteller, geboren Branden-
burg, 12. Februar 1777, gestorben Berlin, 23. Jänner 1843.

Undine, Erzählung (benützt zum Texte der gleichnamigen
Oper).

Framery Etienne, französischer Schriftsteller.

Text zur Oper: Medea.

Frankl Ritter von Hochwart Ludwig August, Archivar und
Secretär der israelitischen Cultusgemeinde in Wien, Dr. med.,
Dichter und Schriftsteller, geboren Chrast in Böhmen, 3. Fe-
bruar 1810, gestorben Wien, 12. März 1894.

Prolog zur Erinnerungsfeier an die Anwesenheit Carl
Maria von Weber's in Wien im Jahre 1822.

Frankreich, Ludwig XIII., König von, siehe **Ludwig XII.I, König
von Frankreich.**

Franz G., siehe **Grandaur Franz.**

Frappart Louis recte **Ruault,** Solotänzer und Mimiker des k. k.
Hof-Operntheates in Wien, Balletdichter, geboren Burnav in
Frankreich, 9. Juni 1832.

Libretto zu den Balleten: In Versailles. Margot. Saltarello. Wiener Walzer.

Friedrich W., Schriftsteller.

Textbearbeitung zu den Opern: Alessandro Stradella.
Giralda. Martha.

Friedrich Halm, siehe **Münch-Bellinghausen Eligius Josef Freiherr von.**

Fuchs Johann Nepomuk, k. k. Hof Operntheater-Capellmeister, Director des Conservatoriums in Wien, geboren Frauenthal bei Gross-Florian in Steiermark, 5. Mai 1842.

Bearbeitete die Opern: Alphonso und Estrella. Idomeneus. Die Maienkönigin. Dann eine Romanze (nach Schubert).

Fuchs Robert, Professor der Harmonielehre am Conservatorium in Wien, Componist, geboren Frauenthal bei Gross-Florian in Steiermark, 15. Februar 1847.

Composition : Die Königsbraut, Oper.

Gall Jan, polnischer Compositeur.

Composition : Dziewoczę z buzią jak malina.

Gallet Louis, französischer Schriftsteller, geboren Valence 1835.

Text zu : Der Cid, Oper. Der König von Lahore, Oper. Die Sündfluth, Oratorium.

Ganghofer Ludwig, Dr. phil., Dichter und Schriftsteller, geboren Kaufbeuren (Bayern), 7. Juli 1855.

Text zur Oper : Mirjam.

Gassmann Theodor, Schriftsteller und Journalist, geboren Braunschweig 1828, gestorben Hamburg, 2. December 1871.

Textübersetzung zur Oper : Romeo und Julie.

Gaul Franz, scenisch-technischer Ober-Inspector des k. k. Hof-Operntheaters in Wien, Historienmaler, geboren Wien, 29. Juli 1837.

Libretto zu den Balleten : Die goldene Märchenwelt. Die Hochzeit in Bosnien. Im Feldlager. Die Puppenfee. Sonne und Erde. Ein Tanzmärchen. Wiener Walzer.

Gautier Théophile, französischer Schriftsteller, geboren Tarbes, 31. August 1811, gestorben Neuilly, 23. October 1872.

Nach einem seiner Werke wurde das Libretto zum Ballete : Der Spielmann ausgearbeitet.

8*

Gehe Eduard Heinrich, grossherzoglich hessischer Hofrath, Censor im Spitale zu Dresden, Schriftsteller, geboren Dresden, 1. Februar 1793, gestorben dort 13. Februar 1850.

Text zur Oper: Jessonda.

Geibel Emanuel von, Professor der Aesthetik an der Universität München, Dr. phil., Dichter, geboren Lübeck, 10. October 1815, gestorben dortselbst 6. April 1884.

Text zum Opernfragment: Loreley.

Ghislanzoni Antonio, italienischer Opernsänger und Schriftsteller, geboren Lecco 1824, gestorben Caprino-Bergamesco in der Lombardei, 15. August 1893.

Text zur Oper: Aïda.

Giesecke J. G. R. L. Karl Ludwig von, recte **Metzler**, Professor der Naturwissenschaften in Dublin, um 1790 Theaterdichter bei F. Schikaneder in Wien, geboren Augsburg 1761, gestorben Dublin, 5. März 1833.

Text zur Oper: Die Zauberflöte.

Gille Philippe Emile François, französischer Schriftsteller, geboren Paris, 18. December 1831.

Text zu den Opern: Jean de Nivelle. Lakme. Manon.

Giorza Paolo, italienischer Componist, geboren Mailand 1832.

Compositionen: die Ballets An der Beresina. Fiamella. Gräfin Egmont. Monte Christo.

Gluck Christof Willibald Ritter von, k. k. Hof-Compositeur und Capellmeister, geboren Weidenburg (Oberpfalz), 2. Juli 1714, gestorben Wien, 15. November 1787.

Compositionen: die Opern Alceste. Armida. Der betrogene Kadi. Iphigenie auf Tauris. Iphigenie in Aulis. Die Maienkönigin. Orpheus und Eurydike.

Goethe Johann Wolfgang von, grossherzoglich sachsen-weimarischer Staatsminister, Geheimer Rath, Dr. juris, Dichter, geboren Franfurt am Main, 28. August 1749, gestorben Weimar, 22. März 1832.

Egmont, Trauerspiel. Die erste Walpurgisnacht. Faust, Tragödie. Götz von Berlichingen, Schauspiel. Iphigenie auf Tauris, Schauspiel. Margarethe Faust (Operntext nach seiner Tragödie Faust). Mephistopheles (Operntext nach seiner Tragödie Faust). Mignon (Operntext nach seinem Roman Wilhelm Meister). Werther (Operntext nach seinem gleich-betitelten Roman).

Goetz Hermann, Componist und Organist, geboren Königsberg, 17. December 1840, gestorben Hottingen bei Zürich, 3. December 1876.

Composition: Die Zähmung der Widerspenstigen, Oper.

Goldmark Karl, Componist, geb. Keszthely (Ungarn), 18. Mai 1832.

Compositionen: Die Königin von Saba, Oper. Merlin, Oper. Die Nachtigall, als ich sie fragte, Lied. Die Quelle, Lied.

Goldschmidt Adalbert Ritter von, Dichter und Componist, geboren Wien, 5. Mai 1848.

Die sieben Todsünden. Oratorium (Text und Musik).

Golisciani Enrico, italienischer Dichter.

Verse zur Oper: A Santa Lucia.

Gollmick Karl, Opern-Correpetitor am Stadttheater in Frankfurt am Main, Pianist, Musiklehrer und Schriftsteller, geboren Dessau, 19. März 1796, gestorben Frankfurt a. M., 3. October 1866.

Textübersetzung zu den Opern: Margarethe Faust. Die Regimentstochter.

Goltermann Georg Eduard, Capellmeister am Stadttheater in Frankfurt am Main, Virtuos am Violoncell, Componist, geboren Hannover, 19. August 1824.

Composition: Violoncell-Concert.

Gondinet Edmond, französischer Schriftsteller, geboren Laurière im Departement Haute-Vienne, 6. April 1829, gestorben Paris, 20. November 1888.

Text zu den Opern: Jean de Nivelle. Der König hat's gesagt. Lakme.

Gorrio Tobia, italienischer Schriftsteller.

Text zur Oper: Giaconda

Gounod Charles François, französischer Componist, Mitglied der Akademie der Künste in Paris, geboren Paris, 17. Juni 1818, gestorben dortselbst 17. October 1893.

Compositionen: Canzone. Frühlingslied. Marche nuptiale (im Ballet Renaissance). Serenade mit Violin-Solo. Sérénade (Berceuse); ferner die Opern: Margarethe Faust. Mirella. Philemon und Baucis. Romeo und Julie. Der Tribut von Zamora.

Grahn Lucile, verehelichte **Young**, Solotänzerin und Balletmeisterin, geboren 1821 in Kopenhagen, ehelichte 1856 den Tenoristen Young.

Tänze in der Oper: Tannhäuser.

Grammann Karl, Componist, geboren Lübeck, 3. März 1844.

Composition: Das Andreasfest, Oper.

Grandaur Franz (Pseud. **G. Franz**), königl. Hofopern-Regisseur in München, Dr. phil., Schriftsteller, geboren Karlsstadt in Unterfranken, 7. März 1822.

Bearbeitung des Textes zur Oper: Oberon.

Grétry André Ernst Modeste, Inspector des Conservatoriums in Paris, Componist, geboren Lüttich, 8. Februar 1741, gestorben Montmorency, 24. September 1813.

Provençalischer Minnehof, Lied (in »Das Volkslied«).

Grieg Edward Hagerup, norwegischer Componist, Leiter des Musikvereins in Christiania, geboren Bergen, 15. Juni 1843.

Composition: Hoffnung, Lied.

Grillparzer Franz, k. k. Hofrath, Archiv-Director, Dichter, geboren Wien, 15. Jänner 1791, gestorben daselbst 21. Jänner 1872.

Die Ahnfrau, Trauerspiel. Ständchen, Gedicht. Weh dem der lügt, Lustspiel.

Grimm Jakob Ludwig, Professor an der Universität Berlin, Sprachforscher, geboren Hanau, 4. Jänner 1785, gestorben Berlin, 20. September 1863.

Libretto zu: Die goldene Märchenwelt, Ballet (entlehnt den ›Märchen‹ der Gebrüder Grimm).

Grimm Wilhelm Karl, Professor an der Universität Berlin, Sprachforscher, geboren Hanau, 24 Februar 1786, gestorben Berlin, 16. December 1859.

Libretto zu: Die goldene Märchenwelt, Ballet (entlehnt den ›Märchen‹ der Gebrüder Grimm).

Grisar Albert, Componist, geboren Antwerpen, 26. December 1808, gestorben Asnières bei Paris, 15. Juni 1869.

Compositionen: die Opern Gute Nacht, Herr Pantalon. Der Hund des Gärtners.

Grossz Karl (Pseudon.: **Carlo dolce**), Dr juris, Redacteur der ›Wiener-Zeitung‹, Schriftsteller, geboren Budapest, 24. Mai 1839.

Libretto zum Ballet: Der Vater der Debutantin.

Grünbaum Johann Christof, königl. Hof-Organist in Berlin, Hofopernsänger und Schriftsteller, geboren Haslau (Böhmen), 28. October 1785, gestorben Berlin, 10. Jänner 1870.

Deutsche Textbearbeitung zu den Opern: Dinorah. Maskenball. Rigoletto.

Guillard U. Fr., französischer Schriftsteller.

Text zur Oper: Iphigenie auf Tauris.

Gumbert Ferdinand, Gesangslehrer in Berlin, gewesener Opernsänger, Schriftsteller und Componist, geb. Berlin, 21. April 1818.

Deutsche Textbearbeitung zu den Opern: Afrikanerin. Manon. Mignon. Dann Composition: Mein Lied, Lied.

Gutzkow Karl Ferdinand, Dr phil, deutscher Dichter und Schriftsteller, geboren Berlin, 17. März 1811, gestorben Sachsenhausen bei Frankfurt am Main, in der Nacht vom 15. auf 16 December 1878.

Uriel Acosta, Trauerspiel.

Hähnel J., Schriftsteller.

Deutsche Textbearbeitung zur Oper: Belisar.

Händel Georg Friedrich, königl. hannoveranischer Hof-Capell-
meister, Dirigent der italienischen Oper in London, geboren
Halle, 24. Februar 1685, gestorben London, 13. April 1759.
Compositionen: Largo. Messias, Oratorium.

Hager Johannes (Pseudon. für **Johann Freiherr von Haszlinger-
Hassingen**, k. u. k. Hofrath im Ministerium des kaiserlichen
Hauses und des Aeussern, Componist, geboren Wien, 24. Fe-
bruar 1822.
Composition: Marffa, Oper.

Halevy Jacques François Elie Formental, recte **Levy**, Secretär
und Mitglied der Akademie der Schönen Künste in Paris,
Componist und Schriftsteller, geboren Paris, 27. Mai 1799,
gestorben Nizza, 17. März 1862.
Compositionen: die Opern Der Blitz und die Jüdin.

Halévy Ludovic, französischer Schriftsteller, geboren Paris,
1. Jänner 1835.
Text zur Oper: Carmen. L'Ingenue, Comédie.

Halm Friedrich, Pseud. für **Eligius Freiherr' von Münch-Bellinghausen**, Präfect der Hof-Bibliothek und General-Intendant
der k. k. Hoftheater in Wien, Geheimer Rath, dramatischer
Dichter, geboren Krakau, 2. April 1806, gestorben Hütteldorf
bei Wien, 22. Mai 1871.
Der Sohn der Wildnis, romantisches Drama.

Hamerling Robert, Gymnasial-Professor a. D., Dichter, geboren
Kirchberg am Wagram in Niederösterreich, 24. März 1830,
gestorben Graz, 13. Juli 1889.
Text zum Oratorium: Die sieben Todsünden.

Hanns Max, siehe **Max Hanns**.

Hartmann Georges, französischer Schriftsteller.
Text zur Oper: Werther.

Hartmann Ludwig, Pianist. Componist und Musik-Schriftsteller,
geboren Neuss in der Rheinprovinz, 3. August 1836.
Textübersetzung zu den Opern: A Santa Lucia. Der
Bajazzo. Der Kuss.

Hartzenbusch Don Eugenio, Director der National-Bibliothek in Madrid, spanischer dramatischer Dichter, geboren 6. September 1806, gestorben Madrid, 2. August 1880.

Text zur Oper: Die Liebenden von Teruel.

Hassaurek H. J., Schriftsteller.

Uebersetzung des Textes zur Oper: Josef und seine Brüder

Hassreiter Josef. Ballet-Regisseur des k. k. Hof-Operntheaters in Wien, Solotänzer und Balletdichter, geboren Wien, 30. December 1845.

Libretto und Tänze zu den Balleten: Burschenliebe. Divertissement zu Ehren Seiner Majestät des Schah von Persien. Die goldene Märchenwelt. Die Puppenfee. Rouge et noir. Die Sireneninsel. Sonne und Erde. Ein Tanzmärchen. Der Teufel im Pensionat.

Hastfer Wilhelmine Christine von, siehe **Chezy Helmine von.**

Hasslinger von Hassingen Johann Freiherr von, siehe **Hager Johannes.**

Haupt Markus Theodor von (Pseud. **Theodor Peregrinus**), königl. preussischer Oberlandesgerichtsrath, Schriftsteller, geboren Mainz, 2. Februar 1784, n. A. bereits 1782, gestorben Paris, Juli 1832.

Uebersetzung des Textes zur Oper: Wilhelm Tell

Haydn Josef, Componist, geboren Rohrau in Niederösterreich, 31. März 1732, gestorben Wien, 31. Mai 1809.

Compositionen: Variationen für Streich-Instrumente. Die vier Jahreszeiten, Oratorium.

Hebbel Friedrich, Dr. phil., Dichter, geboren Wesselburen (Holstein), 18. März 1813, gestorben Wien, 15. December 1863.

Text zur Oper: Genovefa.

Hegyessi Ludwig recte **Ludwig Spitzer,** ungar. Componist und Cello-Virtuos.

Composition: Cantilene.

Heinrich R. siehe **Pollak Heinrich.**

Hell Theodor (Pseudon. für **Karl Gottfried Theodor Winkler**), Vice - Director des königl. Hoftheaters und der Hof-Capelle in Dresden, Schriftsteller, geboren Waldenburg in Sachsen, 9. Februar 1775, gest. Dresden, 24. September 1856.

Text zur Oper: Die drei Pintos. Textübersetzung zur Oper: Oberon.

Heller Robert, Schriftsteller und Publicist, geboren Gross-Drebnitz bei Stolpen in Sachsen, 24. November 1812, n. A. 1814, gestorben Hamburg, 7. Mai 1871.

Verbindenden Text zu: Die Ruinen von Athen.

Hellmesberger Josef sen., k. k. Hof-Capellmeister, emerit. Director des Conservatoriums in Wien, Violin-Virtuos und Componist, geb. Wien, 3. November 1829, gest. ebenda 24. October 1893.

Largo (von Händel). Arrangement.

Hellmesberger Josef jun., k. k. Hof-Operntheater-Capellmeister und erster Ballet-Dirigent, Componist, geboren Wien, 9. April 1855.

Compositionen: Fata Morgana, Oper. Harlekin als Elektriker, Ballet. Vater Radetzky, Festspiel. Die verwandelte Katze, Ballet.

Helmina, siehe **Chezy Helmine von**.

Herbeck Johann Ritter von, Director des k. k. Hof-Operntheaters in Wien, k. k. Hof-Capellmeister, geboren Wien, 24. December 1831, gestorben daselbst 28. October 1877.

Träumerei, Lied (Orchestrirung).

Herold Louis Joseph Ferdinand, französischer Opern-Componist, geboren Paris, 28. Jänner 1791, gestorben Aux Ternes bei Paris, 18. Jänner 1833.

Composition: die Opern Die Schreiberwiese bei Paris. Zampa.

Hertel Paul Ludwig Peter, königl. Musik-Director und Ballet-Dirigent am Hof-Operntheater in Berlin, Componist, geboren Berlin, 21. April 1817.

Compositionen: die Ballets Ellinor. Fantaska. Flick und Flock. Sardanapal. Satanella.

Herz Leo, Violin-Virtuose und Schriftsteller, geboren Lemberg 1808, gestorben Wien, 13. August 1869.

Uebersetzung des Textes zur Oper: Dom Sebastian.

Heuberger Richard, Componist und Schriftsteller, geboren Graz, 18. Juni 1850.

Compositionen: Der Korb, Lied. Mirjam, Oper.

Hiemer Franz Karl, Secretär im General-Finanzdirectorium in Stuttgart, vorher Schauspieler, Schriftsteller und Maler, geboren Rothenacker in Württemberg, 9. August 1768, gestorben Stuttgart, 15. November 1822.

Text zur Oper: Abu Hassan.

Hoffmann, Schriftsteller.

Text zur Oper: Medea.

Hoffmann Ernst Theodor Amadeus, eigentlich: **Wilhelm,** Rath des königl. Kammergerichtes in Berlin, Schriftsteller, geboren Königsberg, 24. Jänner 1776, gestorben Berlin, 25. Juni 1822.

Text zur Oper: Signor Formica (nach seiner gleichbenannten Novelle verfasst).

Hofmann Georg E. von, Secretär des k. k. Hof-Operntheaters in Wien, Schriftsteller, geboren Wien 1771, gestorben allda 7. Mai 1845

Textbearbeitung zur Oper: Die Ballnacht. Text zur Oper: Die Zwillingsbrüder.

Hoguet Michel François, Balletmeister am k. Hof-Operntheater in Berlin, Balletdichter, geboren 1792, nach Anderen 1793 in Paris, gestorben Berlin, 5. April 1871.

Libretto zu den Balleten: Robert und Bertrand. Die Tänzerin auf Reisen.

Horn August, Professor am Conservatorium in Leipzig, Componist, geboren Freiberg in Sachsen, 1. September 1825.

Composition: Abschied, Lied. Die Nachbarn, Walzer.

Horn Heinrich Moritz, königl. sächischer Justizbeamter, Schriftsteller, geboren Chemnitz, 14. November 1814, gestorben Zittau, 24. August 1874.

Text zu: Der Rose Pilgerfahrt.

Huber Franz Xaver, Bühnenschriftsteller, geboren Munderfing im Innviertel 1760, gestorben Wien 1810.

Text zur Oper: Das unterbrochene Opferfest.

Hugo Victor Marie Graf, Pair von Frankreich, Mitglied der Akademie, Dichter, geboren Besançon, 26. Februar 1802, gestorben Paris, 22. Mai 1885.

Text zur Oper Rigoletto (nach seiner Dichtung: Le roi s'amuse).

Illica Luigi, italienischer Dichter und Schriftsteller, geboren Piacenza 1859.

Text zur Oper: Der Vasall von Szigeth.

Isouard Nicolo, genannt **Nicolo de Malte,** Componist, geboren Malta 1775, gestorben Paris, 23. März 1818.

Composition: Das Lotterieloos.

Jahn Wilhelm, Director des k. k. Hof-Operntheaters in Wien, Componist, geboren Hof in Mähren, 24. November 1835.

Composition: Aus der Ferne, Lied. Liebesbote, Lied.

Jenke Karl, Regisseur des königl. Hoftheaters in München, Schriftsteller, geboren Grünberg in Schlesien, 29. März 1809, gestorben München, 6. Mai 1886.

Verbindender Text zu: Manfred

Jensen Adolf, Componist, geboren Königsberg, 12. Jänner 1837, gestorben Baden-Baden, 23. Jänner 1879.

Composition: Margreth am Thore, Lied

Johann, kais. und königl. Prinz, Erzherzog von **Oesterreich** (pseudon. Traunwald), k. u. k. Feldmarschalllieutenant, Schriftsteller und Componist, nahm am 16. October 1889 nach Verzicht auf alle Vorrechte seines Standes den Namen Johann Orth an, geboren Florenz, 25. November 1852, verschollen seit 15. August 1890.

Text zum Ballet: Die Assassinen.

Jouy Victor Joseph Etienne de, Bibliothekar des Louvre, Schriftsteller, geboren Jouy bei Versailles 1764, gestorben St. Germain-en-Saye, 4. September 1846.

Text zu den Opern: Die Vestalin Wilhelm Tell.

Kalbeck Max, Dichter und Schriftsteller, geboren Breslau,
4. Jänner 1850.

Textbearbeitung zu den Opern: Bastien und Bastienne.
Der Cid. Don Juan. Freund Fritz. Die Gärtnerin. Die Maienkönigin. Othello. Die Rantzau. Der Vasall von Szigeth.
Werther.

Kalidasa, indischer Dichter, lebte wahrscheinlich im sechsten
Jahrhunderte nach Christus am Hofe des Königs Vikramaditja.

Text zum Ballet: Sakuntala nach seiner gleichbetitelten
Dichtung.

Kapper Siegfried, Doctor med , praktischer Arzt, deutsch-čechischer Schriftsteller, geboren Smichow bei Prag, 18. März 1821,
gestorben Pisa, 7. Juni 1877.

Uebersetzung des Textes zur Oper: Der Tempelritter.

Keppel Franz, Schriftsteller.

Text zur Oper : Signor Formica.

Kind Friedrich, königl. sächsischer Hofrath, Schriftsteller, geboren Leipzig, 4. März 1768, gestorben Dresden, 24. Juni 1843.

Text zu den Opern : Der Freischütz. Das Nachtlager von
Granada (nach seinem gleichnamigen Lustspiele).

Klencke Wilhelmine Christiane Freiin von, siehe **Chezy Helmina von.**

Klinger K. L. W. von, siehe **Dräxler-Manfred Karl Ferdinand.**

Kollmann Ignaz Carl, Scriptor des Joanneums in Graz, Schriftsteller und Maler, geboren Graz, 10. Jänner 1775, gestorben
dortselbst 16. März 1837.

Textbearbeitung zur Oper: Der Barbier von Sevilla.

Koschat Thomas, k. u. k. Hofcapellen- und Chorsänger des
k. k. Hof-Operntheaters in Wien, Componist und Schriftsteller,
geboren Viktring in Kärnten, 8. August 1845.

Composition: Am Wörthersee, Singspiel (Text und
Musik). Kärntner Volksweise, Chor.

Kotzebue August von, kais. russischer Collegien-Assessor, (vom
18. October 1797 bis 31. December 1798, k k. Hoftheater-Secretär in Wien), Lustspieldichter, geboren Weimar, 3. April
1761, gestorben (ermordet) zu Mannheim, 23. März 1819.

Text zu : Die Ruinen von Athen, Festspiel. Der Wildschütz,
Oper, nach seinem Lustspiele gleichen Namens gearbeitet.

Krásnohorská Eliška, Pseudonym für **Henriette Pech,** čechische
Schriftstellerin, geboren Prag, 18. November 1847.

Text zur Oper : Der Kuss.

Krastel Fritz, k. k. Hofschauspieler und Regisseur des k. k.
Hof-Burgtheaters in Wien, Schriftsteller, geboren Mannheim,
9. April 1839.

Textbearbeitung zur Oper : Der betrogene Kadi.

Kretschmer Edmund, köngl. sächsischer Hof-Organist, Componist,
geboren Ostritz in Preussen, 31. August 1830.

Composition : Die Folkunger, Oper.

Kreutzer Konradin, k. k. Hof-Operntheater-Capellmeister in
Wien von 1822 bis 1833, 1830 bis 1839, dann 1847, zuletzt
Capellmeister am Stadttheater in Riga, Componist, geboren
Möskirch in Baden, 22. November 1782, gestorben Riga,
14. December 1849.

Composition : Das Nachtlager in Granada, Oper.

Krone Paul, Schriftsteller.

Text zur Oper : Harold.

Kürnberger Ferdinand, Dichter und Schriftsteller, geboren Wien,
3. Juli 1821, gestorben München, 14. October 1879.

Verbindendes Gedicht zu : Manfred.

Kupelwieser Josef, Secretär des Theaters in der Josefstadt in
Wien, Bühnen-Schriftsteller.

Textbearbeitung zu den Opern : Fierabras. Maria von
Rohan.

Langer R., Pseudonym für **Victor Freiherr von Erlanger.**

Der Teufel im Pensionat, Ballet (Libretto und Musik).

Langhaus Wilhelm, Musikschriftsteller, Dr. phil., geboren Hamburg, 21. September 1832, gestorben Berlin, 9. Juni 1892.

Deutsche Uebersetzung des Textes zur Oper : Hamlet
(von A. Thomas).

Laurencin recte **Aimé Chapelle,** französischer Bühnendichter, geboren 1806, gestorben Nizza, 10. December 189⦶.

Text zur Oper: Monsieur und Madame Denis.

Lebrecht Peter, siehe **Johann Ludwig Tieck.**

Lemonier, französischer Schriftsteller.

Text zur Oper: Der betrogene Kadi.

Leon Victor, Schriftsteller, geboren Wien, 1. Jänner 1859.

Text zur Oper: Gringoire.

Léonard Hubert, emerit. Professor am Conservatorium in Brüssel, Violin-Virtuos und Componist, geboren Bellaire in der Provinz Lüttich, 7. April 1819.

Composition: Erinnerung an Haydn.

Leoncavallo R., Componist, geboren Neapel 1858.

Composition: Der Bajazzo, Oper.

Leschetitzky Theodor, emerit. Professor des Conservatoriums in St. Petersburg, Pianist und Componist, geboren Lancut in Galizien 1830.

Composition: Die Erste Falte, Oper.

Leuven Adolf de, recte **Adolf Graf Ribbeling,** französischer Schriftsteller, gestorben Marly, 14. April 1884.

Text zu den Opern: Die Nürnberger Puppe und Der Postillon von Lonjumeau, dann zum Ballet: Die verwandelten Weiber.

Levy Jacques François, siehe **Halevy Jacques François.**

Levy Julius, siehe **Rodenberg Julius.**

Lewandowski Louis, königl. preussischer Musik-Director, Chor-Dirigent der israelitischen Gemeinde in Berlin, Componist, geboren Wreschen in der Provinz Posen, 3. April 1823.

Musik zu einem Pas de deux im Ballete: Der Stock im Eisen.

Lewald Johann Karl August, königl. württembergischer Hof-theater-Regisseur a. D , Dr. phil., Schriftsteller, geboren Königs-berg in Preussen, 14. October 1792, gestorben München, 10. März 1871.

Deutsche Bearbeitung des Textes zur Oper: Die Stumme von Portici.

Lichtenstein Ludwig Karl August Freiherr von, Leiter der königl. Hofoper in Berlin, Componist und Schriftsteller, geboren Lahm in Franken, 8. September 1767, gestorben Berlin, 10. September 1845.

Deutsche Bearbeitung der Texte zu den Opern: Maurer und Schlosser. Die Sängerin Der schwarze Domino.

Lindau Paul, deutscher Schriftsteller und Bühnendichter, geboren Magdeburg, 3. Juni 1839.

Ein Erfolg, Lustspiel. Frau Susanne, Schauspiel.

Lindpaintner Peter Josef von, königl. baierischer Hoftheater-Capellmeister, Componist, geboren Koblenz, 6. December 1791, gestorben Nonnenhorn am Bodensee, 21. August 1856.

Heimliche Ehe (Matrimonio segreto), Oper (Recitative hiezu).

Lipiner Siegfried, Bibliothekar des österreichischen Reichsrathes, geboren Jaroslau in Galizien, 24. October 1856.

Text zur Oper: Merlin.

Liszt Franz von, Abbe, grossherzoglich sachsen-weimarischer Hof-Capellmeister, Pianist und Componist, geboren Raiding in Ungarn, 22. October 1811, gestorben Bayreuth, 31. Juli 1886.

Compositionen: Adagio aus dem B-dur-Trio (Beethoven) instrumentirt. Allmacht (Schubert), instrumentirt. Beethoven-Cantate. Phantasie über die Ruinen von Athen, für Clavier und Orchester. Grand Galop chromatique. Der Kreuzzug (Orchestrirung). Liebestraum. Marsch in H (Orchestrirung). Polonaise (E-dur). Les Préludes, symphonische Dichtung. Reiter-marsch (Schubert), instrumentirt. Rhapsodie Nr. 1 (F-dur) Zaubersee (Orchestrirung).

Lockroy, französischer Bühnendichter.

Text zu den Opern: Das Glöckchen des Eremiten. Gute Nacht, Herr Pantalon. Der Hund des Gärtners.

Lortzing Albert Gustav, Capellmeister des Friedrich-Wilhelm-städtischen Theaters in Berlin, Opernsänger, Componist und Dichter, geboren Berlin, 23. October 1803, gestorben daselbst, 21. Jänner 1851.

Text und Musik zu den Opern: Die beiden Schützen. Czar und Zimmermann. Undine. Der Waffenschmied. Der Wildschütz.

Lubliner Hugo (pseud **Hugo Bürger**), Schriftsteller, geboren Breslau, 22. April 1846.

Frau Susanne, Schauspiel.

Ludwig XIII., König von Frankreich, Componist, geboren Paris, 27. September 1601, gestorben Versailles, 14. Mai 1643.

Composition: Gavotte (in Rococo).

Ludwig Otto, Dr. phil., Dichter und Componist, geboren Eisfeld in Sachsen-Meiningen, 11. Februar 1813, gestorben Dresden, 25. Februar 1865.

Der Erbförster, Trauerspiel. Text zur Oper: Die Makkabäer.

Madaglio, Componist.

Composition: Monte Christo, Ballet.

Mader Raoul, Solo-Gesangs-Correpetitor des k. k. Hofopern-theaters in Wien, Componist, geboren Pressburg (Ungarn), 25. Juni 1856.

Compositionen: Dich will ich ewig lieben, Lied. Die Flüchtlinge, Oper. Die Sireneninsel, Ballet.

Mahler Gustav, Director der königl. ungarischen Nationaloper in Budapest, Componist, geboren Kalischt in Böhmen, 7. Juli 1860.

Musikalische Bearbeitung der Oper: Die drei Pintos.

9

Maillart Aimé, französischer Opern-Componist, geboren Montpellier, 24. März 1817, gestorben Moulins, 26. Mai 1871.
Composition: Das Glöckchen des Eremiten, Oper.

Mallian, französischer Bühnenschriftsteller.
Maria Anne, Schauspiel.

Malte Nicolo de, siehe **Isonard Nicolo.**

Manfred, siehe **Dräxler-Manfred Karl Ferdinand.**

Manzotti Luigi, italienischer Schriftsteller.
Libretto zu Excelsior, Ballet.

Marenco Romualdo, Componist, Balletmusik-Director am Theater della Scala in Mailand.
Composition: Excelsior, Ballet.

Marini Girolamo, italienischer Schriftsteller.
Text zur Oper: Der Tempelritter.

Marschner Heinrich, königl. hannoveranischer General-Musik-Director, Dr. phil., Componist, geboren Zittau, 16. August 1795, gestorben Hannover, 14. December 1861.
Compositionen: die Opern Hans Heiling. Der Templer und die Jüdin. Der Vampyr.

Mascagni Pietro, italienischer Componist, geboren Livorno, 7. December 1863.
Compositionen: die Opern Cavalleria rusticana. Freund Fritz. Die Rantzau.

Masse Felix Marie Victor. Gesangs-Director der grossen Oper und Professor der Composition am Conservatorium in Paris, Componist, geboren Lorient, 7. März 1822, gestorben Paris, 5. Juli 1884.
Compositionen: Air de la coup de Galathée. Jeanettens Hochzeit, Oper. Nachtigallen-Arie. Paul und Virginie, Oper.

Massenet Jules Emil Frederic, Professor am Conservatorium in Paris, Componist, geboren Moulard bei St. Etienne (Frankreich), 12. Mai 1842

Compositionen: Der Cid, Oper. Das Glockenspiel, Ballet. König von Lahore, Oper. Manon Lescaut, Oper. Werther, Oper.

Maton Adolphe, Componist.

Composition: Les Moissoneuses, Walzer.

Mautner Eduard, Dr. juris, Dichter und Schriftsteller, geboren Budapest, 13. November 1824, gestorben Baden bei Wien, 2. Juli 1889.

Uebersetzung des Dramas: Feodora, des Schauspieles: Der Hüttenbesitzer. Textbearbeitung zur Oper: Der Hund des Gärtners und zu: Der Rose Pilgerfahrt.

Max Hanns, Pseud. für **Johann Nep. Freiherr von Paßmann,** Sectionsrath im k. k. Ministerium für Cultus und Unterricht, Schriftsteller, geboren Lemberg, 5. Juli 1822, gestorben Wien, 4. October 1886.

Text zum Singspiele: Franz Schubert.

Maxiller, Schriftsteller.

Libretto zu den Ballets: Der verliebte Teufel. Die verwandelten Weiber.

Mazzolla Antonio, sächsischer Hofpoet.

Text zur Oper: Titus.

Mehul Etienne Henri, Inspector und Professor des Conservatoriums in Paris, Componist, geboren Givet in den Ardennen, 21. Juni 1763, gestorben Paris, 17. October 1817.

Composition: Josef und seine Brüder, Oper.

Meilhac Henri, französischer Dramatiker, geboren Paris, 1832.

Text zu den Opern: Carmen und Manon Lescaut. L'Ingenue, Comédie.

Melesville Pseud. für **Anne Honoré Joseph Duveyrier,** französischer Bühnendichter, geboren Paris, 13. November 1787, gestorben dortselbst, 7. November 1865.

Text zu den Opern: Die Alpenhütte. Die sicilianische Vesper. Zampa.

Menasci Guy, Advocat und Schriftsteller, geboren Livorno, 1867.

Text zu den Opern: Cavalleria rusticana. Die Rantzau.

Mendel Hermann, Musikschriftsteller und Componist, Herausgeber des musikalischen Conversations-Lexicons, geboren Halle an der Saale, 6. August 1831, gestorben Berlin, 26. October 1876.

Deutsche Bearbeitung des Textes zur Oper: Johann von Paris.

Mendelssohn-Bartholdy Jacob Ludwig Felix, königl. General-Musik-Director in Berlin, Componist und Schriftsteller, geboren Berlin, 3. Februar 1809, gestorben Leipzig, 4. November 1847.

Compositionen: Antigone, Musik zur Tragödie. Athalia. Ouverture. Die erste Walpurgisnacht. Frühlingslied. Loreley, Opernfragment. Das Märchen von der schönen Melusine. Meeresstille und glückliche Fahrt. Reformations-Symphonie. Symphonie in A-moll. Ein Sommernachtstraum, Musik hiezu. Violin-Concert (E-moll) mit Orchester.

Mendez J., Balletmeister.

Scenisches Arrangement und Tänze zum Ballet: Excelsior.

Merante Louis, gewesener Balletmeister der grossen Oper in Paris, Balletdichter, geboren 1818, gestorben Paris, 18. Juli 1887.

Libretto zum Ballet: Sylvia.

Mérimée Prosper, französischer Senator, Dichter und Schriftsteller, geboren Paris, 28. September 1803, gestorben Cannes, 23. September 1870.

Text zur Oper: Carmen, nach seiner gleichbenannten Novelle.

Metastasio Pietro, Abbate, recte **Trapassi**, kaiserl. Hofpoet in Wien, geboren Rom, 3. Jänner 1698, gestorben Wien, 12. April 1782.

Text zur Oper: Titus.

Metzler Karl Ludwig, siehe **Giesecke J. G. R. L. Karl Ludwig von**.

Meyerbeer Giacomo, eigentlich **Jakob Mayer Beer**, königl. preussischer General-Musik-Director, Opern-Componist, gehoren Berlin, 5. September 1791, gestorben Paris, 2. Mai 1864.

Compositionen: die Opern Die Afrikanerin. Dinorah. Die Hugenotten. Der Nordstern. Der Profet. Robert der Teufel. Struensee (Musik zum Trauerspiel).

Milliet Paul, französischer Schriftsteller.
Text zur Oper: Werther.

Minkus, Componist und Violin-Virtuos, geboren 1830.
Compositionen: Naila, Ballet. Sprühfeuer, Ballet.

Mistral Frederic, provençal. Dichter, geboren Maillane (Departement, Rhônemündungen), 8. September 1830.
Das Textbuch zur Oper Mirella ist nach seinem Epos Mirèio verfasst.

Moline, französischer Schriftsteller.
Text zur Oper: Orpheus und Eurydike.

Monplaisir Hippolyt, Schriftsteller.
Libretto zum Ballet: Brahma.

Moore Thomas, englischer Dichter und Politiker, geboren Dublin, 28. Mai 1779, gestorben Sloperton-Cottage, 26. Februar 1852.
Text zur Oper: Feramors und zum Oratorium: Israels Heimkehr aus Babylon.

Morvan, de, Schriftsteller.
Text zur Oper: Gute Nacht Herr Pantalon.

Mosenthal Salomon Hermann, Ritter von, k. k. Regierungsrath und Bibliothekar im Ministerium für Cultus und Unterricht, Dr. phil. Dichter und Schriftsteller, geboren Kassel, 14. Jänner 1821, gestorben Wien, 19. Februar 1877.
Text und Textbearbeitungen zu: Die Erste Falte. Fata Morgana. Die Folkunger. Das goldene Kreuz. Judith. Die Königin von Saba. Landfrieden. Die lustigen Weiber von Windsor. Die Makkabäer. Der Ritterschlag. Die Sündflut. Das Volkslied.

Moser Gustav von, deutscher Lustspieldichter, geboren Spandau, 11. Mai 1825.
Krieg im Frieden, Lustspiel.

Mottl Felix, Director der Hofoper und der grossherzogl. Hof-
capelle in Karlsruhe, Componist, geboren Unter-St. Veit bei
Wien, 24 August 1856.

Beatrice und Benedict, Oper (Recitative zu derselben).

Mozart Johann Chrysostomus Wolfgang Amadeus, Tondichter,
geboren Salzburg, 27. Jänner 1756, gestorben Wien, 5. December 1791.

Compositionen: Abendempfindung, Lied. Bastien und
Bastienne, Oper. Clavier-Concert in D-moll. Cosi fan tutte,
Oper. Davide penitente, Arie. Don Juan, Oper. Die Entführung
aus dem Serail, Oper. Die Hochzeit des Figaro, Oper Die
Gärtnerin, Oper. Idomeneus, Oper. Per pietà, ben mio.
Arie. Requiem. Der Schauspieldirector, Oper. Schauspiel-
Ouverture, in G-dur. Serenade Nr. 7. Titus, Oper. Türkischer
Marsch. Variationen für Streichorchester und zwei Hörner.
Das Veilchen, Lied. Die Zauberflöte, Oper.

Müller Hugo, Gründer der Genossenschaft deutscher Bühnen-
Angehöriger, Dr. juris, Schriftsteller, geboren Posen, 30. October 1831, gestorben Niederwalluf im Rheingau, 21. Juli 1881.

Adelaide, Genrebild.

Münch-Bellinghausen Eligius, Freiherr von, siehe **Halm Friedrich.**

Murger Henry, französischer Bühnenschriftsteller, geboren Paris,
24. März 1822, gestorben dortselbst 28. Jänner 1861.

Aus der komischen Oper, Lustspiel.

Navorovsky A., siehe **Swoboda Wenzel Alois.**

Nessler Victor Ernest, Capellmeister am Carolatheater in Strassburg, Componist, geboren Baar bei Strassburg, 28. Jänner
1841, gestorben Strassburg, 28. Mai 1890.

Composition: Der Trompeter von Säkkingen, Oper.

Nicolai Otto, königl. Hofopern-Capellmeister und Director des Dom-
chores in Berlin; vorher 1837, dann 1841 bis 1845 Capellmeister
des Wiener k. k. Hof-Operntheaters, Begründer der philharmonischen Concerte in Wien, Componist, geboren Königsberg in Preussen, 9. Juni 1810, gestorben Berlin, 11. Mai 1849.

Compositionen: die Opern Die lustigen Weiber von
Windsor. Der Tempelritter.

Nicolo de Malte siehe **Isonard Nicolo.**

Niese Karl Friedrich, Rechtsanwalt, Musik- und Bühnenschrift-steller, geboren Strehla, 25. Februar 1821, gestorben Dresden, 2. November 1891.

Bearbeitung der Texte zu den Opern: Giaconda. Me-phistopheles. Simon Boccanegra.

Nuitter Charles Louis Etienne, recte **Touinet**, französischer Bühnendichter, geboren Paris, 24. April 1828.

Libretto zu den Balleten: Coppelia. Naila.

Offenbach Jacques, Gründer und Director des Theaters: Les bouffes parisiennes in Paris, Componist, geboren Köln am Rhein, 21. Juni 1819, gestorben Paris, 4. October 1880.

Compositionen: Monsieur und Madame Denis, Oper. Balletmusik aus seiner Oper: Die Rheinnixen.

Ohnet Georges, Advokat, französischer Schriftsteller, geboren Paris, 3. April 1848.

Der Hüttenbesitzer, Schauspiel.

Orth Johann siehe: **Johann**, kais. u. könig. Prinz etc.

Ott Georg, Schriftsteller.

Textbearbeitung zu den Opern: Lucia von Lammermoor. Die Nachtwandlerin.

Paganini Nicolo, Violin-Virtuos und Componist, geboren Genua, 18. Februar 1784, gestorben Nizza, 27. Mai 1840.

Composition: Violin-Concert in C-dur.

Panizza Jacques, Gesangsprofessor und Componist in Mailand, geboren 1800, gestorben Mailand, April 1860.

Composition: Nena Sahib, Ballet.

Pasqué Ernst Heinrich Anton, gewesener Leiter des Hoftheaters in Darmstadt (bis 1874), vorher Opernsänger, Schriftsteller, geboren Köln am Rhein, 3. September 1821, gestorben Als-bach bei Darmstadt, 20. März 1892.

Textbearbeitung zur Oper: Die Nürnberger Puppe.

Paßmann Johann Nepomuk Freiherr von, siehe **Max Haans.**

Pech Henriette, siehe: **Krásnohorská Eliska.**

Pellegrin, siehe: **Fouque Friedrich Heinrich Karl Freiherr de la Motte.**

Peregrinus Theodor, siehe **Haupt Markus Theodor von.**

Pergolese Giovanni Battista, italienischer Componist, geboren Jesi (Werk Ancona), 3. Jänner 1710, gestorben Pazznoli bei Neapel, 16. März 1736.

> Composition: Sicilianne.

Perrot Jules Josef, Balletmeister und Balletdichter, vom 29. September 1836 bis 31. December 1838 an der Wiener Hofoper in beiden Eigenschaften thätig, geboren Lyon, 18. August 1810.

> Libretto zum Ballet Esmeralda.

Pfeffer Karl, Chor-Director des k. k. Hof-Operntheaters in Wien (seit 1888 pensionirt), Violin-Virtuos und Componist, geboren Wien, 12. Jänner 1833.

> Compositionen: Harold, Oper. Osterlied, Chor.

Piave H. M., italienischer Schriftsteller.

> Text zu den Opern: Hernani, Rigoletto, Simon Boccanegra. Violetto (Traviata).

Planard, französischer Schriftsteller.

> Text zur Oper: Der Blitz.

Planche James Robinson, englischer Bühnenschriftsteller, geboren London, 27. Februar 1796, gestorben Chelsea (London), 30. Mai 1880.

> Text zur Oper: Oberon.

Pohl Richard (pseud. **Jean Richard**), Musikschriftsteller, geboren Leipzig, 12. September 1826.

> Textbearbeitung zur Oper: Beatrice und Benedict.

Pollak Heinrich pseud. **R. Heinrich,** Schriftsteller und Publicist, geboren Mattersdorf (Ungarn), 2. April 1839.

Text zum Lied: Dich will ich ewig lieben, und Texteinlagen in die Opern: Die beiden Schützen und die Zwillingsbrüder.

Ponchielli Amilcare, Capellmeister in Piacenza, Componist, geboren Fasolaro, 1. September 1834, gestorben Mailand, 16. Jänner 1886.
Composition: Giaconda, Oper.

Popper David, Cello-Virtuose und Componist, geboren Prag, 18. Juni 1846.
Composition: Elfentanz.

Pozza P., italienischer Schriftsteller.
Text zur Oper: Der Vasall von Szigeth.

Price Adolf James Julius, Solotänzer des k. k. Hof-Operntheaters und Professor am Conservatorium in Wien, Balletdichter, geboren Nischni-Nowgorod in Russland, 30. Juni 1833, gestorben Wien, 24. Jänner 1893.
Libretto und Tänze zu den Balleten: Harlequin als Elektriker, Saltarello.

Proch Heinrich, Erster Capellmeister des k. k. Hof-Opern- und des k. k. Hof-Burgtheaters in Wien, Componist und Schriftsteller, geboren, Wien, 22. Juli 1809, gestorben daselbst 18. December 1878.
Compositionen: Die lustigen Weiber von Windsor, Oper (Recitative). Thema und Variationen, Gesangsstück.
Textbearbeitung zu den Opern: Die Alpenhütte, Don Pasquale, Der Troubadour.

Pugni Cesar, Componist, geboren 1810 in Mailand, gestorben 1869 in St. Petersburg.
Compositionen: Esmeralda, Ballet, Satanella, Ballet.

Putlitz Gustav Heinrich Gans, Edler Herr zu, Intendant des Hoftheaters in Karlsruhe (bis 1886), Dichter und Componist, geboren Retzien in der Prignitz, 20. März 1821, gestorben dortselbst 5. September 1890.
Recitative zur Oper: Beatrice und Benedict.

Quinault Philippe, Director der Academie royale de musique in Paris, vorher Advokat, Schriftsteller, geboren Paris, 3. Juni 1635, gestorben dortselbst 26. November 1688.

Text zur Oper: Armida.

Racine Jean Baptiste, französischer Dramatiker, geboren La Ferte-Milon in der Picardie, 21. December 1639, gestorben Paris, 26. April 1699.

Der Text zur Oper Iphigenie in Aulis ist nach seiner gleichbetitelten Tragödie ausgearbeitet. Phädra, Trauerspiel.

Rácz Ral, ungarischer Zigeuner-Musiker, Chef der ungarischen National-Capelle in Budapest.

Composition: Cardas.

Raimund Ferdinand, dramatischer Dichter und Schauspieler, geboren Wien, 1. Juni 1790, gestorben Pottenstein in Nieder-österreich, 5. September 1836.

Der Verschwender, Zaubermärchen.

Rebagliati, italienischer Componist.

Composition: Il Carnevale di Venezia.

Reber Napoleon Heinrich, Professor der Harmonielehre am Conservatorium in Paris, Componist, geboren Mühlhausen im Elsass, 21. October 1807, gestorben Paris, 25. November 1880.

Composition: Der verliebte Teufel, Ballet.

Regel Hermann Heinrich, Schriftsteller, geboren Bistritz (Schlesien), 1. Juli 1858.

Libretto zu den Balleten: Burschenliebe. Rouge et noir. Die Sireneninsel.

Reissiger Karl Gottlieb, königl. sächsischer Hof-Capellmeister, Componist, geboren Belzig in Sachsen, 31. Jänner 1798, gestorben Dresden, 7. November 1859.

Musik zum Schauspiel: Yelva.

Rellstab Ludwig Heinrich Friedrich, Roman- und Bühnenschriftsteller, geboren Berlin, 13. April 1799, gestorben dortselbst 27. November 1860.

Textbearbeitung zur Oper: Der Prophet.

Ribbeling Adolf Graf, siehe: **Lenven Adolf de**.

Ribics Julius von, Schriftsteller.

Bearbeitung des Textes zur Oper: Der Blitz.

Richard Jean, siehe: **Pohl Richard**.

Ricordi Giulio, siehe: **Burgmein J.**

Riedel Hermann, Componist, vom 1. August 1874 bis 31. October 1878 Solo-Gesangs-Correpetitor des k. k. Hof-Operntheaters in Wien, geboren Burg bei Magdeburg, 2. Jänner 1847.

Compositionen: Der Ritterschlag, Oper. Romanze. Der Trompeter von Säkkingen. Lieder-Cyklus.

Ritter Carl August, Director des Stadttheaters in Bremen, Schriftsteller, Componist, Theatermaler, geboren zu Mannheim, 31. Juli 1800, gestorben Mittelheim am Rhein, 11. September 1878.

Textbearbeitung zu den Opern: Fra Diavolo. Die Stumme von Portici.

Rochlitz Friedrich, grossherzoglich sachs.-weimar'scher Hofrath, Dichter und Musikschriftsteller, geboren Leipzig, 12. Februar 1769, gestorben alldort, 16. December 1842.

Text zur: Hymne (compon. v. C. M. v. Weber).

Roddaz C. de, Schriftsteller.

Libretto zum Ballet: Das Glockenspiel.

Rode Pierre, Violin-Virtuos und Componist, geboren Bordeaux, 26. Februar 1774, gestorben ebendort, 27. November 1830.

Composition: Variationen.

Rodenberg Julius, recte **Julius Levy**, Redacteur der ›Deutschen Rundschau‹, Dichter und Schriftsteller, geboren Rodenberg in Hessen, 26. Juni 1831.

Text zur Oper: Feramors.

Roeder Martin, Musikschriftsteller und Componist, geboren Berlin, 7. April 1851.

Uebersetzung des Textes zum Requiem (von Verdi).

Romani Felice, italienischer Bühnendichter, geboren Genua, 31. Jänner 1798, gestorben Maniglia, 28. Jänner 1865.

Text zu den Opern: Lucretia Borgia. Liebestrank. Montecchi und Capuleti. Nachtwandlerin. Die Norma.

Romberg Leonhard, königl. preussischer Hof-Capellmeister, Virtuos auf dem Violoncell, Componist, geboren Dinklage bei Münster, 11. November 1770, gestorben Hamburg, 13. August 1841.

Composition: Cello Concert IX

Roquette Otto, Professor der Literatur am Polytechnikum in Darmstadt, Dichter und Schriftsteller, geboren Krotoschin (Provinz Posen), 19. April 1824.

Text zum Oratorium: Die heilige Elisabeth.

Rosenfeld, siehe **Fels Roderich**

Rossi Gaetano, italienischer Schriftsteller.

Text zu den Opern: Linda von Chamonix. Semiramis.

Rossini Gioachino Antonio, italienischer Componist, geboren Pesaro in der Romagna, 29. Februar 1792, gestorben Paris, 14. November 1868.

Compositionen: der Barbier von Sevilla. Die Belagerung von Korinth. Cenerentola (Aschenbrödel) Die Italienerin in Algier. Missa solemnis. Othello. Semiramis. Stabat mater. Wilhelm Tell.

Rota Josef, Schriftsteller und Balletmeister.

Libretto zu den Balleten: An der Beresina Gräfin Egmont Monte Christo.

Royer Alphons, Schriftsteller.

Text zur Oper: Die Favoritin.

Ruault Louis, siehe **Frappart Louis.**

Rubinstein Anton Gregor von, Pianist und Componist. geboren Wechwotynetz bei Jassy, 18. November 1829.

Compositionen: Clavier-Concert. Feramors, Oper. Die Makkabäer, Oper. Nero, Oper. O, wenn es immer so bliebe. Lied.

Rudolf B., siehe **Bunge Rudolf.**

Rumänien, Elisabeth Pauline Ottilie Louise, Königin von, siehe **Carmen Sylva.**

Saar Ferdinand von, Dichter und Schriftsteller, geboren Wien, 30. September 1833.

. An der Donau, Festspiel. Prolog zur Festvorstellung anlässlich der Enthüllung des Kaiserin Maria Theresien-Denkmals in Wien. Prolog zur Festvorstellung anlässlich der Enthüllung des Radetzky-Denkmals in Wien.

Saint-Georges Jules Henri Vernoy de, französischer Bühnendichter, geboren Paris 1801, gestorben 23. December 1875.

Text zu den Opern: Der Blitz. Die Krondiamanten. Das Mädchen von Perth. Martha. Die Regimentstochter. Die Sängerin. Libretto zum Ballet: Gisella oder die Wilis.

Saint Just, Schriftsteller.

Text zur Oper: Johann von Paris.

Saint-Leon Arthur, Balletmeister der grossen Oper in Paris Violin-Virtuos und Balletdichter, 1840 bis 1842 am k. k. Hof-Operntheater in Wien engagirt, geboren Paris 1822, gestorben ebendort, 2. September 1870.

Libretto und Tänze zu den Balleten: Coppelia. Naila Sprühfeuer.

Saint-Pierre Jacques Henri Bernardin de, Professor der Moral an der Normalschule in Paris, Mitglied des Institutes von Frankreich, Schriftsteller, geboren Havre, 19. Jänner 1737, gestorben auf seinem Landgute Eragny-sur-Oise, 21. Jänner 1814.

Nach seiner Novelle: Paul und Virginie, ist das Textbuch zur gleichnamigen Oper gearbeitet.

Saint-Saëns Camille Charles, Pianist und Componist, geboren Paris, 9. October 1835.

Compositionen: Danse macabre. La jeunesse d'Ercole. Die Sündfluth.

Sander Johann Daniel, Buchhändler und Schriftsteller in Berlin, geboren Magdeburg 1759, gestorben Berlin, 27. Jänner 1825.

.

Textbearbeitung zu den Opern: Iphigenie in Aulis. Orpheus und Eurydike.

Sarasate Pablo de, Violin-Virtuos und Componist, geboren Pamplona in Spanien, 10. März 1844.

Composition: Nocturne.

Sardou Victorien, französischer Dramatiker, geboren Paris, 7. September 1831.

Die alten Junggesellen, Sittengemälde. Feodora, Drama.

Schachner Rudolf Josef, Pianist und Componist, geboren München, 31. December 1819, nach Anderen 1821.

Composition: Israel's Heimkehr aus Babylon, Oratorium.

Schanz Julius August, Pseudonym: **Uli Schanz,** emerit. Professor, Dichter und Schriftsteller, geboren Oelsnitz, 19. September 1828.

Deutsche Bearbeitung des Textes zur Oper: Aïda.

Schanz Uli, siehe **Schanz Julius August.**

Scharfe Gustav, Professor am Conservatorium in Dresden, früher Opernsänger, Lieder-Componist, gestorben Dresden, 25. Juni 1892.

Composition: Das Mädchen und der Schmetterling, Lied.

Scheffel Josef Victor von, grossherzogl. badischer Hofrath, Dr. phil., deutscher Dichter, geboren Karlsruhe, 16. Februar 1826, gestorben alldort 9. April 1886.

Text zur Oper: Der Trompeter von Säkkingen, nach seinem gleichbetitelten Epos.

Schenk Johann, Componist, geboren Wiener-Neustadt, 30. November 1761, gestorben Wien, 29. December 1836.

Composition: Der Dorfbarbier, Oper.

Schikaneder Emanuel, Gründer und Director des Theaters an der Wien (am 13. Juni 1801 eröffnet), vorher Director des Theaters im Freihause auf der Wieden, Schauspieler, Opernsänger und Bühnendichter, geboren Regensburg 1751, gestorben Wien, 21. September 1812.

Text zur Oper: Die Zauberflöte

Schiller Friedrich von, grossherzogl. sachs.-weimar. Hofrath, Dichter, geboren Marbach in Württemberg, 10. November 1759, gestorben Weimar, 9. Mai 1805.

An die Freude, Ode. Demetrius, dramatisches Fragment. Maria Stuart, Trauerspiel. Bearbeitung der Tragödie: Phädra. Die Piccolomini, dramatisches Gedicht. Die Räuber, Trauerspiel. Wallensteins Lager, dramatisches Gedicht. Wallensteins Tod, Trauerspiel. Wilhelm Tell, Schauspiel.

Schirmer Adolf, Schriftsteller, geboren Hamburg, 7. Mai 1821, gestorben Wien, 13. Februar 1886.

Textbearbeitung zu den Opern: Bianca. Der König hat's gesagt.

Schlegel August Wilhelm von, Professor der Kunst- und Literatur-geschichte an der Universität Bonn, Schriftsteller und Ueber-setzer, geboren Hannover, 8. September 1767, gestorben Bonn, 12. Mai 1845.

Uebersetzung des Trauerspieles Hamlet, dann der Dramen: König Richard II., König Heinrich IV., 1. und 2. Theil, König Heinrich V., König Heinrich VI., 1. und 2. Theil, König Richard III.

Schlesinger Sigmund, Lustspieldichter und Schriftsteller, ge-boren Waag-Neustadtl in Ungarn, 15. Juni 1832.

Vater Radetzky, Festspiel.

Schmidt Hermann, Balletmusik-Director am königl. Operntheater in Berlin, Flötenviotuos und Componist, geboren Berlin, 5. März 1810, gestorben ebendort 10. October 1845.

Musik zum Ballet: Robert und Bertrand.

Schneider Louis, pseud. **C. W. Both,** königl. preussischer Geheimer Hofrath und Vorleser des Königs, früher Hofschauspieler in Berlin, Schriftsteller und Componist, geboren Berlin, 29. April 1805, gestorben Potsdam, 16. December 1878.

Der Kurmärker und die Picarde. Text und Musik. Be-arbeitung des Textes der Oper: Der Schauspiel-Director.

Schnitzer Ignaz, Schriftsteller, geboren Budapest 1839

Text zu den Opern: Die Königsbraut, Muzzedin.

Schober Franz von, grossherzogl. sachsen-weimarischer Legations-rath, Dichter und Schriftsteller, geboren Schloss Torup bei Malmoe in Schweden, 17. Mai 1796, nach Anderen erst: 1798, gestorben Dresden, 13. August 1882.

Text zur Oper: Alfonso und Estrella.

Schönthan von Pernwald Franz, Lustspieldichter und Schrift-steller, geboren Wien, 20. Juni 1849.

Krieg im Frieden, Lustspiel.

Schubert Franz, Componist, geboren Wien, 31. Jänner 1797, gestorben ebenda, 19. November 1828.

Compositionen: Alfonso und Estrella, Oper. Die Allmacht, Chor. Am Meere, Lied. Erstarrung, Lied. Fierabras, Oper. Der Kreuzzug, Lied. Litanei am Feste Allerseelen. Marsch in H. Morgenständchen, Lied. Der Neugierige, Lied. Reiter-marsch. Romanze Rosamunde, Oper. Sei mir gegrüsst, Lied. Ständchen, Lied. Die Verschworenen, Oper. Die Zwillings-brüder, Oper.

Schütt Eduard, Componist, geboren St. Petersburg, 10. Octo-ber 1856.

Signor Formica, Oper.

Schumann Robert, Componist und Musikschriftsteller, Dr. phil. geboren Zwickau, 8. Juni 1810, gestorben Endenich bei Bonn, 29. Juni 1856.

Compositionen: Genovefa, Oper. Manfred, Musik zum Drama. Romanze vom Gänsebuben. Der Rose Pilgerfahrt. Symphonie III (Es-dur). Träumerei. Wanderlied.

Schwind Moriz von, Professor an der königl. Akademie in München (der edelste Vertreter echt deutscher Romantik in der Malerei), geboren Wien, 21. Jänner 1804, gestorben München, 8. Februar 1871.

Das Libretto zum Ballet Melusine, nach dessen gleich-benanntem Bildercyclus ausgearbeitet.

Scott Walter, Sir, schottischer Dichter, geboren Edinburg, 15. August 1771, gestorben Abbotsford, 21. September 1832.

Die Operntexte: Lucia von Lammermoor, Das Mädchen von Perth. Der Templer und die Jüdin. Der Tempelritter, nach dessen Romane bearbeitet.

Scribe Augustin Eugène, Mitglied der Akademie in Paris, französischer Bühnendichter, geboren Paris, 14. December 1791, gestorben daselbst 20. Februar 1861.

Text zu den Opern: Die Afrikanerin. Die Alpenhütte. Die Ballnacht. Dom Sebastian. Die Favoritin. Fra Diavolo. Giralda. Die Hugenotten. Die Jüdin. Die Krondiamanten. Maskenball. Maurer und Schlosser. Der Nordstern. Der Profet. Robert der Teufel. Die Sängerin. Der schwarze Domino. Die Stumme von Portici. Des Teufels Antheil. Die weisse Frau. Yelva.

Seiller, Schriftsteller.

Gedicht zum Lied: Vineta.

Senffert, Schriftsteller.

Ich will Deine Sonne sein, Lied.

Seyfried Josef Ritter von, Kanzlei-Director des k. k. Hof-Operntheaters in Wien, Schriftsteller, geboren Wien, 24. März 1780, gestorben daselbst 28. Juni 1849.

Textbearbeitung zu den Opern: Die Ballnacht. Norma. Titus. Die Vestalin. Zampa.

Shakespeare William, englischer Dramatiker, geboren Stratford am Avon, 23. April 1564, gestorben alldort 23. April 1616.

Die Trauerspiele: Coriolanus. Antonius und Cleopatra. Hamlet. König Richard II. König Heinrich IV., 1. und 2. Theil. König Heinrich V. König Heinrich VI., 1. und 2. Theil. König Richard III. Macbeth. Othello. Ein Sommernachtstraum.

Dann nach seinen Dichtungen Texte zu den Opern: Beatrice und Benedict, nach: Viel Lärm um Nichts. Fallstaff. Hamlet. Die lustigen Weiber von Windsor. Othello. Romeo und Julie. Ein Sommernachtstraum. Der Widerspänstigen Zähmung.

Silas Friedrich Ferdinand, Schriftsteller.

Textbearbeitung zu: Manon.

Smareglia Antonio, Componist, geboren Pola, 5. Mai 1855.
Composition: Der Vasall von Szigeth, Oper.

Smetana Friedrich, erster Capellmeister am böhmischen National-
Theater in Prag, Clavier-Virtuos und Componist, geboren
Leitomischl, 2. März 1824, gestorben Prag, 12. Mai 1884.
Composition: Der Kuss, Oper.

Somma, italienischer Schriftsteller.
Textbuch zur Oper: Der Maskenball.

Sonnleithner Josef Ignaz Ferdinand, k. k. Hoftheater-Secretär,
Schriftsteller, Gründer der Gesellschaft der Musikfreunde in
Wien, geboren Wien, 3. März 1766, gestorben ebenda 26. De-
cember 1835.
Textbearbeitung zu den Opern: Faniska, Fidelio.

Sophokles, griechischer Dramatiker und Citharist, geboren Athen
495 vor Christ., gestorben daselbst 405 vor Christ.
Antigone, Tragödie.

Sonnet Alexandre, Bibliothekar in Compiègne, französischer
Schriftsteller, geboren Castelnaudary im Departement Ande,
8. Februar 1788, gestorben Compiègne, 30. März 1845.
Text zur Oper: Die Belagerung von Corinth.

Spitzer Ludwig, siehe **Hegiessy Ludwig**.

Spohr Ludwig, grossherzogl. hessischer General-Musik-Director
und Hof-Capellmeister, Componist, Dr. phil., geboren Braunschweig, 5. April 1784, gestorben Kassel, 23. October 1859.
Compositionen: Jessonda, Oper. Faust, Oper.

Spontini Conte di San Andrea Gasparo Luigi Pacifico, königl.
preuss. General-Musikdirector und Hof-Capellmeister, geboren
Majolati in der Mark Ancona, 15. November 1774, gestorben
dortselbst 24. Jänner 1851.
Composition: Die Vestalin, Oper.

Stein Adolf, siehe **Elz Alexander**.

Stein Karl recte **Uiblein Karl Josef**, k. k. Hof-Schauspieler und
k. k. Hofcapellensänger, Schriftsteller und Componist, ge-

boren Mistelbach in Niederösterreich, 21. Jänner 1807, gestorben Wien, 26. Jänner 1866.

Musik zum Singspiele: Das Versprechen hinterm Herd.

Stephanie Christian Gottlob der Aeltere, Regisseur und Hofschauspieler in Wien, Bühnendichter, geboren Breslau, 1733, gestorben Wien, 10. April 1798.

Textbearbeitung zur Oper: Die Entführung aus dem Serail.

Stephanie Gottlieb der Jüngere, Regisseur und Hofschauspieler in Wien, Bühnendichter, geboren Breslau, 19. Februar 1741, gestorben Wien, 23. Jänner 1800.

Der Schauspiel-Director, Text.

Sterbini Cesare, italienischer Bühnendichter.

Text zur Oper: Der Barbier von Sevilla.

Stern Adolf, Professor der Literatur- und Culturgeschichte am Polytechnikum in Dresden, Schriftsteller, geboren Leipzig, 14. Juni 1835.

Text zur: Beethoven-Cantate.

Strakosch Moriz, Pianist und Componist, Schwager der Adelina Patti, welche er zugleich mit ihrer Schwester in die musikalische Welt einführte, geboren Lemberg 1825, gestorben Paris, 9. October 1887.

Composition: Walzer.

Strauss Johann, der Sohn, emerit. k. k. Hofballmusik-Director Componist, geboren Wien, 25. October 1825.

Composition der Oper: Ritter Pasmann.

Streblnger Mathias, erster Balletmusik-Director des k. k. Hofoperntheaters in Wien, Violin-Virtuos und Componist, geboren Weikersdorf in Niederösterreich, 17. Jänner 1807, gestorben 12. Februar 1874.

Compositionen: Die Ballets Carnevalsabenteuer in Paris. Flick und Flock. Gräfin Egmont. Monte Christo. Nena Sahib.

Suardon R., italienischer Schriftsteller.

Text zur Oper: Freund Fritz.

Suppé Franz von, eigentlich **Francesco Ezechielle Ermengildo Cavaliere Suppé-Demelli**, Componist, geboren Spalato in Dalmatien, 18. April 1820.

Compositionen; Franz Schubert, Singspiel. Fünfundzwanzig Mädchen und kein Mann, Operette. Der Neugierige, Orchesterium Das Pensionat (auch Text) Unsere Handwerksburschen.

Swoboda Wenzel Alois, pseud. **Navorvsky**, Gymnasialprofessor in Prag, Schriftsteller, Entdecker, bezw. Verfasser der sogen. Königinhofer Handschrift, geboren Navorov in Böhmen, 8. December 1791, gestorben Prag, in der Nacht vom 8. auf den 9. Jänner 1849.

Deutsche Bearbeitung des Textes zu den Opern: Die Krondiamanten. Der Postillon von Lonjumeau.

Sylva Carmen, siehe **Carmen Sylva**.

Taglioni Paul, Ballet-Director des königl. Hoftheaters in Berlin, Balletrichter, früher Solotänzer, 1826 bis 1829 als solcher, Mitglied der Wiener Hofoper, geboren Wien, 12 Jänner 1808, gestorben Berlin, 7. Jänner 1884.

Libretti und Tänze: Ellinor, Ballet. Fantasca, Ballet. Flick und Flock. Robert und Bertrand, Ballet, Bearbeitung. Sardanapal, Ballet Satanello, Ballet. Soldatentanz in der Oper: Der Troubadour. Waffentanz in der Oper: Rienzi.

Targioni-Tazetti G, italienischer Schriftsteller.

Text zur Oper: Cavalleria rusticana.

Tasca Pierantonio, italienischer Componist.

Composition: A Santa Lucia, Oper.

Taubert Karl Gottfried Wilhelm, Präsident der musikalischen Section der königl. Akademie der Künste und Director der königl. Oper in Berlin, Pianist und Componist, geboren Berlin, 23. März 1811.

Compositionen: In der Ferne, Lied mit Orchester. Der Vogel im Walde, Lied. Der Schauspiel-Director, Bearbeitung.

Tazzetti G, siehe **Targioni-Tazetti G**.

Telle Karl, Ballet-Regisseur des k. k Hofoperntheaters in Wien bis 1889, Balletdichter und gewesener Solotänzer, geboren Berlin 12. October 1826.

Libretti, Tänze und Arrangements: Aïda. An der Beresina. Aus der Heimat. Carmen. Feramors. Hamlet. Landfrieden (Fackeltanz). Die lustigen Weiber von Windsor (Elfentanz). Mai-Idylle. Marco Bomba. Melusine. Mirella (Farandola). Nordstern. Pierot und Pierette. Pygmalion. Sacuntala. Der Spielmann. Tannhäuser. Das übelgehütete Mädchen, Bearbeitung. Die verwandelte Katze. Die vier Jahreszeiten. Der Waffenschmied.

Theodor Peregrinus siehe **Haupt Markus Theodor von**.

Thomas Ambroise Charles Louis, Director des Conservatoriums und Mitglied der schönen Künste in Paris, Componist, geboren Metz, 5. October 1811.

Compositionen ; Die Opern Hamlet. Mignon.

Thomson James, Ober-Aufseher über die kleineren Antillen, englischer Dichter, geboren Ednam in Schottland, 11. September 1700, gestorben London 27. August 1748.

Text zum Oratorium: Die vier Jahreszeiten.

Tieck Johann Ludwig, pseud. **Peter Lebrecht** und **Gottlieb Färber**, königl. preussischer Geheimer Hofrath, deutscher Dichter geboren Berlin, 31. Mai 1773, gestorben ebendort 28. April 1853.

Text zur Oper: Genovefa.

Tosti F. Paolo, italienischer Componist.

Composition: Vorrei morire, Lied.

Trapassi Pietro, siehe: **Metastasio Pietro**.

Traunwald siehe **Johann**, kais. und königl. Prinz etc.

Treitschke Friedrich Georg, k. k. Hoftheater-Secretär und Oekonom, dramatischer Schriftsteller, geboren Leipzig, 29. August 1776, gestorben Wien, 4. Juni 1842.

Textbearbeitungen zu den Opern: Fidelio. Idomeneus. Medea. Der Wasserträger.

Treumann Karl, Director des Carl-Theaters, dann Begründer und Director des Treumann-Theaters in Wien, Schauspieler und Bühnenschriftsteller, geboren Hamburg, 27. Juli 1823, gestorben Baden bei Wien, 18. April 1877.

Text zur Operette: Fünfundzwanzig Mädchen und kein Mann.

Troubetzkoy Fürst, J., Componist und Schriftsteller.

Libretto und Musik zum Ballet: Pygmalion.

Truinet Charles Louis Etienne, siehe: **Nuitter Charles Louis Etienne.**

Uhl Friedrich, k. k. Hofrath, Chef-Redacteur der „Wiener Zeitung", Schriftsteller, geboren Teschen, 14. Mai 1825.

Libretto zu den Balleten: Melusine. Sakuntala.

Ull Schanz, siehe: **Schanz Julius August.**

Vaccaj G. Nicolas, Professor am Conservatorium in Mailand, geboren Tolentino 1791, gestorben Mailand 1849.

Compositionen: Montecchi und Capuleti, Oper.

Van Dyck Ernest Marie Hubert, k u. k. Kammer- und Opernsänger am k. k. Hof-Operntheater in Wien, Schriftsteller, geboren Antwerpen, 2. April 1861.

Libretto zum Ballet: Das Glockenspiel.

Van Hammé Eduard Voltus, Lehrer an der Balletschule und Solotänzer des k. k. Hof-Operntheaters in Wien, Balletdichter, geboren Amsterdam, 13. September 1853.

Tänze in: Die Hochzeit in Bosnien.

Varesco Giambettista, Abbé, italienischer Bühnenschriftsteller.

Text zur Oper: Idomeneus.

Vengano, italienischer Componist.

Composition: Walzer.

Verdi Giuseppe, Senator des Königreiches Italien, Componist, geboren Roncole bei Parma, 9. October 1814.

Compositionen: die Opern Aïda. Falstaff. Hernani. Der Maskenball. Othello. Rigoletto. Simon Boccanegra. Die sizilanische Vesper. Der Troubadour. Violetta (Traviata), dann Requiem (Manzoni-Messe) und die vier Jahreszeiten (Ballet).

Verga G., italienischer Bühnendichter.

Text zur Oper: Cavalleria rusticana (seinem gleichnamigen Volksstücke entnommen.)

Vernoy de Saint-Georges Jules Henri, siehe: **Saint-Georges Jules Henri Vernoy de.**

Vesely J. G., czechischer Bühnendichter.

Text zur Oper: Der Bauer ein Schelm.

Vieux temps Henri, kais. russischer Kammervirtuos und Solo-violinist des kais. Hof-Orchesters, Componist, geboren Verviers in Belgien, 17. nach Anderen 20. Februar 1820, gestorben Mustapha Pascha bei Algier, 6. Juni 1881.

Compositionen: Ballade und Polonaise mit Orchester, Fantasie caprice mit Orchester.

Vincke Karl Friedrich Gisbert Freiherr von, königl. preussisch. Regierungsrath, Schriftsteller, geboren Ickern bei Dortmund, n. A. auf Gut Haus-Busch bei Hagen in Westphalen: 6. September 1813, gestorben Freiberg im Breisgau, 6. Februar 1892.

Verbindendes Gedicht zu Mendelssohns: Sommernachts-traum.

Visetti, italienischer Componist.

Composition: Diva (Walzer).

Waëz, Schriftsteller.

Text zur Oper: Die Favoritin.

Wagner Richard, Dichter und Componist, geboren Leipzig, 22. Mai 1813, gestorben Venedig, 13. Februar 1883.

Compositionen: Der fliegende Holländer. Die Götter-dämmerung. — Grosser Festmarsch. Huldigungsmarsch. — Lohengrin. Die Meistersinger von Nürnberg. Parsifal. Das Rheingold. Rienzi. Iphigenie in Aulis. (Bearbeitung) Siegfried. Tannhäuser. Tristan und Isolde. Die Walküre.

Wall C., siehe **Zell F.**

Walter, Componist.

Composition: Wie mir der Himmel lacht, Lied.

Walzel Camillo siehe **F. Zell.**

Weber Karl Maria Friedrich Ernest Freiherr von, Componist, geboren Eutin in Oldenburg, 18. December 1786, gestorben London, 5. Juli 1826.

Compositionen: Abu Hassan, Oper. Aufforderung zum Tanz. Concertstück für Orchester. Die drei Pintos, Oper (auch Text). Euryanthe, Oper. Fest-Ouverture. Der Freischütz, Oper. Hymne. Jubel-Ouverture. Oberon, Oper. Preciosa, Schauspiel (Musik hiezu).

Weber Karl Philipp Max Marie Freiherr von, Sohn des Componisten, geheimer Regierungsrath im königl. preussischen Handelsministerium, Eisenbahntechniker und Schriftsteller, geboren Dresden, 25. April 1822, gestorben Berlin, 18. April 1881.

Bearbeitung des Textes zur Oper: Die drei Pintos.

Weidmann Paul Josef, erst Official im k. k. Geheim-Chiffriramte in Wien, dann Secretär bei der k k. Hofkammer im Münz- und Bergwesen, dramatischer Schriftsteller, geboren Wien, 1745 nach Anderen 1746, gestorben daselbst 9. April 1801, nicht wie Wurzbach's biographisches Lexikon angibt, 1810.

Text zum Singspiele: Der Dorfbarbier.

Weil Ritter von Wellen Josef siehe **Wellen Josef.**

Wellen Josef recte **Josef Weil Ritter von Wellen,** k. k. Hofrath, Director der Schauspielschule am Conservatorium in Wien, Dichter und Schriftsteller, geboren Tetin bei Prag, 28. December 1828 nicht 1830, gestorben Wien, 3. Juli 1889.

Im Feldlager, Scenen. Prolog zur Beethoven-Feier. Salzburgs grösster Sohn, Gedicht. Das Weib des Kriegers, Gedicht.

Welskern Friedrich Wilhelm, Schauspieler und Bühnendichter, berühmt als Topograph, geboren 1710 in Sachsen, gestorben Wien, 23. December 1768.

Deutsche Text-Bearbeitung zur Oper: Bastien und Bastienne.

Weltner Albert Josef, Archivar der k u. k. General-Intendanz der k. k. Hoftheater in Wien, Schriftsteller, geboren Wien, 6. November 1855.

Prolog zur Feier der vor 100 Jahren erfolgten ersten Aufführung der Oper: Idomeneus.

Widmann Josef Victor, emerit. Director der Töchterschule in Bern, Schriftsteller, geboren Nennowitz in Mähren, 20. Februar 1842.

Text zur Oper: Der Widerspänstigen Zähmung.

Wied Elisabeth Pauline Ottilie Louise Prinzessin von, siehe **Carmen Sylva**.

Wieniawsky Henri, polnischer Violin-Virtuos und Componist, geboren Lublin, 10. Juli 1835.

Compositionen: Airs russes. Faust-Fantasie.

Wilbrandt Adolf, Director des k. k. Hof-Burgtheaters in Wien vom 1. November 1881 bis 30. Juni 1887, Dr. phil., Dichter und Schriftsteller, geboren Rostock, 24. August 1837.

Arria und Messalina, Trauerspiel. Bearbeitung des Trauerspieles: Coriolan. Einrichtung der Tragödie: Faust. Das Märchen vom Untersberg, dramatisches Gedicht. Die Maler, Lustspiel. Bearbeitung des Schauspieles: Der Richter von Zalamea.

Wilhelmj August, Violin-Virtuos und Componist, geboren Usingen in Nassau, 21. September 1845.

Composition: Romanze für Violine und Clavier.

Willner Alfred M., Componist und Schriftsteller, geboren Wien, 11. Juli 1859.

Libretto zum Ballet: Ein Märchen aus der Champagne. Musik zum Ballet: Der Vater der Debutantin.

Winkler Karl Gottfried Theodor, siehe **Hell Theodor**.

Winter Peter von, königl. baierischer Hof-Capellmeister, Componist, geboren Mannheim 1754, nach Anderen 1755, gestorben München 17. October 1825.

Composition: Das Unterbrochene Opferfest, Oper.

Wittmann Hugo, Schriftsteller, geboren Ulm 1839.

Text zur Oper: Heini von Steier.

Wohlbrück Wilhelm August, Schauspieler und Bühnenschriftsteller, Schwager des Componisten Heinrich Marschner, geboren Leipzig 1794, nach Anderen 1796, gestorben Riga 1848.

Text zu den Opern: Der Templer und die Jüdin. Der
Vampyr.

Wolff Pius Alexander, königl. Hofschauspieler in Berlin, Bühnenschriftsteller, geboren Augsburg, 3. Mai 1782, gestorben
Weimar 28. August 1828.

Preciosa, Schauspiel.

Wüllner Franz, königl. sächsischer Hof-Capellmeister und Director des Conservatoriums in Dresden, Dr. phil., Componist,
geboren Münster in Westphalen, 28. Jänner 1832.

Recitative zur Oper: Oberon.

Young Lucije, siehe **Grahn Lucile**.

Zarzycki Alexander, polnischer Componist und Klavier-Virtuos,
geboren Moskau 1840.

Composition: Mazurka.

Zelenski Stanislaus, Professor der Compositionslehre am Conservatorium in Warschau, geboren Grotkowick in Galizien, 1837.

Composition: Slowizcek, polnisches Lied.

Zell F. pseud. für **Camillo Walzel**, gewesener Director des
Theaters an der Wien, vorher Kapitän der österr. Donau-
Dampfschifffahrts-Gesellschaft, Schriftsteller, geboren Magde-
burg, 11. Februar 1830.

Deutsche Bearbeitung des Lustspieles: Aus der komischen
Oper und des Textes zur Oper: Jean de Nivelle. Libretto zum
Ballet: Die verwandelte Katze.

Zichy Géza Graf, k. u. k. Geheimer Rath, Intendant der königl.
Oper und Präsident des ungarischen National-Conservatoriums
in Budapest, Klaviervirtuos und Componist, geboren Budapest 23. Juli 1849.

Compositionen: Tannhäuser-Phantasie. Ungarische Klänge
Zaubersee. Ballade (Text und Musik)

Zängl, Schriftsteller.

Deutsche Textbearbeitung zur Oper: der Bauer ein
Schelm.

Zumpe Hermann, Kapellmeister am Stadtteather in Hamburg,
Gesangslehrer und Componist, geboren Taubenheim, 9.
April 1850

Composition: Mein Engel bist du, Lied.

Alphabetisches

Verzeichnis der im k. k. Hof - Operntheater

aufgeführten Werke.

A. Opern und

a) In deutscher

Zahl	Name des Werkes	Datum der ersten Aufführung	1869 1870	
1	Abu Hassan	17. November 1872	.	.
2	Afrikanerin, die	27. April 1870	.	11
3	Aïda	29. April 1874	.	.
4	Alceste	4. October 1885	.	.
5	Andreasfest, das	31. Jänner 1885	.	.
6	Alfonso und Estrella	15. April 1882	.	.
7	Alpenhütte, die	27. April 1875	.	.
8	Am Wörther-See	22. März 1880	.	.
9	Armida	20. November 1869	6	4
10	Bajazzo, der	19 November 1893	.	.
11	Ballnacht, die	31 Jänner 1877	.	.
12	Barbier von Bagdad, der	4. October 1890	.	.
13	Barbier von Sevilla, der	9. December 1876	.	.
14	Bastien und Bastienne	25 December 1891	.	.
15	Bauer ein Schelm, der	19. November 1885	.	.
16	Beatrice und Benedict	20. März 1890	.	.
17	Belisar (II. Act, 11. März 1871)	11. Februar 1888	.	.
18	Bianca	15. December 1880	.	.
19	Blitz, der	4. October 1881	.	.
20	Carmen	23. October 1875	.	.
21	Cavalleria rusticana	20. März 1891	.	.
22	Cid, der	22. November 1887	.	.
23	Czar und Zimmermann	25 December 1878	.	.
24	Cosi fan tutte (Weibertreue)	18. October 1872	.	.
25	Dinorah (II. Act, 11. März 1871)	28. December 1871	.	.
26	Dom Sebastian	12. December 1872	.	.
27	Don Juan	25. Mai 1869	6	12
28	Don Pasquale	4. October 1879	.	.
29	Dorfbarbier, der	23. Februar 1890	.	.
30	Elisabeth, die heilige	25. December 1889	.	.
31	Entführung aus dem Serail, die	17. Jänner 1872	.	.
32	Euryanthe	22 September 1871	.	.
33	Falte, die erste	4. Jänner 1883	.	.

Singspiele.
Sprache.

										Zahl der Wiederholungen in den Jahren														Summe d. Auffüh- rungen
1871	1872	1873	1874	1875	1876	1877	1878	1879	1880	1881	1882	1883	1884	1885	1886	1887	1888	1889	1890	1891	1892	1893	1894	
.	4	2	.	.	.	.	.	.	.	.	1	.	.	1	1	.	.	.	.	.	.	.	.	9
16	9	11	8	8	6	9	8	8	9	11	9	8	10	8	5	8	4	3	5	7	8	4	2	193
.	.	.	29	8	13	9	6	10	8	11	6	10	11	7	9	6	6	5	7	6	7	8	1	183
.	.	.	.	.	.	.	.	.	.	.	.	.	2	.	.	.	.	.	.	.	.	.	.	2
.	.	.	.	.	.	.	.	.	.	.	.	.	3	.	.	.	.	.	.	.	.	.	.	3
.	.	.	.	.	.	.	.	.	.	3	.	1	.	.	.	.	.	.	.	.	.	.	.	4
.	.	.	.	2	.	.	.	.	.	4	.	.	.	.	.	.	.	.	.	.	.	.	.	6
.	.	.	.	.	.	.	.	2	.	.	.	.	.	.	.	.	4	13	4	8	1	5	.	32
2	2	3	.	.	.	.	6	.	.	.	.	.	.	.	.	.	4	1	1	.	.	.	.	29
.	.	.	.	.	.	.	.	.	.	.	.	.	.	.	.	.	.	.	.	.	.	9	16	25
.	.	.	.	3	.	.	.	.	.	.	.	.	.	.	.	.	.	.	.	.	.	.	.	3
.	.	.	.	.	.	.	.	.	.	.	.	.	.	.	.	.	6	1	1	.	.	.	.	8
.	.	.	.	.	3	.	.	.	3	7	3	4	8	11	1	2	.	4	8	6	4	4	.	68
.	.	.	.	.	.	.	.	.	.	.	.	.	.	.	.	.	.	.	2	12	3	.	.	17
.	.	.	.	.	.	.	.	.	.	.	.	.	2	.	.	.	.	.	.	.	.	.	.	2
.	.	.	.	.	.	.	.	.	.	.	.	.	.	.	.	5	.	.	.	.	.	.	.	5
.	.	.	.	.	.	.	.	.	.	.	.	.	.	.	4	.	.	.	.	.	.	.	.	4
.	.	.	.	.	.	.	2	.	.	.	.	.	.	.	.	.	.	.	.	.	.	.	.	2
.	.	.	.	.	.	.	.	4	1	.	.	.	.	.	.	.	.	.	.	.	.	.	.	5
.	.	.	.	9	6	3	1	10	10	7	6	8	10	9	9	8	9	14	7	5	7	7	4	149
.	.	.	.	.	.	.	.	.	.	.	.	.	.	.	.	.	.	61	39	23	6		129
.	.	.	.	.	.	.	.	.	.	.	.	.	.	.	.	7	4	3	4	1	.	.	.	19
.	.	.	.	.	.	1	2	.	.	.	.	3	.	.	1	1	.	1	.	.	.	.	.	8
.	3	.	.	.	.	.	.	9	.	1	1	.	2	4	.	4	2	1	.	.	.	.	.	27
2	3	3	4	3	2	.	.	2	1	.	1	.	.	.	.	.	.	.	.	.	.	.	.	21
.	5	17	9	3	1	1	.	.	3	1	.	.	.	.	.	.	.	.	.	.	.	.	.	40
7	8	8	5	6	4	4	3	4	5	6	7	11	5	6	2	3	2	1	6	4	4	7	1	137
.	.	.	.	.	.	.	7	2	1	.	.	1	.	.	.	.	.	.	.	.	.	.	.	11
.	.	.	.	.	.	.	.	.	.	.	.	.	.	.	.	.	7	2	.	.	.	.	.	9
.	.	.	.	.	.	.	.	.	.	.	.	.	.	.	.	.	1	12	2	.	.	1	.	16
.	6	4	.	1	.	.	.	5	.	2	3	1	2	.	1	.	.	1	.	.	.	.	.	26
3	1	2	.	1	.	.	2	.	.	.	.	1	1	.	.	.	.	.	.	.	.	.	.	11
.	.	.	.	.	.	.	.	.	.	.	2	.	.	.	.	.	.	.	.	.	.	.	.	2

Zahl	Name des Werkes	Datum der ersten Aufführung	1869	1870
34	Favoritin, die .	7. October 1871		
35	Fata morgana . .	30. März 1896		
36	Feramors . .	24. April 1872		
37	Fidelio	10. Juni 1869	6	5
38	Fliegende Holländer, der .	27. Jänner 1871		
39	Flüchtlinge, die . .	19. Februar 1891		
40	Folkunger, die .	23. September 1876		
41	Fra Diavolo . .	27. October 1869	2	4
42	Franz Schubert . .	19. April 1886		
43	Freischütz, der . . .	1. Jänner 1870		19
44	Freund Fritz	30. März 1892		
45	Fünfundzwanzig Mädchen und kein			
46	Mann	15. April 1873		
	Gärtnerin, die	25. December 1891		
47	Genovefa	8. Jänner 1874		
48	Gioconda	17. Februar 1885		
49	Glöckchen des Eremiten, das . .	16. Juni 1880		
50	Goldene Kreuz, das . .	4. October 1876		
51	Götterdämmerung .	14. Februar 1879		
52	Gringoire	4. October 1892		
53	Gute Nacht Herr Pantalon . .	3. April 1882		
54	Hamlet	14. Juni 1873		
55	Hans Heiling	8. December 1871		
56	Häusliche Krieg, d. (D. Verschworenen)	17. November 1872		
57	Harold	3. April 1887		
58	Heini von Steier	26. März 1884		
59	Heimliche Ehe, die . . .	15. März 1884		
60	Hernani	18. Mai 1876		
61	Hochzeit des Figaro, die	15. October 1870		5
62	Hugenotten, die . . .	10. Juli 1869	9	8
63	Hund des Gärtners, der . .	18. Februar 1884		
64	Idomeneus	25. October 1879		
65	Im Feldlager	13. Mai 1888		
66	Iphigenia in Aulis . .	21. November 1874		
67	Iphigenia auf Tauris .	2 März 1873		
68	Jean von Nivelle	29. März 1881		

Zahl der Wiederholungen in den Jahren																								Summe d. Aufführungen
1871	1872	1873	1874	1875	1876	1877	1878	1879	1880	1881	1882	1883	1884	1885	1886	1887	1888	1889	1890	1891	1892	1893	1894	
4	1	3	2	1	2	.	.	1	.	.	.	3	.	3	1	1	.	.	3	.	.	.	.	25
.	.	.	.	.	.	.	.	.	.	.	.	.	.	15	.	.	.	.	.	.	.	.	.	15
.	.	2	.	.	.	.	.	.	.	.	.	.	.	.	.	.	.	.	.	.	.	.	.	2
2	5	5	3	3	2	2	2	4	4	5	5	1	2	4	2	3	3	4	4	7	3	5	2	93
14	7	6	6	6	6	5	6	3	3	4	2	5	7	4	4	7	8	5	6	3	3	6	3	129
.	.	.	.	.	.	.	.	.	.	.	.	.	.	.	.	.	.	.	4	.	.	.	.	4
.	.	.	.	4	.	.	.	.	.	.	.	.	.	.	.	.	.	.	.	.	.	.	.	4
5	2	2	4	4	.	.	4	.	.	.	2	.	2	3	5	3	1	.	2	.	.	2	2	49
.	.	.	.	.	.	.	.	.	.	.	.	.	1	.	.	.	.	.	.	.	.	.	.	1
9	11	6	7	6	3	4	7	5	7	8	5	6	6	1	7	7	4	3	5	3	5	5	1	130
.	.	.	.	.	.	.	.	.	.	.	.	.	.	.	.	.	.	.	.	20	12	2	.	34
.	.	.	1	.	.	.	.	.	.	.	.	.	.	.	.	.	.	.	.	.	.	.	.	1
.	.	.	.	.	.	.	.	.	.	.	.	.	.	.	.	.	.	.	1	2	.	.	.	3
.	.	.	6	.	.	.	.	.	.	.	.	.	.	.	.	.	.	.	.	.	.	.	.	6
.	.	.	.	.	.	.	.	.	.	.	.	5	.	1	.	.	.	.	.	.	.	.	.	6
.	.	.	.	.	.	.	.	3	1	2	.	.	1	3	.	.	12	3	1	1	.	.	.	27
.	.	.	.	.	8	7	2	7	8	1	2	6	2	2	3	3	5	6	6	5	3	6	1	83
.	.	.	.	.	.	.	12	2	.	4	1	2	2	2	.	3	.	5	4	1	1	.	.	39
.	.	.	.	.	.	.	.	.	.	.	.	.	.	.	.	.	.	.	9	3	1	.	.	13
.	.	.	.	.	.	.	.	.	6	13	4	3	1	.	2	4	.	3	2	2	.	.	.	40
.	.	8	5	4	2	2	1	4	1	1	.	2	.	2	3	3	4	2	1	3	2	2	1	53
2	6	3	2	1	.	2	.	.	3	.	3	1	3	1	4	3	5	.	2	1	.	.	3	45
.	4	2	.	.	6	2	6	2	3	.	.	.	.	.	.	.	.	.	.	.	.	.	.	25
.	.	.	.	.	.	.	.	.	.	.	.	.	.	.	1	.	.	.	.	.	.	.	.	1
.	.	.	.	.	.	.	.	.	.	3	.	.	.	.	.	.	.	.	.	.	.	.	.	3
.	.	.	.	.	.	.	.	.	.	2	.	.	.	.	.	.	.	.	.	.	.	.	.	2
.	.	.	.	5	4	3	3	1	.	.	.	.	.	.	.	.	.	5	3	2	3	1	.	30
7	4	4	.	2	.	2	.	2	3	4	4	1	.	.	4	5	3	7	5	4	2	1	1	70
5	7	4	5	4	11	11	9	10	7	6	14	13	8	9	5	4	4	4	3	2	4	7	.	173
.	.	.	.	.	.	.	.	.	.	.	.	5	.	.	.	.	.	.	.	.	.	.	.	5
.	.	.	.	.	.	.	.	3	2	1	.	1	.	.	.	.	.	.	.	1	.	.	.	8
.	.	.	.	.	.	.	.	.	.	.	.	.	.	.	9	.	.	.	.	.	.	.	.	9
.	.	.	2	.	.	.	.	.	.	.	.	.	.	.	.	.	.	.	.	.	.	.	.	2
.	.	1	.	.	.	.	.	.	.	.	2	.	.	.	.	.	.	.	.	.	.	.	.	3
.	.	.	.	.	.	.	2	.	.	.	.	.	.	.	.	.	.	.	.	.	.	.	.	2

11

Zahl	Name des Werkes	Datum der ersten Aufführung	1869	1870
69	Jeanettens Hochzeit	17 Jänner 1884	.	.
70	Jessonda	14. Mai 1887	.	.
71	Johann von Paris	28 November 1879	.	.
72	Josef und seine Brüder	11. Juni 1870	.	4
73	Judith	30. December 1870	.	1
74	Jüdin, die	12. November 1870	.	5
75	Kadi, der betrogene	9. März 1881	.	.
76	Königin v. Saba, die	10. März 1875	.	.
77	Königsbraut, die	27. März 1889	.	.
78	König hat's gesagt, der . . .	20. September 1882	.	.
79	Krondiamanten, die	18. December 1884	.	.
80	Kuss, der	27. Februar 1894	.	.
81	Landfriede, der	4. October 1877	.	.
82	Liebenden von Teruel, die . . .	4. October 1891	.	.
83	Liebestrank, der	7. Juli 1876	.	.
84	Linda von Chamounix	21. Mai 1880	.	.
85	Lohengrin	4. October 1870	.	6
86	Loreley	28. Jänner 1881	.	.
87	Löwen Erwachen, des	22. October 1893	.	.
88	Lucia von Lammermoor	3. Jänner 1870	.	7
89	Lucrezia Borgia	21. December 1871	.	.
90	Lustigen Weiber von Windsor, die	11. Februar 1872	.	.
91	Maienkönigin, die	13 Mai 1888	.	.
92	Makkabäer, die	24. Februar 1878	.	.
93	Manon	19. November 1890	.	.
94	Marffa	4. October 1886	.	.
95	Margarethe (Faust)	28. März 1870	.	14
96	Maria von Rohan	1. April 1880	.	.
97	Martha	30. December 1869	1	8
98	Maurer und Schlosser	16. September 1884	.	.
99	Maskenball, der	14. Mai 1870	.	4
100	Mädchen von Perth, das	5. Mai 1883	.	.
101	Medea	26 November 1880	.	.
102	Meistersinger von Nürnberg, die .	27. Februar 1870	.	11
103	Mephistopheles	18. März 1882	.	.

Zahl der Wiederholungen in den Jahren																								Summe d Aufführungen
1871	1872	1873	1874	1875	1876	1877	1878	1879	1880	1881	1882	1883	1884	1885	1886	1887	1888	1889	1890	1891	1892	1893	1894	
.	.	.	.	.	.	.	.	.	.	.	.	12	1	1	.	.	.	.	.	.	.	.	.	14
.	.	.	.	.	.	.	.	.	.	.	.	.	.	.	.	4	.	.	.	.	.	.	.	4
.	.	.	.	.	.	.	2	.	.	.	.	.	.	3	2	.	.	.	.	.	.	.	.	7
1	.	.	.	.	.	3	.	.	.	2	.	.	.	.	.	.	.	.	.	.	.	.	.	10
4	.	.	.	.	.	.	.	.	.	.	.	.	.	.	.	.	.	.	.	.	.	.	.	5
11	7	8	5	8	4	3	6	3	4	5	2	7	6	6	5	4	3	5	4	5	.	4	2	122
.	.	.	.	.	.	.	.	.	15	2	2	.	1	5	1	.	2	4	5	1	.	.	.	38
.	.	.	17	6	5	6	4	1	4	5	6	4	5	4	4	3	1	4	7	4	3	2	.	95
.	.	.	.	.	.	.	.	.	.	.	.	.	.	.	.	7	.	.	.	.	.	.	.	7
.	.	.	.	.	.	.	.	.	.	3	2	2	4	1	.	.	.	.	.	.	.	.	.	12
.	.	.	.	.	.	.	.	.	.	.	.	2	2	.	.	.	.	.	.	.	.	.	.	4
.	.	.	.	.	.	.	.	.	.	.	.	.	.	.	.	.	.	.	.	.	.	.	9	9
.	.	.	.	.	.	7	.	.	.	.	.	.	.	.	.	.	.	.	.	.	.	.	.	7
.	.	.	.	.	.	.	.	.	.	.	.	.	.	.	.	.	.	5	.	.	.	.	.	5
.	.	.	.	5	.	.	1	2	.	.	4	1	2	.	.	.	.	.	.	.	.	.	.	15
.	.	.	.	.	.	.	4	.	1	.	.	.	.	.	.	.	.	.	.	.	.	.	.	5
8	10	11	9	10	9	9	7	5	8	11	8	13	15	15	7	9	12	11	12	8	9	7	1	230
.	.	.	.	.	.	.	.	9	.	1	1	.	.	.	.	.	5	3	1	.	.	.	.	20
.	.	.	.	.	.	.	.	.	.	.	.	.	.	.	.	.	.	.	.	.	1	.	.	1
4	4	3	.	.	2	1	2	6	6	3	4	5	4	3	2	2	.	.	1	.	.	.	.	59
2	7	7	2	3	2	5	1	5	1	.	1	1	3	5	1	.	.	1	1	1	.	.	.	49
.	3	11	5	7	.	3	2	5	4	3	3	1	1	2	5	3	8	8	8	4	2	4	2	94
.	.	.	.	.	.	.	.	.	.	.	.	.	.	.	.	7	.	.	.	.	.	.	.	7
.	.	.	.	.	.	.	4	.	.	.	.	.	.	.	.	.	.	.	.	.	.	.	.	3
.	.	.	.	.	.	.	.	.	.	.	.	.	.	.	.	.	.	7	22	17	8	3	.	57
.	.	.	.	.	.	.	.	.	.	.	.	.	4	1	.	.	.	.	.	.	.	.	.	5
14	15	15	10	11	7	9	5	8	15	8	7	9	8	5	4	4	7	8	6	7	7	13	2	218
.	.	.	.	.	.	.	.	.	2	.	.	.	.	.	.	.	.	.	.	.	.	.	.	2
4	2	1	4	1	.	2	.	2	4	3	1	1	4	2	3	2	1	1	2	1	.	1	.	51
.	.	.	.	.	.	.	.	.	.	.	.	.	5	3	.	.	.	.	.	.	.	.	.	8
4	3	3	4	6	.	.	.	2	.	3	3	3	3	3	5	4	2	3	1	1	2	3	.	1	63
.	.	.	.	.	.	.	.	.	.	.	4	.	.	.	.	.	.	.	.	.	.	.	.	4
.	.	.	.	.	.	.	.	2	.	.	.	.	.	.	.	.	.	.	.	.	.	.	.	2
4	6	6	4	3	.	2	.	.	5	5	4	5	4	3	3	2	3	5	3	2	3	1	1	85
.	.	.	.	.	.	.	.	.	24	8	6	3	1	2	1	1	3	.	1	2	.	.	.	52

11*

Zahl	Name des Werkes	Datum der ersten Aufführung	1869	1870
104	Merlin	19. November 1886	.	.
105	Mignon	8. September 1870	.	6
106	Mirjam	20. Jänner 1894	.	.
107	Monsieur und Madame Denis . .	1. Jänner 1881	.	.
108	Montecchi und Capuleti	21. Juni 1882	.	.
109	Muzzedin	21. Februar 1883	.	.
110	Nachtlager in Granada, das . . .	18. Februar 1880	.	.
111	Nachtwandlerin, die	8. Februar 1872	.	.
112	Nero	20. April 1885	.	.
113	Nordstern, der	9. März 1874	.	.
114	Norma	6. März 1870	.	9
115	Nürnberger Puppe, die	23. December 1881	.	.
116	Oberon	2. December 1873	.	.
117	Orpheus und Eurydike	4. Februar 1882	.	.
118	Othello (von Rossini), III. Act . .	27. Jänner 1877	.	.
119	Othello (von G. Verdi)	14. März 1888	.	.
120	Paul und Virginie	5. Jänner 1880	.	.
121	Pensionat, das	23. Februar 1890	.	.
122	Philemon und Baucis	4. October 1878	.	.
123	Pintos, die drei	18. Jänner 1889	.	.
124	Postillon von Lonjumeau, der . .	11. Jänner 1871	.	.
125	Prophet, der	12. December 1869	3	11
126	Rantzau, die	7. Jänner 1893	.	.
127	Regimentstochter, die	29. December 1878	.	.
128	Rheingold	24. Jänner 1878	.	.
129	Rienzi	30. Mai 1871	.	.
130	Rigoletto	11. Februar 1871	.	.
131	Ritter Pasmann	1. Jänner 1892	.	.
132	Ritterschlag, der	26. Mai 1880	.	.
133	Robert der Teufel	20. September 1870	.	6
134	Romeo und Julie	30. Mai 1869	10	9
135	Rose von Pontevedra, die . . .	10. April 1894	.	.
136	Schauspieldirector, der	11. December 1889	.	.
137	Schützen, die beiden	15. October 1889	.	.
138	Schwarze Domino, der	8. März 1871	.	.

Zahl der Wiederholungen in den Jahren																								Summe d Aufführungen
1871	1872	1873	1874	1875	1876	1877	1878	1879	1880	1881	1882	1883	1884	1885	1886	1887	1888	1889	1890	1891	1892	1893	1894	
.	.	.	.	.	.	.	.	.	.	.	.	.	.	.	7	13	6	3	3	.	.	5	.	37
5	6	9	3	8	6	6	3	6	4	7	6	8	3	3	2	2	6	4	4	3	4	3	1	118
.	.	.	.	.	.	.	.	.	.	.	.	.	.	.	.	.	.	.	.	.	.	.	7	7
.	.	.	.	.	.	.	.	.	1	.	.	.	.	.	.	.	.	.	.	.	.	.	.	1
.	.	.	.	.	.	.	.	.	1	.	.	.	.	.	.	.	.	.	.	.	.	.	.	1
.	.	.	.	.	.	.	.	.	.	.	6	.	.	.	.	.	.	.	.	.	.	.	.	6
.	.	.	.	.	.	.	.	6	.	.	.	.	.	.	9	6	2	2	.	.	.	.	.	25
.	1	.	.	.	.	.	3	4	7	5	3	3	6	4	1	4	.	4	1	.	.	.	.	46
.	.	.	.	.	.	.	.	.	.	.	.	.	7	.	.	.	.	.	.	.	.	.	.	7
.	.	.	14	4	3	.	.	.	.	8	3	7	5	1	3	.	.	.	.	.	.	.	.	48
5	6	8	4	4	2	6	2	3	2	1	2	1	.	2	2	.	.	.	2	.	.	.	.	61
.	.	.	.	.	.	.	.	.	1	3	5	.	.	.	.	.	.	.	.	.	.	.	.	9
.	.	8	10	5	.	3	1	.	.	9	2	1	.	5	.	1	.	.	1	.	.	.	.	46
.	.	.	.	.	.	.	.	.	15	6	4	7	2	2	5	6	1	.	2	.	.	.	.	50
.	.	.	.	.	.	1	.	.	.	.	.	.	.	.	.	.	.	.	.	.	.	.	.	1
.	.	.	.	.	.	.	.	.	.	.	.	.	.	.	30	8	5	4	4	.	.	.	.	51
.	.	.	.	.	.	.	3	.	.	.	.	.	.	.	.	.	.	.	.	.	.	.	.	3
.	.	.	.	.	.	.	.	.	.	.	.	.	.	.	.	.	.	1	.	.	.	.	.	1
.	.	.	.	.	13	4	5	.	1	.	1	.	.	.	.	.	.	.	.	.	.	.	.	24
.	.	.	.	.	.	.	.	.	.	.	.	.	.	.	.	.	3	.	.	.	.	.	.	3
6	4	2	.	.	.	.	3	2	2	4	2	3	1	1	1	2	3	3	.	2	1	.	.	42
7	8	8	5	5	6	6	9	7	8	9	8	7	8	4	10	3	3	7	3	6	6	4	2	163
.	.	.	.	.	.	.	.	.	.	.	.	.	.	.	.	.	.	.	.	.	21	1	.	22
.	.	.	.	.	.	.	1	4	4	3	3	5	8	5	4	2	2	1	4	6	4	2	.	58
.	.	.	.	.	.	.	10	2	.	1	1	1	1	1	.	.	1	1	3	.	2	4	.	28
10	11	5	4	4	3	.	3	2	.	.	.	4	2	2	1	.	1	3	2	.	2	1	.	60
3	4	1	.	1	3	2	1	1	2	2	1	1	1	2	2	2	2	.	.	2	.	.	.	33
.	.	.	.	.	.	.	.	.	.	.	.	.	.	.	.	.	.	.	.	9	.	.	.	9
.	.	.	.	.	.	.	.	4	.	.	.	.	.	.	.	.	.	.	.	.	.	.	.	4
2	7	3	6	7	8	7	5	4	6	3	8	7	7	5	5	3	3	3	5	2	1	1	1	115
10	7	9	4	6	4	3	5	1	6	3	4	2	.	.	2	2	9	4	4	4	6	.	.	114
.	.	.	.	.	.	.	.	.	.	.	.	.	.	.	.	.	.	.	.	.	.	5	.	5
.	.	.	.	.	.	.	.	.	3	2	2	.	.	.	.	3	3	5	.	.	.	.	.	18
.	.	.	.	.	.	.	.	.	.	.	.	.	.	.	.	.	5	2	.	.	.	.	.	7
9	2	3	4	1	1	1	.	3	3	1	2	2	1	1	1	.	2	.	.	.	.	.	.	37

Zahl	Name des Werkes	Datum der ersten Aufführung	1869	1870
139	Sicilianische Vesper, die	23. November 1878	.	.
140	Siegfried	9. November 1878	.	.
141	Simon Bocanegra	18 November 1882	.	.
142	Signor Formica	19. November 1892	.	.
143	Stradella	4. October 1888	.	.
144	Stumme von Portici, die	3. Juni 1869	7	3
145	Tannhäuser	22 Juni 1870	.	8
146	Templer, der, und die Jüdin . . .	1. November 1883	.	.
147	Teufels Antheil, des	8. Juni 1876	.	.
148	Titus	27. Jänner 1880	.	.
149	Tribut von Zamora	30 Jänner 1883	.	.
150	Tristan und Isolde	4 October 1883	.	.
151	Trompeter von Säkkingen, der . .	30. Jänner 1886	.	.
152	Troubadour, der	21 September 1869	6	5
153	Undine	4. December 1881	.	.
154	Vampyr, der	15. October 1884	.	.
155	Vasall von Szigeth, der	4. October 1889	.	.
156	Vestalin, die	19. October 1881	.	.
157	Violetta (La Traviata)	5. Februar 1879	.	.
158	Waffenschmied, der	16. März 1872	.	.
159	Walküre, die	5 März 1877	.	.
160	Walpurgisnacht, die erste	25 Februar 1876	.	.
161	Wasserträger, der	25. Mai 1872	.	.
162	Weisse Frau, die	7. September 1871	.	.
163	Werther	16. Februar 1892	.	.
164	Widerspenstigen Zähmung, der . .	2. Februar 1875	.	.
165	Wildschütz, der	19. November 1888	.	.
166	Wilhelm Tell	27. Juni 1869	11	8
167	Zampa	16 December 1886	.	.
168	Zauberflöte, die	1. September 1869	14	11
169	Zwillingsbrüder, die	25 Jänner 1882	.	.

Zahl der Wiederholungen in den Jahren																								Summe d. Aufführungen
1871	1872	1873	1874	1875	1876	1877	1878	1879	1880	1881	1882	1883	1884	1885	1886	1887	1888	1889	1890	1891	1892	1893	1894	
							4	4																8
							8	4	2	1	2	1	3	2	2	2	3	1	5	3	3	2	2	46
									5	2														7
																				4				4
																4	5	3	2					14
8	2	4	5	3	7	6	4	4	2	1		7	1	1	1	1								67
9	10	8	7	9	8	8	8	9	10	11	8	8	11	12	10	9	6	8	8		10	3	1	200
											5	3	4		2	1	1					4		20
			3	1			2			1		2		1							3	2		15
								3			1				1									5
											8	2	4	1	2	5		1						23
											6	6	4	1	1	3	3	2	4	2	1		2	35
													47	19	14	5	2	2	1				1	91
3	6	10	8	5	5	6	3	4	5	3	5	7	5	1	8	5	1	8	6	3	7	7	3	135
										3	2	1		1	5	2	3		2	1				20
												7	4	2	3		1							17
																	6	6	1		1			14
											2													2
									5	1	2	6	5	3	4	1	3					1		31
	3	4														5	7	3	3					25
						19	5	6	5	2	4	4	5	3	3	3	3		4	3	7	7	5	1	89
					7		4																	11
		1				10	8	8	3	1		1		4		3	1	5	4	4	2	1		56
2					5	8	5		5			1	2	3	1			1	2					35
																				19	8	3		30
				5								7	6	2	2	3	3	3		3				34
														5	4	4	1	1	2	1				18
6	6	5	6	5	6	7	6	6	5	8	4	3	3	5	7	5	2	5	2		1	2	2	126
														2		3	1	1						7
8	7	3	5	5	5	4	3	4	5	4	3	4	1	5	4	3	2	4	2	2	3	4	1	116
											4													4

Zahl	Name des Werkes	Datum der ersten Aufführung	1869 bis 1871
1	Africana, L'	29. März 1876	.
2	Aida	19. Juni 1875	.
3	A Santa Lucia	4. October 1893	.
4	Ballo in maschera, Un	20. März 1876	.
5	Barbiere di Siviglia, Il	3 April 1876	.
6	Cenerentola, La	2. Mai 1881	.
7	Don Bucefalo, II. Act	7. Mai 1881	.
8	Don Giovanni	22 April 1878	.
9	Don Pasquale	23. April 1876	.
10	Ernani	27 Mai 1881	.
11	Falstaff	21. Mai 1893	.
12	Favorita, La	19. März 1876	.
13	Figlia del Reggimento, La . . .	2. April 1876	.
14	Fra Diavolo	17. April 1876	.
15	Gioconda	29. April 1884	.
16	Hamlet	24. März 1878	.
17	Linda di Chamounix	11. April 1877	.
18	Lucia di Lammermoor	16 März 1876	.
19	Lucrezia Borgia	4 Mai 1881	.
20	Margherita Faust	4. März 1876	.
21	Matrimonio segreto, B. I. Act . .	14. Juni 1881	.
22	Mefistofele	5. Mai 1884	.
23	Mignon	12. März 1876	.
24	Mirella	23. April 1876	.
25	. . . . . .	7 Mai 1881	
26	. . . . .	2. Mai 1878	.
27	. . . .	29 April 1878	
28	. . . .	8 April 1876	
29	. . . .	28 März 1876	
30	. . .	15 März 1877	
31	. . .	3 Mai 1877	
32	. . .	2 Mai 1878	
33	. . .	22 Mai 187	
34	. . .	März 1876	
35	. . .	8 Mai 1877	

Sprache.

Zahl der Wiederholungen in den Jahren																		Summe d. Aufführungen
1875	1876	1877	1878	1879	bis 1880	1881	1882	1883	1884	1885	1886	bis 1887	1888	1889	bis 1892	1893	1894	
.	1	.	.	.	.	.	.	.	1	.	.	.	.	.	.	.	.	2
2	3	.	3	.	.	3	.	.	1	.	.	.	.	.	.	.	.	12
.	.	.	.	.	.	.	.	.	.	.	.	.	.	.	.	4	.	4
.	1	.	.	.	.	2	.	.	.	.	.	.	.	.	.	.	.	3
.	4	2	3	.	.	5	.	2	.	.	.	.	.	.	.	.	.	16
.	.	.	.	.	.	4	.	.	.	.	.	.	.	.	.	.	.	4
.	.	.	.	.	.	1	.	.	.	.	.	.	.	.	.	.	.	1
.	.	.	3	.	.	.	.	.	.	.	.	.	.	.	.	.	.	3
.	1	1	.	.	.	3	.	.	.	.	.	.	.	.	.	.	.	5
.	.	.	.	.	.	2	.	.	.	.	.	.	.	.	.	.	.	2
.	.	.	.	.	.	.	.	.	.	.	.	.	.	.	.	2	.	2
.	2	1	3	.	.	1	.	.	.	.	.	.	.	.	.	.	.	7
.	2	.	.	.	.	.	.	.	.	.	.	.	.	.	.	.	.	2
.	3	.	.	.	.	.	.	.	.	.	.	.	.	.	.	.	.	3
.	.	.	.	.	.	.	.	.	5	.	.	.	.	.	.	.	.	5
.	.	.	3	.	.	.	.	.	.	.	.	.	.	.	.	.	.	3
.	.	1	.	.	.	.	.	.	.	.	.	.	.	.	.	.	.	1
.	2	.	2	.	.	2	.	.	1	.	.	.	2	.	.	.	.	9
.	.	.	.	.	.	.	.	1	2	.	.	.	.	.	.	.	.	3
.	3	1	5	.	.	.	.	.	.	.	.	.	.	.	.	.	.	9
.	.	.	.	.	.	1	.	.	.	.	.	.	.	.	.	.	.	1
.	.	.	.	.	.	.	.	.	3	.	.	.	.	.	.	.	.	3
.	2	.	.	.	.	.	.	.	.	.	.	.	.	.	.	.	.	2
.	2	.	.	.	.	.	.	.	.	.	.	.	.	.	.	.	.	2
.	.	.	.	.	.	3	.	.	.	.	.	.	.	.	.	.	.	3
.	.	.	1	.	.	.	.	.	.	.	.	.	.	.	.	.	.	1
.	.	.	2	.	.	.	.	.	.	.	.	.	.	.	.	.	.	2
.	1	1	1	.	.	5	.	.	.	.	.	.	.	.	.	.	.	8
.	2	1	.	.	.	.	.	.	.	.	.	.	.	.	.	.	.	3
.	.	3	.	.	.	.	.	.	.	.	.	.	.	.	.	.	.	3
.	.	2	.	.	.	1	.	.	.	.	.	.	.	.	.	.	.	3
.	.	.	1	.	.	.	.	.	3	.	.	.	.	.	.	.	.	4
.	6	4	3	.	.	2	.	.	.	.	.	.	1	.	.	.	.	16
.	3	4	1	.	.	3	.	1	3	2	.	.	.	.	.	.	.	17
.	3	.	.	.	.	4	.	.	2	.	.	.	.	.	.	.	.	9

B. Ballete, Pantomimen,

Zahl	Name des Werkes	Datum der ersten Aufführung	1868	1869 1870
1	An der Beresina	4. Jänner 1883	.	.
2	Assassinen, die	19. November 1883	.	.
3	Aus der Heimat	24 April 1879	.	.
4	Balletprobe, die (Divertissement aus: Der Vater der Debutantin) . . .	19. April 1886	.	
5	Brahma	4. October 1875	.	.
6	Burschenliebe	10. April 1894	.	.
7	Carnevals-Abenteuer	5. Februar 1870	.	12
8	Coppelia	4 October 1876	.	.
9	Divertissement	25. August 1889	.	.
10	Dyellah	4 October 1879	.	.
11	Ellinor	24 März 1873	.	.
12	Esmeralda	29. October 1870	.	2
13	Excelsior	17. Mai 1885	.	.
14	Fantasca	23. August 1871	.	.
15	Fiamella	11. Jänner 1871	.	.
16	Flick und Flock	4. October 1869	11	19
17	Gisela, oder: ›Die Willis‹ . . .	7. Mai 1870	.	5
18	Glockenspiel, das	21. Februar 1892	.	.
19	Gräfin Egmont	9. Juni 1877	.	.
20	Harlekin als Elektriker	14. April 1884	.	.
21	Hochzeit in Bosnien, eine . . .	21. Jänner 1893	.	.
22	In Versailles	9 März 1881	.	.
23	Jahreszeiten, die vier	23. November 1878	.	.
24	Märchen aus der Champagne, ein .	14 December 1886	.	.
25	Märchenwelt, die goldene	2. April 1893	.	.
26	Marco Bomba	14. April 1878	.	.
27	Margot	26. Mai 1880	.	.
28	Monte Christo	16. Juli 1870	.	5
29	Melusine	4. October 1882	.	.
30	Naila	4. October 1878	.	.
31	Nena Sahib	21. November 1870	.	2
32	Pierrot und Pierrette	29. Februar 1888	.	.
33	Puppenfee, die	4 October 1888	.	.

Divertissements, Tanz-Einlagen.

Zahl der Wiederholungen in den Jahren																								Summe d.Aufführungen
1871	1872	1873	1874	1875	1876	1877	1878	1879	1880	1881	1882	1883	1884	1885	1886	1887	1888	1889	1890	1891	1892	1893	1894	
														7										7
														8	5									13
									19	8	10	3	2	4		3	1	1						51
																1	1							2
					16	13	4	6	5	8	1													53
																							6	6
9	6	1	4	2	3		1	1	5	1			10	2										57
					9	9	8	8	8	3	1	1	4	2	5	1	1	5	1	6	5	4	3	84
																	4							4
								13	13	4	3	6	2	2	1									44
		41	15	9	3	2	4	2	3															79
1					2	3			2										1		1	1		13
														56	34	24	25	22	8	9	14	15	3	210
31	27	26	20	10	2	7	6	5	5	3	2					8	1		1					154
2	1		3	5		2		2	3	4	1	1												24
12	18	13	14	10	5	12	9	5	2	2	14	9	6	2	6	7	2	1	1	1	1			182
1					2				2		2													12
																				12	1			13
					1				4	3														8
														7	3	1			2	2		6		21
																					16	2		18
												9	2	2	2									15
									4	4	1											4		13
															3	6	1							10
																					26	6		32
													1											1
									10	2	3	3		2	1	1								22
2																								7
												11	24	13	4	5	4	4	1		1			67
							11	5	6		1	4												27
					2																			2
															3		1							4
																	23	61	50	35	32	20	7	228

Zahl	Name des Werkes	Datum der ersten Aufführung	1869	1870
34	Pygmalion	22. November 1881	.	.
35	Renaissance	28. November 1879	.	.
36	Robert und Bertrand	27. Jänner 1873	.	.
37	Rococo	31. October 1876	.	.
38	Rouge et noir	4. April 1891	.	.
39	Sakuntala	4. October 1884	.	.
40	Saltarello	25. Februar 1876	.	.
41	Sardanapal	16 Juni 1869	25	22
42	Satanella	20. Jänner 1870	.	14
43	Sireneninsel, die	4. October 1892	.	.
44	Sonne und Erde	19. November 1889	.	.
45	Spielmann, der	28 Mai 1881	.	.
46	Sprühfeuer	11. März 1871	.	.
47	Stock im Eisen, der	4 October 1880	.	.
48	Sylvia	25. October 1877	.	.
49	Tänzerin auf Reisen, die	7. Juli 1876	.	.
50	Tanzmärchen, ein	19. December 1880	.	.
51	Teufel im Pensionat, der	27. Februar 1894	.	.
52	Uebelgehütete Mädchen, das . . .	22. März 1877	.	.
53	Vater der Debutantin, der	26 März 1884	.	.
54	Verliebte Teufel, der	8. März 1876	.	.
55	Verwandelte Katze, die	14 Februar 1887	.	.
56	Verwandelten Weiber, die	27. April 1875	.	.
57	Wiener Walzer	10. Jänner 1885	.	.
58	Elfentanz (aus der Oper: ›Die Rheinnixen‹ von Jacques Offenbach) .	11. Februar 1872		
59	Soldatentanz	25. November 1871		
60	Tanz-Einlage	16. März 1872		

Zahl der Wiederholungen in den Jahren																								Summe d. Aufführungen
1871	1872	1873	1874	1875	1876	1877	1878	1879	1880	1881	1882	1883	1884	1885	1886	1887	1888	1889	1890	1891	1892	1893	1894	
.	.	.	.	.	.	.	.	.	5	7	5	1	.	.	.	.	.	.	.	.	.	.	.	18
.	.	.	.	.	.	3	15	5	5	1	1	.	.	.	.	1	.	.	.	.	.	.	.	31
.	.	6	.	9	4	5	2	5	1	3	1	.	3	1	1	.	5	1	2	.	.	5	3	57
.	.	.	.	6	13	8	5	7	7	5	2	4	2	3	4	1	.	4	3	2	1	.	.	77
.	.	.	.	.	.	.	.	.	.	.	.	.	.	.	.	.	24	13	11	2	.	.	.	50
.	.	.	.	.	.	.	.	.	.	5	1	.	.	.	.	.	.	.	.	.	.	.	.	6
.	.	.	.	1	.	.	.	.	.	5	2	.	.	1	.	.	.	.	1	.	.	.	.	10
14	13	4	7	2	.	5	4	3	.	1	.	.	.	.	.	.	.	.	.	.	.	.	.	100
7	6	6	7	4	1	1	7	3	.	2	.	2	.	.	6	.	.	2	2	.	.	.	.	70
.	.	.	.	.	.	.	.	.	.	.	.	.	.	.	.	7	5	1	.	.	.	.	.	13
.	.	.	.	.	.	.	.	.	.	.	.	.	11	49	32	21	13	9	.	.	.	.	.	135
.	.	.	.	.	.	.	17	10	6	6	1	.	1	3	1	1	2	1	.	1	.	.	.	50
1	.	6	.	8	1	9	1	.	6	2	3	1	.	.	.	.	.	.	.	.	.	.	.	38
.	.	.	.	.	.	7	8	6	2	1	4	.	.	.	.	.	.	.	.	.	.	.	.	28
.	.	.	.	.	11	13	10	2	1	2	2	3	2	1	.	1	.	2	10	7	3	.	.	70
.	.	.	.	5	5	2	.	.	.	.	.	.	.	.	.	.	.	.	.	.	.	.	.	12
.	.	.	.	.	.	.	.	.	.	.	.	.	.	.	5	23	5	7	1	.	.	.	.	41
.	.	.	.	.	.	.	.	.	.	.	.	.	.	.	.	.	.	.	.	8	.	.	.	8
.	.	.	.	.	2	.	2	.	.	.	.	.	.	4	5	1	.	.	.	.	.	.	.	15
.	.	.	.	.	.	.	.	.	.	.	.	8	1	.	.	.	.	.	.	.	.	.	.	9
.	.	.	.	2	.	.	1	.	.	.	.	.	.	.	.	.	.	.	.	.	.	.	.	3
.	.	.	.	.	.	.	.	.	.	.	.	.	.	12	5	.	.	.	.	1	.	.	.	18
.	.	.	2	2	.	2	.	.	.	.	.	.	.	.	.	.	.	.	.	1	.	.	.	7
.	.	.	.	.	.	.	.	.	70	25	22	15	29	27	28	21	18	5						260

Vom 11. Februar 1872 bis inclusive 6. Jänner 1881 als Einlage in der
Oper »Die lustigen Weiber von Windsor«.
Vom 25. November 1871 bis inclusive 29. Jänner 1883 als Einlage in der
Oper »Der Troubadour«, Musik von Franz Doppler.
Vom 16. März 1872 bis inclusive 15. December 1873 als Einlage in der
Oper »Der Waffenschmied«, Musik von Albert Lortzing

C. Concert-Aufführungen,
Gesangs-Einlagen, diverse Musikstücke.

Zahl	Aufgeführtes Werk	Name des Componisten	Datum der ersten Aufführung
1	Abendempfindung, Lied	Mozart	29. Juni 1880
2	Abschied, Lied	Horn	15. April 1873
3	Adagio aus dem B-dur-Trio	Beethoven	26. März 1877
4	Adelaide, Lied	Beethoven	2. Nov. 1869
5	Aufforderung zum Tanz, Orchester	Weber	28. Juni 1876
6	Air	Bach Seb.	7. April 1873
7	Air de la Coupe de Galatée	Massé	16. April 1876
8	Airs Russes	Wieniawsky	7. October 1882
9	Alig viradt már is alkonyúl, ungarisches Volkslied .		2. Februar 1884
10	Allmacht, die, Tenorsolo mit Männerchor	Schubert, bearbeit. v. Liszt	6. Jänner 1894
11	Am Meer, Lied	Schubert	7. April 1879
12	Anacreon, Ouverture. . .	Cherubini	22. Dec. 1873
13	Arie	Bériot	18. Februar 1879
14	Athalia, Ouverture. . . .	Mendelssohn	18. Dec. 1869
15	Aus der Ferne, Lied . . .	Jahn	23. Dec. 1881
16	Bacio, il, Walzer	Arditi	25. Dec. 1885
17	Ballade und Polonaise mit Orchesterbegleitung . .	Vieuxtemps	7. October 1882
18	Beethoven - Cantate, gedichtet von Adolf Stern	Liszt	15. Dec. 1876
19	Belagerung von Korinth, die, Ouverture . . .	Rossini	16. April 1876
20	Bella Viennese, la, Walzer	Arditi	21. Mai 1880
21	Blitz, der, Finale d. I. Actes und Romanze aus dem III. Acte	Halévy	23. Dec. 1874
22	Cantilene	Hegyesi	23. Dec. 1881
23	Carnaval de Venice, le .	Benedict	13. Septem. 1871
24	Carnavale di Venezia, il .	Rebagliati	9. Mai 1881

Zahl	Aufgeführtes Werk	Name des Componisten	Datum der ersten Aufführung
25	Canzone	Gounod	16. April 1876
26	Cello-Concert IX., 1. Satz.	Romberg	23. Dec. 1881
27	Cenerentola, la, Duett .	Rossini	16. April 1876
28	Clavier-Concert (Nr. 3, C-moll)	Beethoven	23. Dec. 1879
29	Clavier-Concert in D-moll	Mozart	29. Juni 1880
30	Clavier-Concert	Rubinstein	28. März 1880
31	Concert (G-dur) für Clavier und Orchester.	Beethoven	3. März 1870
32	Concert, 7., mit Orchesterbegleitung	Bériot	10. October 1882
33	Concert für Clavier und Orchester.	Field	22. Dec. 1873
34	Concert für Clavier und Orchester.	Weber	15. April 1873
35	Cosi fan tutte, Tenor-Arie	Mozart	17. Jänner 1872
36	Danse macabre, für Orchester	Saint-Saëns	16. April 1876
37	Davidde penitente, Arie .	Mozart	6. April 1883
38	Dich will ich ewig lieben, Lied	Mader	31. August 1880
39	Diva, Walzer	Visetti	11. April 1877
40	Du bist mein Gedanke, Lied	Abt	11. Jänner 1871
41	Dziewczę z buzią jak malina, polnisches Lied . .	Jan Gall	6. Jänner 1894
42	Echo, Lied	Eckert	25. Dec. 1885
43	Elfentanz	Popper	23. Dec. 1881
44	Erinnerung an Haydn, für Violine mit Clavierbegleitung	Leonard	7. April 1879
45	Erstarrung, Lied	Schubert	6. Jänner 1894
46	Estasi, l', Walzer . . .	Arditi	21. April 1876
47	Fanisca, Ouverture . . .	Cherubini	17. Jänner 1883
48	Fantasie caprice, mit Orchesterbegleitung . . .	Vieuxtemps	7. April 1879

Zahl	Aufgeführtes Werk	Name des Componisten	Datum der ersten Aufführung
49	Fantasie f. Clavier m. Soli, Chor und Orchester . .	Beethoven	7. April 1879
50	Fantasie über ›Die Ruinen von Athen‹, für Clavier und Orchester	Beethoven, Liszt	3. März 1879
51	Faust, Ariette und Duett .	Spohr	22. Dec. 1873
52	Faust-Fantasie	Wieniawsky	10. October 1882
53	Fest-Ouverture (op 115) .	Beethoven	16. Dec. 1870
54	Fest-Ouverture	Weber	23. Dec. 1879
55	Fierabras, Arie mit Chor .	Schubert	7. April 1873
56	Forosetta, Tarantella . . .	Arditi	29. Dec. 1878
57	Frühlingslied	Gounod	18. März 1871
58	Frühlingslied	Mendelssohn	9. Mai 1886
59	Garcia, Walzer	Bériot	14. Nov. 1885
60	Giralda, Arie	Adam	16. Mai 1879
61	Götterdämmerung, 3. Act, 2. Scene u. Schlussscene	Wagner	25. März 1877
62	Grosser Militärmarsch .	Beethoven	24. April 1892
63	Grosser Festmarsch . . .	Wagner	7. Juli 1876
64	Gute Nacht, Lied	Abt	17. April 1871
65	Häusliche Krieg, der (Die Verschworenen)	Schubert	21. Mai 1870
66	Hernani, Arie	Verdi	15. April 1873
67	Hernani, Cavatine	Verdi	16. April 1876
68	Hoffnung, Lied	Grieg	6. Jänner 1894
69	Huldigungsmarsch	Wagner	7. April 1879
70	Hymne, Gedicht v. Friedrich Rochlitz	Weber	7. März 1872
71	Ich will deine Sonne sein, Lied	Seuffert	6. Jänner 1894
72	Idomeneo, Ouverture und 2. Act	Mozart	30. März 1874
73	In der Fremde, Lied m. Orchesterbegleitung . . .	Taubert	10. Februar 1879

Zahl	Aufgeführtes Werk	Name des Componisten	Datum der ersten Aufführung
74	Ingenue, l', Morceau à la Gavotte für Orchester .	Arditi	2. Mai 1878
75	Iphigenia auf Tauris, Recitativ und Arie	Gluck	18. Dec. 1869
76	Italiana in Algeri, l', Rondo	Rossini	4. April 1878
77	I Vespri (Siciliani) . . .	Verdi	25. April 1890
78	Jahreszeiten, die	Haydn J.	6. Februar 1877
79	Jessonda, Arie	Spohr	10. October 1882
80	Jessonda, Ouverture und I. Act	Spohr	23. Dec. 1874
81	Jeunesse d'Hercule, la Symphonische Dichtung für Orchester	Saint-Saëns	3. März 1879
82	Johann von Paris, Arie .	Boieldieu	16. April 1876
83	Kärntner Volksweise, Chor	Koschat	13. Juli 1878
84	König von Lahore, Arie .	Massenet	25. Jänner 1885
85	Korb, der, Lied	Heuberger	6. Jänner 1894
86	Kreuzzug, der, Lied . . .	Schubert, instrumentirt von Liszt	19. April 1886
87	Krondiamanten, die, Arie .	Auber	22. Dec. 1873
88	Lakmé, Duett (Viens Mallika)	Délibes	6. Jänner 1894
89	Largo für Violinen, Violen, Harfe, Harmonium und Orgel	Händel, arrangirt von Hellmesberger sen	16. April 1876
90	Leonore, Arie	Beethoven	7. October 1882
91	Leonore, grosse Ouverture Nr. 3 (op. 72) . .	Beethoven	16. Dec. 1870
92	Leonore, Ouverture Nr. 2	Beethoven	2. Nov. 1869
93	Loreley, Finale des I. Actes	Mendelssohn	23. Dec 1874
94	Lotterie-Los, das, Arie . .	Isouard	22. Dec. 1886
95	Liebesbote, Lied	Jahn	23. Dec. 1881
96	Liebestraum	Liszt	25. Jänner 1885
97	Linda von Chamounix, Arie	Donizetti	29. Dec 1878

12

Zahl	Aufgeführtes Werk	Name des Componisten	Datum der ersten Aufführung
98	Litaney am Feste Aller-seelen	Schubert	2. Nov. 1869
99	Mädchen u. der Schmetter-ling, das, Lied	Scharfe	15. April 1873
100	Märchen von der schönen Melusine, das, Ouverture	Mendelssohn	28. Jänner 1881
101	Manfred, vollständige Musik	Schumann	21. Mai 1870
102	Margreth am Thore, Lied	Jensen	6. Jänner 1894
103	Marsch (in H)	Schubert, or-chestrirt v. Liszt	7. April 1873
104	Matrimonio segreto, il, Trio	Cimarosa	16. April 1876
105	Mazurka, für Violine . . .	Zarcicky	6. Jänner 1894
106	Medea, III. Act	Cherubini	30. März 1874
107	Meeresstille und glückliche Fahrt, Ouverture . . .	Mendelssohn	23. Dec. 1881
108	Mein Engel bist du, Lied	Zumpe	13. Nov. 1884
109	Mein Lied	Gumbert	22. Februar 1880
110	Messias	Händel	29. März 1874
111	Missa Solemnis	Rossini	31. März 1870
112	Moissonneuses, les, Valse.	Maton	23. Dec. 1879
113	Morgenständchen, Lied .	Schubert, or-chestrirt von Doppler	3. März 1879
114	Nachbarn, die, Walzer . .	Horn	25. Octob. 1890
115	Nachtigall als ich sie fragte, die, Lied	Goldmark	6. Jänner 1894
116	Nachtigallen-Arie	Massé	18. Februar 1881
117	Neugierige, der, Lied . .	Schubert, in-strumentirt von Suppé	19. April 1886
118	Nincsem annyi tenger csil-lag, ungar. Volkslied . .		2. Februar 1884
119	Nocturne (Des-dur) . . .	Chopin	23. Dec. 1881
120	Oberon, Ouverture . . .	Weber	18. Dec. 1869
121	Orpheus und Eurydike . .	Gluck	6. April 1873
122	Osterlied, gemischter Chor	Pfeffer	7. April 1879

Zahl	Aufgeführtes Werk	Name des Componisten	Datum der ersten Aufführung	Anmerkung
123	O wenn es immer so bliebe	Rubinstein	7. April 1879	
124	Parla (Sprich) . . .	Arditi	30. März 1887	
125	Parsifal, Vorspiel, Orchester.	Wagner	6. Jänn. 1883	
126	Parsifal, Charfreitagszauber, mit Clavier	Wagner	6. Jänn. 1894	
127	Perle du Brésil, la, Arie	David	2. Mai 1885	
128	Per pietà, ben mio, Arie	Mozart	29. Juni 1880	
129	Polonaise	Chopin	25 Jänn. 1885	
130	Polonaise (E-dur). .	Liszt	23. Dec. 1881	
131	Préludes, les, Symphonische Dichtung	Liszt	28 März 1880	
132	Quelle, die, Lied . .	Goldmark	6 Jänn 1894	
133	Rameaux, Hymne. .	Faure	28. März 1880	
134	Reitermarsch (H-moll)	Schubert, instrumentirt v. Liszt	25. Febr 1876	
135	Requiem.	Verdi	11. Juni 1875	
136	Requiem, ein deutsches	Brahms	2. Nov. 1879	
137	Requiem	Mozart	29. Juni 1880	
138	Rhapsodie Nr. 1 (F-dur).	Liszt	23. Dec. 1877	
139	Ritka búza, ritka árpa, ritka rozs, ungarisches Volkslied .		2. Febr. 1884	
140	Romance	Faure	16. April 1876	
141	Romanze	Wilhelmj	7. April 1873	
142	Romanze	Riedel	8. Juni 1876	
143	Romanze vom Gänsebuben, für Soli und Chor	Schumann	7. April 1879	
144	Romanze	Schubert	25. Jänn. 1882	Nach einer Skizze vollendet von J. N. Fuchs.

12*

Zahl	Aufgeführtes Werk	Name des Componisten	Datum der ersten Aufführung
145	Rosamunde, Ouverture . .	Schubert	17. Nov. 1872
146	Rosamunde, Vollständige Musik	Schubert	31. Jänner 1881
147	Ruinen von Athen, die, (op. 113 und 114) . . .	Beethoven	16. Dec. 1870
148	Sängerin, die, Arie . . .	Auber	21. März 1872
149	Schauspiel - Ouverture in G-dur	Mozart	29. Juni 1880
150	Scherzo	Délibes	23. Dec. 1877
151	Schreiberwiese, die, Arie	Herold	8. Sept. 1872
152	Sei mir gegrüsst	Schubert, orchestrirt von Doppler	3. März 1879
153	Semiramis, Cavatine . . .	Rossini	16. April 1876
154	Serenade mit Violinsolo .	Gounod	22. März 1877
155	Sérénade (Berceuse) . . .	Gounod	23. Dec. 1879
156	Serenade Nr. 7	Mozart	6. April 1883
157	Sicilianische Vesper, die, Bolero	Verdi	14. Dec. 1876
158	Sicilienne	Pergolese	21. Sept. 1881
159	Sieben Todsünden, die . .	Goldschmidt	22. Dec 1877
160	Sinfonia eroica	Beethoven	18. Dec 1869
161	Sinfonia di Don Bucefalo	Cagnoni	16. April 1876
162	Slowizcek, polnisch. Lied	Żelenski	6. Jänner 1894
163	Sommernachtstraum, ein, Hochzeitsmarsch	Mendelssohn	9. Juli 1878
164	Sommernachtstraum, ein, vollständige Musik . . .	Mendelssohn	22. Dec. 1878
165	Ständchen, Alt-Solo und Chor. Gedicht von Grillparzer	Schubert	22. März 1877
166	Struensee, Ouverture . .	Meyerbeer	22. Dec. 1876
167	Stabat mater, Arie. . . .	Rossini	22. März 1877
168	Sündfluth, die	Saint-Saëns	3. März 1879
169	Symphonie in A-moll . .	Mendelssohn	2. Nov. 1869
170	Symphonie, Reformations-	Mendelssohn	7. April 1873

Zahl	Aufgeführtes Werk	Name des Componisten	Datum der ersten Aufführung	An- merkung
171	Symphonie, Neunte .	Beethoven	25. März 1877	Mit Schluss- chor über Schiller's Ode: „An die Freude"
172	Symphonie III (Es-dur), Andante . .	Schumann	29. März 1885	
173	Tannhäuser-Phantas.	WagnerZichy	25. Jänn. 1885	
174	Tempelritter,der,Arie	Nicolai	3. Juni 1874	
175	Titus, Finale des I. Actes	Mozart	23. Dec. 1874	
176	Träumerei	Schumann, or- chestrirt von Herbeck	18. Dec. 1869	
177	Trompeter von Säk- kingen, der, Duett ausd.Lieder-Cyclus	Riedel	6. Jänn 1894	
178	Türkischer Marsch .	Mozart	17. Jänn. 1872	
179	Ungarische Klänge .	Zichy	25. Jänn. 1885	
180	Ungarische Tänze, Nr. 1, 2 und 3 . .	Brahms	28 März 1880	
181	UnterbrocheneOpfer- fest, das, Arie . .	Winter	7. April 1873	
182	Valse des fleurs . .	Délibes	28. März 1881	
183	Variation für Streich- Instrumente . . .	Haydn	2. Nov. 1869	
184	Variationen f. Streich- orchester und zwei Hörner	Mozart	6. April 1883	
185	Variationen	Proch	30. Dec 1869	
186	Variationen	Adam	18. Mai 1889	
187	Variationen . . .	Rode	7. April 1891	
188	Veilchen, das, Lied .	Mozart	29. Juni 1880	
189	Vestalin, die, Ouver- ture und 1 Act. .	Spontini	30. März 1874	
190	Violin-Concert (in D-dur)	Paganini	7. April 1873	
191	Violin - Concert (E-moll) mit Orchester-begleitung	Mendelssohn	7. April 1879	

Zahl	Aufgeführtes Werk	Name des Componisten	Datum der ersten Aufführung	Anmerkung
192	Violoncell - Concert, Andante u. Allegro moderato	Goltermann	28 März 1880	
193	Vineta, Chor, Gedicht von Seiller	Abt	22 März 1877	
194	Vöglein im Flieder-busch, f. Soli, Chor und Orchester . .	Doppler	23. Dec 1877	
195	Vogel im Walde, der, Lied	Taubert	16. April 1880	
196	Vorrei morire . . .	Tosti	25. Jänn 1885	
197	Walzer	Venzano	28. Oct. 1880	
198	Walzer	Strakosch	3 März 1883	
199	Wanderlied	Schumann	9. Mai 1886	
200	Weihe des Hauses, die, Ouverture . .	Beethoven	27. Dec. 1882	
201	Wie bist du meine Königin	Brahms	9. Mai 1886	
202	Wie mir der Himmel lacht.	Walter	6. Jänn 1894	
203	Zaubersee, Ballade für Tenorsolo und Orchester	Zichy, instru-mentirt v. Liszt	25. Jänn. 1885	Aus dem Cyclus: „Die Künstler-fahrt.
204	Zigeunerlieder (op 103), für gemischtes Quartett u. Clavier	Brahms	6. Jänn. 1894	

D. Dramatische Werke, Melodramen.

Zahl	Aufgeführtes Werk	Art des Werkes	Name des Autors
1	Adelaide	Genrebild	Hugo Müller
2	Ahnfrau, die	Trauerspiel	Franz Grillparzer
3	Alten Junggesellen, die . . .	Sittengemälde	Victorien Sardou
4	Amleto, Principe di Danimarca, II. Act	Tragedia,	W. Shakespeare
5	An der Donau	Festspiel	Ferdinand von Saar
6	Antigone	Drama	Sophokles, deutsch von J. J. C. Donner. Musik von Mendelssohn
7	Antonius und Cleopatra . .	Tragödie	W. Shakespeare. Frei übersetzt und bearbeitet von Franz Dingelstedt
8	Arria und Messalina. . .	Trauerspiel	Adolf Wilbrandt
9	Aus der komischen Oper . .	Lustspiel	Nach dem Französischen des Henri Murger von C. Wall (Walzel)
10	Burgruine, die.	Lustspiel	Carl Caro
11	Coriolanus	Trauerspiel	W. Shakespeare. Uebersetzt und eingerichtet von Adolf Wilbrandt
12	Demetrius	Dramat. Fragment	Fr. Schiller
13	Egmont	Trauerspiel	J. W. Goethe. Musik von Beethoven
14	Erbförster, der	Trauerspiel	Otto Ludwig
15	Erfolg, ein	Lustspiel	Paul Lindau
16	Er ist nicht eifersüchtig . .	Lustspiel	Alexander Elz
17	Faust, III. Act des 3. Abends (Helena-Scene)	Tragödie	J. W. Goethe. Für die Bühne eingerichtet von Adolf Wilbrandt
18	Feodora	Drama	Victorien Sardou, deutsch von Eduard Mautner
19	Festgedicht		Ferdinand von Saar
20	Festspruch		L. A. Frankl

Datum der ersten Aufführung	Wiederholungen in den Jahren	Summe d. Aufführungen	Anmerkung
27. Februar 1881	1883—1	2	Beidemale Nachm.-Vorstellung
25. Juni 1885	1885—1	2	
18. Juni 1886	1886—2	3	
22. December 1873		1	Gastspiel des Ernesto Rossi
24. April 1879		1	Théâtre paré. Zur Feier der silbernen Hochzeit ihrer kais. und königl. apostolischen Majestäten.
18. Juni 1881	1881—4	5	
20. Juni 1885	1885—1	2	
22. April 1883		1	Nachmittags-Vorstellung
15. April 1873		1	
9. Mai 1886		1	Nachmittags-Vorstellung
17. Juni 1886		1	
10. Jänner 1882		1	
19. December 1870		1	
16. Juni 1885		1	
26. Juni 1886		1	
14. December 1884		1	Nachmittags-Vorstellung
6 Jänner 1883		1	Nachmittags-Vorstellung
2. December 1883		1	Nachmittags-Vorstellung
13. Mai 1888		1	Théâtre paré. Zur Feier der Enthüllung des Kaiserin Maria-Theresia-Monumentes.
7. März 1872		1	50jähr. Erinnerungsfeier an das erste Dirigiren der Oper »Der Freischütz« durch den Componisten C. M. von Weber.

Zahl	Aufgeführtes Werk	Art des Werkes	Name des Autors
21	Frau Susanne	Schauspiel	Paul Lindau und Hugo Lubliner
22	Gedicht, verbindendes, zu: Ein Sommernachtstraum . . .		Freiherr v. Vincke
23	Götz von Berlichingen, V. Act. 12. Scene	Schauspiel	J. W. Goethe
24	Hamlet	Trauerspiel	W. Shakespeare. Nach A. W. Schlegel's Uebersetzung
25	Hüttenbesitzer, der . . .	Schauspiel	Georges Ohnet, deutsch von Eduard Mautner
26	Ingenue, l'	Comédie en un act	Henri Meilhac und Ludovic Halévy
27	Iphigenie auf Tauris. . . .	Schauspiel	J. W. Goethe
28	Jurons de Cadillac, les .	Comédie en un act	Pierre Berton
29	Kean, oder Leichtsinn und Genie	Schauspiel	Alexander Dumas
30	Krieg im Frieden . . .	Lustspiel	G. v. Moser und Franz v. Schönthan
31	Kurmärker und Picarde	Genrebild mit Gesang	Louis Schneider
32	König Richard II. . .	Drama	W. Shakespeare. Nach A. W. Schlegel's Uebersetzung frei bearbeitet v. Franz Dingelstedt
33	König Heinrich IV., 1. Theil .	Drama	
34	König Heinrich IV., 2. Theil	Drama	
35	König Heinrich V.	Drama	
36	König Heinrich VI, 1. Theil .	Drama	
37	König Heinrich VI., 2 Theil	Drama	
38	König Richard III.	Drama	
39	Märchen vom Untersberg, das	Phantastisches Schauspiel	Adolf Wilbrandt
40	Macbeth	Trauerspiel	W. Shakespeare. Nach d. Uebersetzungen von Schiller, Tieck u. Kaufmann, bearbeitet u. eingerichtet v. Fr. Dingelstedt

Datum der ersten Aufführung	Wiederholungen in den Jahren	Summe d Aufführ- ungen	Anmerkung
16. Juni 1886		1	
22. December 1878		1	
27. Februar 1881		1	Nachmittags-Vorstellung
27. Juni 1886		1	
17. Juni 1885	1885 – 1, 1886 – 1 1888 – 1	4	1886 und 1888 Nachmittags-Vorstellungen
27. Februar 1881		1	Gastspiel der französischen Schauspiel-Gesellschaft Deschamps, Nachm.-Vorstellung
30. Juni 1884		1	
18. Jänner 1883		1	Gast-piel des M. Coquelin
31. October 1886		1	Nachmittags-Vorstellung
7. December 1884		1	Nachmittags-Vorstellung
25. Februar 1876	1876 - 3, 1877 - 1 1879 - 1	6	
16. Juni 1883	1883 – 1, 1884 – 1	3	
17. Juni 1883	1883 – 1, 1884 – 1	3	
18. Juni 1883	1883 - 1, 1884 – 1	3	
19. Juni 1883	1883 – 1, 1884 – 1	3	
20. Juni 1883	1883 – 1, 1884 – 1	3	
21. Juni 1883	1883 – 1, 1884 – 1	3	
22. Juni 1883	1883 – 1, 1884 – 1 1886 — 1	4	
31. Mai 1884	1884 — 3	4	Ouverture und Chöre von Fr. Schubert. (Rosamunde, Zauber-harfe.) Entreacte und melo-dramatische Begleitung von J. N. Fuchs mit Benützung Schubert'-scher Motive.
22. Juni 1882	1882 – 1, 1886 – 1	3	

Zahl	Aufgeführtes Werk	Art des Werkes	Name des Autors
41	Maler, die	Lustspiel	Adolf Wilbrandt
42	Manfred . . .	Drama	Lord Byron Nach verschiedenen Uebersetzern für die Darstellung bearbeitet von Karl Jenke. Musik v. Rob Schumann
43	Maria Stuart	Trauerspiel	Fr. Schiller
44	Marie Anne, ein Weib aus dem Volke	Drama	D'Ennery & Mallian
45	Meister Manole	Trauerspiel	Carmen Sylva
46	Monologues . . .	récités par	M. Coquelin
47	Otello	Atto terzo della Tragedia	W. Shakespeare
48	Phädra	Trauerspiel	Racine, übersetzt v. Fr. Schiller
49	Piccolomini, die	Dramat Gedicht	Fr. Schiller
50	Preciosa	Romantisches Schauspiel mit Chören u. Tänzen	Pius Alex. Wolff. Musik von C. M. v Weber
51	Prolog		Franz Dingelstedt Begleitende Musik von Heinrich Esser
52	Prolog und verbindendes Gedicht zu: Byron's Manfred	.	Ferd. Kürnberger
53	Prolog		Josef Weilen
54	Prolog		Albert Weltner
55	Prolog		Ferdinand von Saar
56	Räuber, die	Trauerspiel	Fr. Schiller
57	Richter von Zalamea, der . .	Schauspiel	Calderon de la Barca. Uebersetzt u eingerichtet von Adolf Wilbrandt
58	Rose Pilgerfahrt, der	Märchen nach einer Dichtung	Moriz Horn. Verbindender Text v. Ed. Mautner. Musik von Schumann
59	Salzburgs grösster Sohn . .	Dramat. Epilog	Josef Weilen
60	Sohn der Wildnis, der . . .	Romant. Drama	Friedrich Halm

Datum der ersten Aufführung	Wiederholungen in den Jahren	Summe d. Aufführungen	Anmerkung
22. Juni 1886		1	
22. December 1874	1875—2, 1876—1, 1880—1, 1882—1, 1883—1, 1884—1, 1885—1, 1888—1,	10	21. Mai 1875, Concert Aufführung, siehe Prolog
5. Jänner 1882	1882—2, 1885—1,	4	
21. November 1886	1887—1	2	Beidemale Nachm.-Vorstellungen
3. Mai 1891		1	Nachmittags-Vorstellung
17. Jänner 1883	1883 - 1	2	
22. März 1877		1	Gastspiel des Tomaso Salvini
27. Juni 1884		1	
24. Juni 1884		1	
4. December 1880	1880—1, 1831—4, 1886—1,	7	
25. Mai 1869	1869—2	3	Bei Eröffnung des Hauses
21. Mai 1870		1	»Manfred« als Concert aufgeführt
26. März 1877		1	Am Vorabende des 50. Jahrestages von Beethoven's Ableben
27. Jänner 1881		1	Anlässlich der Gedenkfeier der vor 100 Jahren stattgefundenen 1. Aufführung von »Idomeneus«
24. April 1892	1892—1	2	Fest-Vorstellung am Tage der Enthüllung des Radetzky-Monumentes
2. Jänner 1882	1882—2, 1883—1, 1884—1, 1885—1, 1886—1,	7	
26. Juni 1884	1885—1,	2	
22. December 1873	1883—1	2	1883, Nachmittags-Vorstellung
27. Jänner 1880	1880—1, 1883—1,	3	
28. Juni 1885	1886—1	2	

Zahl	Aufgeführtes Werk	Art des Werkes	Name des Autors
61	Sommernachtstraum, ein	Schauspiel	W. Shakespeare. Uebersetzt v. A. W. Schlegel. Musik v. Mendelsohn
62	Stahl und Stein	Volksstück mit Gesang	Lud. Anzengruber
63	Struensee	Trauerspiel	Max Beer, Musik von Meyerbeer
64	Tropfen Gift, ein	Schauspiel	Oscar Blumenthal
65	Unsere Handwerker	Gelegenheitsposse	O. F. Berg, Musik von Franz v. Suppé
66	Uriel Acosta	Trauerspiel	Carl Ferd. Gutzkow
67	Vater Radetzky	Festspiel m. Nationalgesängen und Tänzen	S. Schlesinger, Musik zusammengestellt von J. Hellmesberger jun
68	Verschwender, der	Original-Zaubermärchen	Ferdinand Raimund
69	Versprechen hinter'm Herd, das	Genrebild mit Gesang	Alex. Baumann
70	Volkslied, das	Gedicht	S. H. Mosenthal, Musik zusammengestellt von Franz Doppler
71	Wallensteins Lager	Dramat. Gedicht	Fr. Schiller
72	Wallensteins Tod	Trauerspiel	Fr. Schiller
73	Weh' dem der lügt	Lustspiel	Franz Grillparzer
74	Weib des Kriegers, das	Dramat. Prolog	Josef Weilen, Musik von Franz Doppler
75	Wilhelm Tell	Schauspiel	Fr. Schiller
76	Yelva, die russische Waise	Drama	Nach dem Französischen des Scribe v. J. F. Castelli, Musik v. Reissiger

Name der ersten Aufführung	Wiederholungen in den Jahren	Summe d. Aufführungen.	Anmerkung
18 April 1873		1	Théâtre paré. — Anlässlich der Vermahlung Ihrer kais. u. königl. Hoheit Erzherzogin Gisela
6. November 1887	1888 — 1	2	Beidemale Nachm.-Vorstellungen
2. April 1881		1	
25. Juni 1886		1	
22. März 1877		1	
27. Juni 1885		1	
24 April 1892	1892 — 1	2	Fest-Vorstellung am Tage der Enthüllung des Radetzky-Monumentes
18 Juni 1885	1885 2	3	
25. December 1882	1886 - 6, 1888 - 2, 1889 - 10, 1890 — 5, 1893 — 1,	25	1886 1mal ⎫ 1888 1 » ⎪ als Nach- 1890 1 » ⎬ mittags-Vor- 1893 1 » ⎭ stellung.
22. December 1876	1877 — 1	2	
11. März 1871	1876 - 1, 1882 - 2, 1884 – 1 1892 - 2	7	
25. Juni 1884		1	
23. Juni 1884	1886 – 1	2	
15. April 1873		1	
16. Jänner 1882	1882 — 2 1883 — 1 1884 — 1	5	
15. Mai 1885	1885 — 1	2	

Uebersicht der in den einzelnen Jahren

stattgefundenen

Erst - Aufführungen.

A. Opern und Singspiele.

B. Ballete, Pantomimen, Divertissements, Tanz-Ein-
lagen.

C. Concert-Aufführungen, Gesangs-Einlagen, diverse
Musikstücke.

D. Dramatische Werke, Melodramen.

1869.

Name des Werkes:	Tag der Aufführung	Anmerkung
A.		
Don Juan	25. Mai	
Romeo und Julie	30. Mai	16 Jänner 1878 Scene u. Arie der Julie neu
Die Stumme von Portici	3. Juni	
Fidelio	10. Juni	
Wilheim Tell	27. Juni	22. Jänner 1876 neu scenirt.
Die Hugenotten	10. Juli	
Die Zauberflöte	1. September	
Der Troubadour	21. September	
Fra Diavolo	27. October	
Armida	20. November	10. Februar 1878 neu scenirt. 2. Februar 1880 neu studirt.
Der Prophet	12. December	5. September 1891 neu studirt.
Martha	30. December	
B.		
Sardanapal	16. Juni	
Flick und Flock	4. October	6. Mai 1882 neu scenirt.
C.		
Leonore, Beethoven, Ouverture Nr. 2		
Litaney am Feste Allerseelen, Schubert		
Variation f. Streich-Instrumente, Haydn J.	2. November	
Adelaide, Beethoven, Lied		
Symphonie in A-moll, Mendelssohn		
Athalia, Mendelssohn, Ouverture		
Iphigenia auf Tauris — Gluck, Recitativ u. Arie		
Oberon, Weber, Ouverture	18. December	
Träumerei, Schumann, orchestrirt von Herbeck		
Sinfonia eroica, Beethoven		
Variationen, Proch	30. December	
D.		
Prolog, Dingelstedt, die begleitende Musik v. Esser	25. Mai	

13*

1870.

Name des Werkes:	Tag der Aufführung	Anmerkung
A. Der Freischütz	1. Jänner	
Lucia von Lammermoor .	3. Jänner	
Die Meistersinger v. Nürnberg	27. Februar	
Norma	6. März	
Margarethe (Faust) . . .	28. März	
Die Afrikanerin	27. April	
Der Maskenball	14. Mai	2. September 1878 neu scenirt.
Josef und seine Brüder. .	11. Juni	27. Nov 1875 neu scen. u. 15 Feb.1894
Tannhäuser	22 Juni	Venusgrotte neu scen.
Mignon	8. September	
Robert der Teufel	20 September	
Lohengrin	4. October	15. December 1875 neu scenirt.
Die Hochzeit des Figaro .	15. October	
Die Jüdin	12. November	
Judith	30. December	
B. Satanella	20. Jänner	
Carnevals-Abenteuer . . .	5. Februar	
Gisela, oder »Die Willis«	14. Mai	
Monte Christo	16. Juli	
Esmeralda	29 October	
Nena Sahib.	21. November	
C. Missa Solemnis, Rossini .	31. März	
Manfred, Schumann . . .	21. Mai	
Der häusliche Krieg (Die Verschworenen), Schubert		
Fest - Ouverture (op. 115), Beethoven		
Die Ruinen von Athen (op. 113 und 114), Beethoven, verbindender Text von Robert Heller	16. December	
Leonore, grosse Ouverture Nr. 3 (op. 72), Beethoven		
D. Manfred, Byron, Prolog und verbindends Gedicht von Kürnberger	21. Mai	
Egmont, Goethe, Musik von Beethoven (op. 84). . . .	19 December	

1871.

Name des Werkes:	Tag der Aufführung	Anmerkung
A.		
Der Postillon von Lonjumeau	11. Jänner	
Der fliegende Holländer .	27. Jänner	
Rigoletto	11. Februar	
Der schwarze Domino . .	8. März	
Dinorah (Chor, Recitativ u. Romanze aus d. II. Acte)	11. März	
Belisar (II. Act)	11. März	
Rienzi	30. Mai	30. Mai 1883 neu einstudirt
Die weisse Frau	7. September	6. August 1883 neu einstudirt
Euryanthe	22. September	18. December 1886 neu studirt
Die Favoritin	7. October	
Hans Heiling	8. December	
Lucrezia Borgia	21. December	
Dinorah	28. December	
B.		
Fiamella - Tanzdivertissement II. Act	11. Jänner	
Sprühfeuer, II. Act . . .	11. März	
Fantasca	23. August	4. October 1887 neu scenirt
Soldatentanz - Einlage zur Oper: »Der Troubadour«	25. November	
C.		
Du bist mein Gedanke, Abt, Lied	11. Jänner	
Frühlingslied, Gounod . .	18. März	
Gute Nacht, Abt, Lied . .	17. April	
Le carnaval de Venice, Benedict	13. September	
D.		
Wallensteins Lager . .	11. März	

1872.

Name des Werkes:	Tag der Aufführung	Anmerkung
A.		
Die Entführung aus dem Serail	17. Jänner	
Die Nachtwandlerin . . .	8. Februar	
Die lustigen Weiber von Windsor	11. Februar	
Der Waffenschmied . . .	16. März	16. März 1867 neu studirt
Feramors	24. April	
Der Wasserträger . . .	25. Mai	18. October 1877 neu scenirt
Weibertreue (Cosi fan tutte)	18. October	24. Jänner 1880 neu bearbeitet
Abu Hassan	17. November	14. December 1883 neu einstudirt
Der häusliche Krieg (Die Verschworenen) . . .	17. November	26. Mai 1877 neu scenirt,
Dom Sebastian.	12. December	
B.		
›Die Rheinnixen‹, Elfentanz	11. Februar	
Tanz	16. März	
C.		
Türkischer Marsch, Mozart,	17. Jänner	
Cosi fan tutte, Mozart, Tenor-Arie	17. Jänner	
Hymne, Weber, Gedicht von Friedrich Rochlitz . .	7. März	
Die Sängerin, Auber, Arie	21. März	
Die Schreiberwiese, Herold, Arie	8. September	
Rosamunde, Schubert, Ouverture. . . .	17. November	
D.		
Festspruch, Frankl . . .	7. März	

1873.

Name des Werkes:	Tag der Aufführung	Anmerkung
A.		
Iphigenia auf Tauris	2 März	
Fünfundzwanzig Mädchen und kein Mann	15. April	
Hamlet	14. Juli	30. Mai 1876 deutsch geänderter Schluss
Oberon, König der Elfen	2. December	15. Februar 1881 neu bearbeitet
B.		
Robert und Bertrand	27. Jänner	
Ellinor	24. März	
C.		
Orpheus und Eurydike, Gluck	6. April	
Reformations-Symphonie, Mendelssohn		
Violin-Concert (in D-dur), Paganini		
Fierabras, Schubert, Arie mit Chor und Scene	7. April	
Romanze, Wilhelmj		
Air, Bach		
Das unterbrochene Opferfest, Winter, Arie		
Marsch (in H), Schubert, orchestrirt von Liszt		
Concert für Clavier und Orchester, Weber		
Das Mädchen u. der Schmetterling, Scharfe, Lied	15. April	
Abschied, Horn, Lied		
Hernani, Verdi, Arie		
Anacreon, Cherubini, Ouverture		
Die Krondiamanten, Auber, Arie	22. December	
Concert für Clavier und Orchester, Field		
Faust, Spohr, Ariette und Duett		
D.		
Das Weib des Kriegers, Dramatischer Prolog, Weilen, Musik von Doppler	15. April	
Aus der komischen Oper	15. April	
Ein Sommernachtstraum, Shakespeare, Musik v. Mendelssohn	18. April	
Amleto, Principe di Danimarca, II. Act	22 December	
Der Rose Pilgerfahrt, Märchen nach einer Dichtung von Horn, Musik von Schumann	22. December	Der verbindende Text von Eduard Mautner

1874.

Name des Werkes:	Tag der Auftührung	Anmerkung
A.		
Genovefa	8. Jänner	
Der Nordstern . . .	9. März	
Aida	29. April	
Iphigenia in Aulis	21. November	
B.		
C.		
Messias, Händel	29. März	
Idemenco, Mozart, Ouverture und II. Act . .		
Meda, Cherubini, III. Act	30. März	
Die Vestalin, Spontini, Ouverture und I. Act		
Der Tempelritter, Nicolai, Arie	3. Juni	
Jessonda, Spohr, Ouverture und I. Act . .		
Titus, Mozart, Finale des I. Actes		
Der Blitz, Halévy, Finale des I. Actes u. Romanze aus dem III. Acte . .	23. December	
Loreley, Mendelssohn, Finale des I. Actes .		
D.		
Manfred, Byron, Musik von Schumann . .	22. December	

1875.

Name des Werkes:	Tag der Aufführung	Anmerkung
A.		
1. in deutscher Sprache:		
Der Widerspenstigen Zäh-mung	2. Februar	
Die Königin von Saba. .	10. März	
Die Alpenhütte	27. April	4 October 1867 neu einstudirt
Carmen	23. October	
2. in italienischer Sprache:		
Aïda	19. Juni	
B.		
Die verwandelten Weiber	27. April	
Brahma	4. October	
C.		
Requiem — Verdi . . .	11. Juni	
D.		

1876.

Name des Werkes:	Tag der Aufführung	Anmerkung
A.		
1. In deutscher Sprache:		
Die erste Walpurgisnacht . .	25. Februar	
Hernani	18. Mai	26. April 1890 neu einstudirt.
Des Teufels Antheil	8. Juni	31. October 1885 und 17. August 1892 neu einstudirt.
Der Liebestrank	7. Juli	
Die Folkunger.	23. September	
Das goldene Kreuz . . .	4. October	
Der Barbier von Sevilla .	9. December	
2. In italienischer Sprache:		
Margherita (Faust)	4. März	
Il Trovatore	6. März	
La Traviata	11. März	
Mignon	12. März	
Lucia di Lammermoor. . . .	16. März	
Gli Ugonotti	18. März	
La Favorita.	19. März	
Un ballo in maschera . . .	20 März	
Romeo e Giulietta	28. März	
L'Africana	29. März	
La figlia del Reggimento. . .	2. April	
Il Barbiere di Siviglia . . .	3. April	
Rigoletto.	8. April	
Fra Diavolo	17. April	
Don Pasquale	23 April	
Mirella	26 April	
B.		
Saltarello	25. Februar	
Der verliebte Teufel	8 März	
Tanz-Divertissement	4. Juni	
Die Tänzerin auf Reisen . . .	7. Juli	
Coppelia	4. October	
Rococo, Invitation à la valse, Weber, orchestrirt von Berlioz — Gavotte, componirt vom König Ludwig XIII. — Grand Galop chromatique, Liszt, orchestrirt von Doppler	31 October	

1876.

Name des Werkes:	Tag der Aufführung	Anmerkung
C.		
Reitermarsch (H-moll), Schubert, instrumentirt von Liszt . . .	25. Februar	
Die Belagerung von Korinth, Rossini, Ouverture . . .		
Johann von Paris, Boieldieu, Arie		
Romance, Faure		
La Cenerentola, Rossini, Duett		
Hernani, Verdi, Cavantine . .		
Canzone, Gounod		
Il matrimonio segreto, Cimarosa, Trio		
Danse macabre, Saint-Saëns, Orchester	16. April	
Air de la Coupe de Galatée, Massé		
La Sinfonia di Don Bucefalo, Cagnoni		
Largo für Violinen, Violen, Harfe, Harmonium u. Orgel. Händel, arrangirt v. J. Hellmesberger sen.		
Semiramis, Rossini, Cavantine		
L'Estasi, Arditi, Walzer . . .	21. April	
Romanze, Riedel	8. Juni	
Aufforderung zum Tanz, Weber, Orchester	28. Juni	
Grosser Festmarsch, Wagner, Orchester	7. Juli	
Die Sicilianische Vesper, Verdi, Bolero	14. December	
Beethoven-Cantate, Liszt, gedichtet von Adolf Stern . .	15. December	
Struensee, Meyerbeer, Ouverture	22. December	
D.		
Kurmärker und Picarde . . .	25. Februar	
Das Volkslied, Gedicht v. Mosenthal, Musik von Doppler . .	22. December	

1877.

Name des Werkes:	Tag der Aufführung	Anmerkung
A.		
1. In deutscher Sprache:		
Othello (Rossini) III. Act	27. Jänner	
Die Ballnacht	31. Jänner	
Die Walküre	5. März	
Unsere Handwerker	22. März	
Der Landfriede	4. October	
2. In italienischer Sprache:		
La Sonnambula	3. März	
Semiramide	15. März	
Linda di Chamounix	11. April	
B.		
Das übelgehütete Mädchen	22. März	
Gräfin Egmont	9. Juni	
Sylvia	25. October	
C.		
Die Jahreszeiten, Haydn	6. Februar	
Vineta, Abt, Chor, Gedicht v. Seiller		
Ständchen, Schubert, Gedicht v. Grillparzer, Alt, Solo und Chor	22. März	Vorträge des Wr.-Männergesang-vereines
Serenade mit Violin-Solo, Gounod		
Stabat-Mater, Rossini, Arie		
Götterdämmerung, Wagner, III. Act 2. und Schluss-Scene	25. März	
Neunte Symphonie, Beethoven		
Adagio aus dem B-dur-Trio, Beethoven	26. März	
Diva, Visetti, Walzer	11. April	
Die sieben Todsünden, Goldschmidt	22. December	
Rhapsodie Nr 1 (F-dur), Liszt		
Vöglein im Fliederbusch, Doppler, für Soli und Chor	23. December	
Scherzo, Délibes		
D.		
Unsere Handwerker	22. März	
Otello, III Act (ital)	22. März	
Prolog, Weilen	26. März	

1878.

Name des Werkes:	Tag der Aufführung	Anmerkung
A.		
1. In deutscher Sprache:		
Das Rheingold	24. Jänner	
Die Makkabäer	24. Februar	
Philemon und Baucis	4. October	
Siegfried	9. November	
Die sicilianische Vesper	23. November	
Czar und Zimmermann	25. December	
Die Regimentstochter	29. December	
2. In italienischer Sprache:		
Hamlet	24. März	1. Mal mit geändertem Schlusse.
Don Giovanni	22. April	
Othello (Rossini)	29. April	
Le Nozze di Figaro. I. Act	2. Mai	
Guglielmo Tell, III. Act	2. Mai	
B.		
Marko Bomba	14. April	
Naila	4. October	
Die vier Jahreszeiten	23. November	
C.		
L'Italiana in Algeri, Rossini, Rondo	4. April	
L'ingénue, Arditi, Morceau à la Gavotte, Orchester	2 Mai	
Ein Sommernachtstraum, Mendelssohn, Hochzeitsmarsch	9 Juli	
Kärntner Volksweise, Koschat, Chor	13. Juli	
Ein Sommernachtstraum, Mendelssohn, vollständ. Musik	22. December	
Forosetta, Arditi, Tarantella	29. December	
Linda von Chamounix, Donizetti, Arie	29. December	
D.		
Gedicht, verbindendes zu: »Ein Sommernachtstraum« von Vincke	22. December	

1879.

Name des Werkes:	Tag der Aufführung	Anmerkung
A. Violetta (La Traviata)	6. Februar	
Götterdämmerung	14. Februar	
Don Pasquale	4. October	
Idomeneus	25. October	
Johann von Paris	28. November	1. März 1886 neu einstudirt.
B. Aus der Heimat	24 April	
Dyellah	4. October	
Renaissance { Marsch nuptiale, Gounod, Fackeltanz, Polonaise, Chopin	28. November	
C. In der Fremde, Taubert, Lied mit Orchesterbegleitung . .	10. Februar	
Arie, Bériot	18. Februar	
La Jeunesse d'Hercule, Saint-Saëns, symphonische Dichtung für Orchester . . .		
Fantasie über »Die Ruinen von Athen« für Clavier und Orchester, Beethoven, Liszt .	3. März	
Sei mir gegrüsst { Schubert, orchestrirt von Morgenständchen { Doppler		
Concert (G-dur), Beethoven, für Clavier und Orchester . .		
Die Sündfluth, Saint-Saëns .		
Violin-Concert (E-moll) m. Orchesterbegleitg., Mendelssohn		
Osterlied, Pfeffer, gemischter Chor		
Romanze vom Gänsehuben, Schumann, für Soli und Chor		
Fantasie caprice m. Orchesterbegleitung, Vieuxtemps . .	7 April	
Fantasie f. Clavier m. Soli, Chor, Orchester, Beethoven . .		
Erinnerung an Haydn, für Violine mit Clavierbegltg., Leonard		
Am Meer, Schubert, Lied . .		
O, wenn es immer so bliebe, Rubinstein		
Huldigungsmarsch, Wagner . .	16. Mai	
Giralda, Adam, Arie		
Ein deutsches Requiem, Brahms	2. November	
Fest-Ouverture, Weber . .		
Clavier-Concert (Nr. 3, C-moll), Beethoven		
Sérénade (Berceuse), Gounod	23. December	
Les Moissonneuses (Valse), Maton		
D. An der Donau, Festspiel, Saar.	24 April	

1880.

Name des Werkes:	Tag der Aufführung	Anmerkung
A.		
Paul und Virginie	5. Jänner	
Titus	27. Jänner	
Salzburgs grösster Sohn	27. Jänner	
Das Nachtlager in Granada	18. Februar	
Am Wörthersee	22. März	15. Jänner 1888 neu scenirt.
Maria von Rohan	1. April	
Linda von Chamounix	21. Mai	
Der Ritterschlag	26. Mai	
Das Glöckchen des Eremiten	16. Juni	neu einstudirt 26. Juli 1885 und 23. Februar 1889.
Medea	26. November	
Der Schauspiel-Director	11. December	
Bianca	15. December	
B.		
Margot	26. Mai	
Der Stock-im-Eisen	4. October	
C.		
Mein Lied, Gumbert	22. Februar	
Les Préludes, Liszt, Symphonische Dichtung		
Les Rameaux, Faure, Hymne		
Clavier-Concert, Rubinstein		
Violoncell-Concert, Andante und Allegro moderato, Goltermann	28. März	
Ungarische Tänze, Nr. 1, 2 und 3, Brahms		
Der Vogel im Walde, Taubert, Lied	16. April	
La bella Viennese, Arditi, Walzer	21. Mai	
Schauspiel-Ouverture in G-dur, Mozart		
Per pietà, ben mio, Mozart, Arie		
Clavier-Concert in D-moll, Mozart	29. Juni	
Abendempfindung Mozart, Das Veilchen Lieder		
Requiem, Mozart		
Walzer, Venzano	28. October	
D.		
Salzburgs grösster Sohn, Weilen	27. Jänner	
Preciosa, Wolff, Musik v. Weber	4. December	

1881.

Name des Werkes:	Tag der Aufführung	Anmerkung
A. 1. In deutscher Sprache:		
Monsieur und Madame Denis .	1. Jänner	
Lorelev	28. Jänner	
Der betrogene Kadi	9. März	
Jean von Nivelle	29. März	
Der Blitz	4. October	
Die Vestalin	19. October	
Undine	4. December	
Die Nürnberger Puppe . . .	23. December	
2. In italienischer Sprache:		
La Cenerentola	2. Mai	
Don Bucefalo, II. Act . . . . }	7. Mai	
Montecchi e Capuleti, IV. Act }		
Ernani	27. Mai	
Il matrimonio segreto, 1 Act .	14. Juni	
B.		
In Versailles	9. März	
Der Spielmann	28. Mai	
Pygmalion	22. November	
C.		
Märchen von der schönen Melusine, Mendelssohn, Ouverture	28. Jänner	
Rosamunde, Schubert, Vollständige Musik zum Drama . . .	31. Jänner	
Nachtigallen-Arie, Massé .	18. Februar	
Valse des fleurs, Delibes . . .	28. März	
Carnevale di Venezia, Il — Rebagliati	9. Mai	
Sicilienne, Pergolese	21. September	
Meeresstille und glückliche Fahrt, Mendelssohn, Ouverture		
Aus der Ferne } Jahn, Lieder Liebesbote }		
1. Satz vom IX. Cello-Concert, Romberg	23. December	
Nocturne (Des-dur), Chopin .		
Polonaise (E-dur), Liszt . . .		
Cantilene, Hegyesi		
Elfentanz, Popper		
D.		
Prolog, Weltner	27. Jänner	
Adelaide, Müller		
L'ingenue, Meilhac und Halévy	27. Februar	
Götz von Berlichingen, Goethe, V. Act, 12. Scene		
Struensee, Beer, Musik von Meyerbeer	2 April	
Antigone, Sophokles, deutsch v. Donner; Musik von Mendelssohn	18. Juni	

1882.

Name des Werkes:	Tag der Aufführung	Anmerkung
A.		
Die Zwillingsbrüder . . .	25. Jänner	
Orpheus und Eurydike. .	4. Februar	
Mephistopheles	18. März	
Gute Nacht Herr Pantalon	3. April	
Alfonso und Estrella . .	15. April	
Montecchi und Capuleti, IV. Act	21. Juni	
Der König hat's gesagt .	20. September	
Simon Boccanegra . . .	18. November	
B.		
Melusine	4. October	
C.		
Romanze, nach einer Skizze von Schubert, vollendet von J. N. Fuchs . . .	25. Jänner	
Leonore, Beethoven, Arie Ballade und Polonaise m.Orchesterbegleitung, Vieuxtemps . . . Airs Russes, Wieniawsky	7. October	
Siebentes Concert mit Orchesterbegleitung,Bériot Jessonda Spohr, Arie . Faust-Fantasie, Wieniawsky	10. October	
Die Weihe des Hauses, Beethoven, Ouverture .	27. December	
D.		
Die Räuber	2. Jänner	
Maria Stuart	5. Jänner	
Demetrius	10. Jänner	
Wilhelm Tell	16. Jänner	
Macbeth	22. Juni	
Das Versprechen hinter'm Herd	25. December	

14

1883.

Name des Werkes:	Tag der Aufführung	Anmerkung
A.		
1. In deutscher Sprache:		
Die erste Falte	4. Jänner	17. Jänner 1891 neu einstudirt
Der Tribut von Zamora	30. Jänner	
Muzzedin	21. Februar	
Das Mädchen von Perth . . .	5. Mai	
Tristan und Isolde	4. October	
Der Templer und die Jüdin . .	1. November	
2. In italienischer Sprache:		
Lucrezia Borgia	4. Mai	
B.		
An der Beresina	4. Jänner	
Die Assassinen	19. November	
C.		
Parsifal, Wagner, Vorspiel, Orchester	6. Jänner	
Fanisca, Cherubini, Ouverture .	17. Jänner	
Walzer, Strakosch	3. März	
Serenade Nr. 7 . . .		
Arie aus Davidde penitente		
Variationen für Streichorchester und zwei Hörner . . . . . . } Mozart	6. April	
D.		
»Faust« (III. Act des 3. Abends)	6. Jänner	
Monologues, Coquelin	17. Jänner	
Les Jurons de Cadillac	18. Jänner	
Arria und Messalina	22. April	
König Richard II.	16. Juni	
König Heinrich IV., 1. Theil . .	17. Juni	
König Heinrich IV., 2. Theil . .	18. Juni	
König Heinrich V.	19. Juni	
König Heinrich VI., 1. Theil . .	20. Juni	
König Heinrich VI., 2. Theil . .	21. Juni	
König Richard III.	22. Juni	
Feodora	2. December	

1884.

Name des Werkes:	Tag der Aufführung	Anmerkung
A.		
1. In deutscher Sprache:		
Jeanettens Hochzeit	17. Jänner	
Der Hund des Gärtners	18. Februar	
Die heimliche Ehe	15. März	
Heini von Steier	26. März	
Maurer und Schlosser	16. September	
Der Vampyr	15. October	
Die Krondiamanten	18. December	
2. In italienischer Sprache:		
Guglielmo Tell	25. März	
Gioconda	29. April	
Mefistofele	5. Mai	
B.		
Der Vater der Debutantin . .	26. März	
Harlekin als Elektriker	14. April	
Sakuntala	4. October	
C.		
Nincsen annyi tenger csillag . . . . } ungarische Volks-Lieder	2. Februar	
Alig viradt már is alkonyúl . . . . } ungarische Volks-Lieder	2. Februar	
Ritka buza, ritka árpa, ritka rozs . . . . } ungarische Volks-Lieder	2. Februar	
Mein Engel bist Du, Zumpe, Lied	13. November	
D.		
Das Märchen vom Untersberg, Wilbrandt	31. Mai	Ouverture und Chöre von Schubert (Rosamunde, Zauberharfe) Entreacte und melodramatische Begleitung von J. N. Fuchs, mit Benützung Schubert'scher Motive.
Weh' dem, der lügt	23. Juni	
Die Piccolomini	24. Juni	
Wallensteins Tod	25. Juni	
Der Richter von Zalamea . . .	26. Juni	
Phädra	27. Juni	
Iphigenie auf Tauris	30. Juni	
Krieg im Frieden	7. December	
Er ist nicht eifersüchtig	14. December	

14*

1885.

Name des Werkes:	Tag der Aufführung	Anmerkung
A.		
Das Andreasfest	31. Jänner	
Gioconda	17. Februar	
Nero	20. April	
Alceste	4. October	
Der Bauer ein Schelm	19. November	
B.		
Wiener Walzer	10. Jänner	
Excelsior	17. Mai	
C.		
Ungarische Klänge, Zichy . .		
Vorrei morire, Tosti		
Der Zaubersee, Ballade für Tenorsolo und Orchester aus dem Cyklus : »Die Künstlerfahrt«, Zichy, instrumentirt von Liszt	25. Jänner	
Liebestraum, Liszt		
Polonaise, Chopin		
Tannhäuser-Phantasie,Wagner-Zichy		
Der König von Lahore, Massenet, Arie		
Andante aus der 3. Symphonie (Es-dur), Schumann	29. März	
La Perle du Brésil, David, Arie .	2. Mai	
Garcia Walzer, Bériot	14. November	
Echo, Eckert, Lied	25. December	
Il Bacio, Arditi, Walzer . . .		
D.		
Yelva, Drama nach dem Französischen des Scribe, von Castelli, Musik von Reissiger .	15. Mai	
Der Erbförster	16. Juni	
Der Hüttenbesitzer	17. Juni	
Der Verschwender	18. Juni	
Antonius und Cleopatra . . .	20. Juni	
Die Ahnfrau	25. Juni	
Uriel Acosta	27. Juni	
Der Sohn der Wildniss . . .	28. Juni	

1886.

Name des Werkes:	Tag der Aufführung	Anmerkung
A.		
Der Trompeter v. Säkkingen	30. Jänner	
Fata Morgana	30. März	
Franz Schubert	19. April	
Martfa	4. October	
Merlin	19. November	4. März 1893 neu einstudirt.
Zampa	16. December	
B.		
Die Balletprobe (Divertissement aus »Der Vater der Debutantin«)	19. April	
Ein Märchen aus der Champagne	14. December	
C.		
Der Kreuzzug) Schubert, instrumentirt Der Neugierige) von Suppé.	19. April	
Frühlingslied, Mendelssohn		
Wanderlied, Schumann .	9. Mai	
Wie bist du meine Königin, Brahms . . . . .)		
Das Lotterie-Los, Isouard, Arie	22. December	
D.		
Die Burgruine	9. Mai	
Frau Susanne	16. Juni	
Coriolanus	17. Juni	
Die alten Junggesellen . .	18. Juni	
Die Maler	22. Juni	
Ein Tropfen Gift . . .	25. Juni	
Ein Erfolg	26. Juni	
Hamlet	27. Juni	
Kean, oder Leichtsinn und Genie	31. October	
Maria Anne, ein Weib aus dem Volke	21. November	

1887.

Name des Werkes:	Tag der Aufführung	Anmerkung
A.		
Harold . .	3. April	
Jessonda . .	14. Mai	
Der Cid . . .	22. November	
B.		
Die verwandelte Katze .	14. Februar	
C.		
Parla (Sprich), Arditi . .	30. März	
D.		
Stahl und Stein . . .	6. November	

1888.

Name des Werkes:	Tag der Aufführung	Anmerkung
A.		
Belisar	11. Februar	
Othello (Verdi) . .	14. März	
Die Maienkönigin . .	13. Mai	
Im Feldlager	13. Mai	
Stradella	4. October	
Der Wildschütz . .	10. November	
B.		
Pierrot und Pierrette . .	29. Februar	
Die Puppenfee .	4. October	
C.		
D.		
Festgedicht, Saar	13. Mai	

1889.

Name des Werkes:	Tag der Aufführung	Anmerkung
A.		
Die drei Pintos	18. Jänner	
Die Königsbraut	27. März	
Der Vasall von Szigeth .	4. October	
Die beiden Schützen . .	15. October	
Die heilige Elisabeth . .	25. December	
B.		
Divertissement	25. August	
Sonne und Erde	19. November	
C.		
Variationen, Adam . . .	18. Mai	
Dich will ich ewig lieben,		
Mader, Lied	31. August	
D.		

1890.

Name des Werkes:	Tag der Aufführung	Anmerkung
A.		
Der Dorfbarbier	23. Februar	
Das Pensionat	23. Februar	
Beatrice und Benedict . .	20. März	
Der Barbier von Bagdad	4. October	
Manon	19. November	
B.		
Ein Tanzmärchen . . .	19. December	
C.		
I Vespri (Siciliani), Verdi	25. April	
DieNachbarn, Horn, Walzer aus der komischen Oper:	25. October	
D.		

1891.

Name des Werkes:	Tag der Aufführung	Anmerkung
A.		
Die Flüchtlinge . . .	19. Februar	
Cavalleria rusticana . . .	20. März	
Die Liebenden von Teruel	4. October	
Bastien und Bastienne . .	25. December	
Die Gärtnerin	25. December	
B.		
Rouge et noir	4. April	
C.		
Variationen, Rode . . .	7. April	
D.		
Meister Manole	3. Mai	

1892.

Name des Werkes:	Tag der Aufführung	Anmerkung
A.		
Ritter Pasman	1. Jänner	
Werther	16. Februar	
Freund Fritz	30. März	
Gringoire . . .	4. October	
Signor Formica . . .	19. November	
B.		
Das Glockenspiel . . .	21. Februar	
Die Sirenen-Insel	4. October	
C.		
Grosser Militärmarsch,		
Beethoven	24. April	
D.		
Prolog, Saar	24. April	
Vater Radetzky	24. April	
Festspiel mit Nationalgesängen und Tänzen. Der verbindende Text von Schlesinger. Die Musik zusammengestellt von Hellmesberger jun.		

1893.

Name des Werkes:	Tag der Aufführung	Anmerkung
A.		
1. In deutscher Sprache:		
Die Rantzau	7. Jänner	
Der Bajazzo	19. November	
2. In italienischer Sprache:		
Falstaff	21. Mai	
A Santa Lucia.	4. October	
B.		
Eine Hochzeit in Bosnien	21. Jänner	
Die goldene Märchenwelt	2. April	
C.		
————		
D.		
————		

1894.

Name des Werkes:	Tag der Aufführung	Anmerkung
A.		
Mirjam	20. Jänner	
Der Kuss.	27. Februar	
Die Rose von Pontevedra . .	10. April	
B.		
Der Teufel im Pensionat . . .	27. Februar	
Burschenliebe	10. April	
C.		
Die Allmacht, Schubert, Tenor-solo mit Männerchor, bearbeitet von Liszt		
Lakmé, Délibes, Duett (Viens Mallika)		
Parsifal, Wagner, Charfreitags-zauber mit Clavier. . . .		
Dziewczę z buzią jakl malina, Jan Gail . . . . . / polnische Lieder		
Slowzcek, Zelenski		
Hoffnung, Grieg, Lied . . .		
Ich will deine Sonne sein, Seuffert, Lied		
Die Quelle, Goldmark, Lied .	6. Jänner	
Wie mir der Himmel lacht, Walter, Lied		
Margreth am Thore, Jensen, Lied		
Mazurka, Zarcicky, Violinsolo		
Erstarrung, Schubert, Lied .		
Die Nachtigall als ich sie fragte, Goldmark, Lied.		
Der Korb, Heuberger, Lied .		
Der Trompeter von Säkkingen, Riedel, Duett aus dem Lieder-Cyclus:		
Zigeunerlieder op 103, Brahms, für gemischtes Quartett und Clavier		
D.		

Gesammt - Uebersicht

der im

k. k. Hof-Operntheater

in

der Zeit vom 25. Mai 1869 bis 30. April 1894

stattgehabten

Veranstaltungen.

Im Jahre	Im Abonnement			Bei aufgehobenem Abonnement						Abonnements-Concerte für das Pensions Institut	Théâtre paré	Fest-Vorstellungen	Hofopern-Soireen	Redouten	Ma-	
	Für die Casse	Für das Pensions-Institut	Zusammen	Für die Casse	Für das Pensions-Institut	Besondere Benefice	Für Denkmal-Fonds	Für wohlthätige Zwecke	Zusammen						Für die Casse	Für das Pensions-Institut
1869	109	.	109	5	3	.	.	.	8	2	.	.	.	.	.	.
1870	261	.	261	19	3	.	.	.	22	2	.	3	.	.	.	.
1871	272	.	272	26	6	.	.	1	33	.	.	.	.	.	.	.
1872	264	.	264	33	6	.	.	1	40	.	.	.	.	.	.	.
1873	247	.	247	89	9	.	.	1	99	.	2	.	.	.	.	.
1874	278	.	278	4	10	.	.	.	14	.	.	.	.	.	.	.
1875	270	.	270	15	9	.	.	.	24	.	.	.	.	.	.	.
1876	214	.	214	39	11	1*	1**	1	53	.	.	.	.	.	.	.
1877	263	2	265	6	9	.	.	1	16	.	.	1	.	.	.	.
1878	263	.	263	2	10	.	.	.	12	.	.	.	2	1	.	.
1879	268	5	273	.	5	.	.	.	5	.	1	.	2	.	.	.
1880	287	3	290	1	7	1*	.	.	9	.	.	.	2	.	.	1
1881	263	2	265	40	8	.	.	.	48	.	.	3	.	3	1	2
1882	266	.	266	43	10	.	.	.	53	.	.	.	.	2	.	1
1883	265	.	265	63	10	.	.	.	73	.	.	.	.	2	4	.
1884	261	.	261	64	10	.	.	.	74	.	.	.	.	2	4	2
1885	264	.	264	66	10	.	.	.	76	.	.	.	.	2	6	2
1886	262	.	262	67	10	.	.	.	77	.	.	.	.	3	6	2
1887	251	.	251	18	10	.	.	.	28	.	.	1	.	2	4	1
1888	264	.	264	32	10	.	.	.	42	.	1	.	.	2	4	3
1889	260	.	260	31	10	.	.	.	41	.	.	.	.	.	4	1
1890	263	.	263	33	10	.	.	.	43	.	.	.	.	2	4	1
1891	256	.	256	35	10	.	.	.	45	.	.	1	.	2	4	2
1892	263	.	263	32	10	.	.	.	42	.	.	1	.	2	4	2
1893	264	.	264	31	10	.	1-	.	42	.	1	.	.	2	4	2
1894	109	.	109	.	4	.	.	.	4	.	.	.	.	2	2	2
Totale	.	.	6519	.	.	.	.	.	1023	4	5	9	3	33	.	.

Offen					Geschlossen						Anmerkung
Vom Vereine Schröder	Vom Vereine Ausdauer	Für den Pensions-Verein des k.k.Hof-Burgtheaters	Für wohlthätige Zwecke	Zusammen	Theater-Ferien	Wegen Proben und Rubetage	Kirchliche Normatage	Hof-Normatage und auf Allerhöchsten Befehl	Aus sonstigen Anlässen	Zusammen	
.	.	.	.	.	48	14	2	.	38*	102	* Vorstellungen im alten Hof-Operntheater
.	.	.	.	.	31	24	11	3	8*	77	* Vorstellungen im alten Hof-Operntheater
.	.	.	.	.	44	2	11	3	.	60	
.	.	.	.	.	46	.	11	5	.	62	
.	.	.	.	.	.	2	8	4	3*	17	* An zwei Abenden Hof-Concert, an einem Abend festliche Stadtbeleuchtung
.	.	.	.	.	61	1	7	4	.	73	
.	.	.	.	.	56	5	7	3	.	71	
.	.	.	.	.	35	54	7	3	.	99	* Für das Chorpersonale ** Für den Beethoven-Denkmalfond in Wien
.	.	.	.	.	45	29	7	2	.	83	
.	.	.	.	.	32	42	7	6	.	87	
.	.	.	.	.	45	29	7	3	.	84	
.	.	.	.	1	45	11	7	2	.	65	* Für das Chorpersonale
.	.	.	.	3	35	.	7	3	1*	46	* Am Tage des Leichenbegängnisses der beim Ringtheater Verunglückten
.	.	.	.	1	35	.	7	2	.	44	
1	1	.	1	7	15	.	7	3	.	25	
.	1	.	.	7	15	.	7	7	.	29	
.	.	.	.	8	15	.	7	1	.	23	
2	1	.	1	12	15	.	7	1	.	23	
1	1	.	.	7	46	.	7	1	29*	83	* Wegen Installation der elektrischen Beleuchtung
1	1	.	.	9	46	.	7	4	.	57	
.	.	.	.	5	46	.	6	12	.	64	
.	.	.	1	6	49	.	6	2	.	57	
.	.	1	.	7	48	.	7	6	.	61	
.	.	.	.	6	49	.	6	3	.	58	
.	.	.	.	6	49	.	6	1	.	56	* Zu Gunsten der Errichtung eines Denkmales für Mozart, Beethoven und Haydn in Berlin
.	.	.	.	4	.	.	5	.	.	5	
.	.	.	.	89	.	.	.	.	.	1511	

Nach vorstehender Uebersicht haben in der Zeit vom 25. Mai 1869 bis inclusive 30. April 1894, das ist an 9107 Tagen, stattgefunden:

Abend-Veranstaltungen.

Théâtre paré 5
Fest-Vorstellungen 9
Hofopern-Soiréen 3
Redouten 33
Abonnements-Concerte 4
Vorstellungen bei aufgehobenem Abonnement 1023
Vorstellungen im Abonnement 6519

In Summa . . 7596

Matinéen 89

Demnach zusammen . . 7685

Veranstaltungen.

Geschlossen war das k. k. Hof-Operntheater innerhalb dieser Zeit an 1511 Tagen.

Théâtre paré.

Am 18. April 1873:

›Ein Sommernachtstraum‹.

Anlässlich der Vermählung Ihrer k. u. k. Hoheit der Frau Erzherzogin Gisela mit Seiner königl. Hoheit dem Prinzen Leopold von Bayern.

Am 18. October 1873:

›Margarethe‹ (Faust).

Anlässlich der Anwesenheit Seiner Majestät Wilhelm I., Deutscher Kaiser und König von Preussen.

Am 24. April 1879:

›An der Donau‹. ›Aus der Heimat‹. Schlussscene aus: ›Die Meistersinger von Nürnberg‹.

Zur Feier der silbernen Hochzeit Ihrer k. u. k. apostolischen Majestäten Kaiser Franz Josef I. und Kaiserin Elisabeth.

Am 13. Mai 1888:

Ouverture zur Oper: ›**Iphigenia in Aulis**‹. **Festgedicht.**
›**Die Maienkönigin**‹. ›**Im Feldlager**‹.

Zur Feier der Enthüllung des Kaiserin Maria Theresia-
Monumentes.

Am 21. Jänner 1893:

›**Die Rantzau**‹. ›**Eine Hochzeit in Bosnien**‹.

Anlässlich der Vermählung Ihrer k. u. k. Hoheit der Frau
Erzherzogin Margaretha Sophia mit Seiner königl. Hoheit dem
Herzog Albrecht von Württemberg.

Fest-Vorstellungen.

Am 9. Juni 1870:

›**Der Freischütz**‹.

Zu Ehren des 19. Lehrertages.

Am 16. December 1870:

Fest-Ouverture (op. 115): ›**Die Ruinen von Athen**‹. **Grosse
Ouverture Nr. 3 zur Oper:** ›**Leonore**‹ (op. 72). ›**Fidelio**‹.

Am 19. December 1870:

›**Egmont**‹.

Zur Feier der Erinnerung an Beethoven's Geburt, 16. December 1770.

Am 10. Mai 1881:

›**La Sonnambula**‹. ›**In Versailles**‹.

Anlässlich der Vermählung Seiner k. u. k. Hoheit des
Kronprinzen Erzherzog Rudolph mit Ihrer königl. Hoheit Prinzessin Stephanie von Belgien.

Am 28. October 1881:

›**Königin von Saba**‹ (I. Act). ›**Lucia von Lammermoor**‹
(III. Act, 1. Scene). ›**Romeo und Julie**‹ (II. Act). ›**Die Afrikanerin**‹ (IV. Act).

Am 29. October 1881:

›Aus der Heimat‹. ›Der Spielmann‹.

Anlässlich der Anwesenheit Ihrer Majestäten des Königs Humbert und der Königin Margarethe von Italien.

Am 27. September 1887:

›Excelsior‹. ›Wiener Walzer‹.

Zu Ehren des hygienischen Congresses.

Am 19. November 1891:

›Lohengrin‹.

Anlässlich der Vermählung Ihrer k. u. k. Hoheit der Frau Erzherzogin Louise von Toscana mit Seiner königl. Hoheit dem Prinzen Friedrich August Herzog zu Sachsen.

Am 24. April 1892:

Prolog. ›Wallensteins Lager‹. ›Vater Radetzky‹.

Zur Feier der Enthüllung des Radetzky-Monumentes.

Wohlthätigkeits-Vorstellungen.

Abend-Vorstellungen.

Am 11. März 1871:

Auf Allerhöchsten Befehl zum Besten der durch die Ueberschwemmung Beschädigten.

Ouverture zur Oper: ›Oberon‹. ›Wallensteins Lager‹. ›Dinorah‹ (II. Act). ›Belisar‹ (II. Act). Sprühfeuer (II. Act).

Am 12. Juni 1872:

Auf Allerhöchsten Befehl zum Besten der in Böhmen durch die Ueberschwemmung Beschädigten.

›Lohengrin‹.

Am 15. April 1873:

Auf Allerhöchsten Befehl zum Vortheile des Fondes der den Allerhöchsten Namen führenden Stiftung zur Versorgung der k. u. k. Officiers-Witwen und -Waisen.

Ouverture zur Oper: ›Rienzi‹. ›Das Weib des Kriegers‹. Concert. ›Aus der komischen Oper‹. ›Fünfundzwanzig Mädchen und kein Mann‹.

Am 25. Februar 1876:

Auf Allerhöchsten Befehl zum Besten des unter dem Protectorate Ihrer Majestät der Kaiserin Elisabeth stehenden k. u. k. Officierstöchter-Erziehungsinstitutes in Hernals.

Reitermarsch. ›Wallensteins Lager‹. ›Die erste Walpurgisnacht‹. ›Kurmärker und Picarde.‹ ›Saltarello‹.

Am 22. März 1877:

Auf Allerhöchsten Befehl zum Vortheile der Franz Josef-Stiftung zur Unterstützung der Kleingewerbe.

Ouverture zu ›Athalia‹. Vorträge des Wiener Männergesang-Vereines. ›Otello‹ (III. Act) mit Tomaso Salvini. **Concert. ›Das übelgehütete Mädchen‹. ›Unsere Handwerker‹.**

Matinéen.

Am 6. Jänner 1883:

Zu Gunsten der Ueberschwemmten in Tirol und Kärnten, veranstaltet von dem Patriotischen Frauen-Hilfsverein für Niederösterreich.

Vorspiel zu: ›Parsifal‹. ›Faust‹. (III. Act des 3. Abends, Helena-Scene.) **›Der Rose Pilgerfahrt‹.**

Am 9. Mai 1886:

Auf Allerhöchsten Befehl zum Besten der durch den Brand in Stryj Verunglückten.

›Die Burgruine‹. Lieder-Vorträge. ›Das Versprechen hinter'm Herd‹.

Am 30. November 1890:

Auf Allerhöchsten Befehl zu Gunsten der durch die Ueber-
schwemmungen heimgesuchten Bewohner des Reiches.

›Fantasca‹. (II. Act, Zauberküche). ›Die Puppenfee‹. ›Sonne
und Erde‹. :

Vorstellungen aus besonderen Anlässen, Cyklische Aufführungen, Gedenktage und diverse statistische Daten.

1870. — 17. April. Letzte Vorstellung im alten k. k. Hofoperntheater ›Wilhelm Tell‹.

1872. - 7. März. 50jährige Erinnerungsfeier an das erste Diri-
giren der Oper ›Der Freischütz‹ durch den Componisten C. M. von Weber. ›Hymne‹. — ›Festspruch‹. —
›Der Freischütz‹.

1873. — 1. Jänner. Gründung des Pensions-Institutes.

1877. — 26. März. Am Vorabende des 50. Jahrestages von
Beethoven's Ableben: Adagio aus dem B-dur-Trio. —
Prolog. — Ouverture Nr. 3 zur Oper ›Leonore‹. —
›Fidelio‹.

1879. — Zwei Aufführungen des ›Ring der Nibelungen‹. Vom
26. bis 30. Mai und vom 15. bis 19. September.

1880. — Zwei Gesammt-Aufführungen der Opern Mozart's. Vom
18. bis 27. Jänner und 23. bis 30. Juni.

1. Mai. — Zur Feier der Enthüllung des Beethoven-Denk-
males. Ouverture Nr. 3 zur Oper ›Leonore‹. — ›Die
Ruinen von Athen‹. — ›Fidelio‹.

1881. — 27. Jänner. Gedenkfeier der vor 100 Jahren stattgefundenen ersten Aufführung der Oper ›Idomeneus‹.
(29. Jänner 1781, München.) Prolog. — ›Idomeneus‹.

1882. — Eine Aufführung des ›Ring der Nibelungen‹. Vom
12. bis 20. December.

1883. — Eine Gesammt-Aufführung der Opern Mozart's. Vom 29. März bis 6. April.

1886. — 25. April. Einführung der Normalstimmung.

30. April. Gedenkfeier der vor 100 Jahren stattgefundenen ersten Aufführung der Oper: ›Die Hochzeit des Figaro‹. (1. Mai 1786, Wien.)

28. September. Beitritt zum deutschen Bühnenverein.

Eine Gesammt-Aufführung der Opern Weber's. Vom 5. bis 18. December.

1887. — Installation der elektrischen Beleuchtung.

29. October. Gedenkfeier der vor 100 Jahren stattgefundenen ersten Aufführung der Oper: ›Don Juan‹. (29. October 1787, Prag.)

1888. — 22. Jänner. Anlässlich der 100jährigen Wiederkehr des Geburtstages Byron's: ›Manfred‹.

1890. — 26. Jänner. Gedenkfeier der vor 100 Jahren stattgefundenen ersten Aufführung der Oper: ›Cosi fan tutte‹ (Weibertreue). (26. Jänner 1790, Wien.)

Eine Aufführung des ›Ring der Nibelungen‹. Vom 3. bis 11. December.

1891. — Zu Ehren des Weltpost-Congresses: 20. Mai. ‚Lohengrin‘.

30. Mai. ›Die Puppenfee‹. — ›Cavalleria rusticana‹. — ›Wiener Walzer‹.

5. September. Anlässlich der 100jährigen Wiederkehr des Geburtstages Meyerbeer's: ‚Der Prophet‘.

30. September. Gedenkfeier der vor 100 Jahren stattgefundenen ersten Aufführung der Oper: ›Die Zauberflöte‘. (30. September 1791, Wien, Theater auf der Wieden.)

Eine Gesammt-Aufführung der Opern Mozart's. Vom 28. November bis 16. December.

1892. 28. Februar. Anlässlich der 100jährigen Wiederkehr des Geburtstages Rossini's. Am Vorabende: Ouverture und II. Act Finale aus der Oper ›Wilhelm Tell‹ und ›Der Barbier von Sevilla‹.

15. September. Zu Ehren des Dermatologischen Congresses: ›Wiener Walzer‹. — ›Cavalleria rusticana‹. — ›Die Puppenfee‹.

1893. — 23. Mai. Zu Ehren des deutschen Schriftstellertages: ‚Cavalleria rusticana‘. — ‚Rouge et noir‘.

26. Mai. Zu Ehren des Philologentages: ‚Freund Fritz‘. — ›Wiener Walzer‹.

Vom 12. November angefangen eine Gesammt-Aufführung jener Werke Richard Wagner's, welche sich bisher im Repertoire des k. k. Hofoperntheaters befinden.